田径技术教学与科学性训练研究

代 滨◎著

吉林出版集团股份有限公司
全国百佳图书出版单位

图书在版编目（CIP）数据

田径技术教学与科学性训练研究 / 代滨著. —— 长春:
吉林出版集团股份有限公司, 2022.10

ISBN 978-7-5731-2574-3

Ⅰ.①田… Ⅱ.①代… Ⅲ.①田径运动—体育教学—
研究②田径运动—运动训练—研究 Ⅳ.①G820.2

中国国家版本馆CIP数据核字(2023)第002635号

田径技术教学与科学性训练研究
TIANJING JISHU JIAOXUE YU KEXUE XING XUNLIAN YANJIU

著　者　代　滨
出 版 人　吴　强
责任编辑　张西琳
助理编辑　李　响
装帧设计　北京万瑞铭图文化传媒有限公司
开　　本　787mm×1092mm　1/16
印　　张　17.25
字　　数　292千字
版　　次　2022年10月第1版
印　　次　2023年8月第1次印刷

出　　版　吉林出版集团股份有限公司
发　　行　吉林音像出版社有限责任公司
　　　　　（吉林省长春市南关区福祉大路5788号）
电　　话　0431-81629667
印　　刷　吉林省信诚印刷有限公司

ISBN 978-7-5731-2574-3　　定　　价　68.00元

前　言

　　田径运动是世界上最古老的运动项目之一，自从田径运动诞生以后，就深受广大人民的喜爱，并且也逐步成为我国体育发展的主要项目。田径运动处处都要求速度、力量、耐力以及技术，这些要求都来自人们的生活，它集中了人类的身体素质和运动技巧。田径运动是一类全面发展的运动项目，同时也是大众都能够参与的运动项目。虽然它源自生活，但也是人类挑战体能极限的项目。田径体能训练是结合专项需要并通过合理负荷的动作练习，改善田径运动员身体形态，提高田径运动员机体各器官的机能，充分发展运动素质，促进运动成绩提高的过程。它是田径技术训练和战术训练的基础，并对掌握专项技术，承担大负荷的训练和激烈的比赛，促进田径运动员身体健康，防止伤病及延长田径运动寿命等具有极为重要的意义。

　　田径运动与其他竞技项目有着很大差异，田径是一种典型的个体运动，是主要展示个人体能、技术的项目。在田径运动当中比较的是谁更快、更高、更远，因此，许多田径运动员面临的目标不仅仅是超越对手，还存在着超越自我的一种人生目标，就是因为这种激情，田径运动才吸引大众的关注。本书立足于田径技术教学与科学性训练的研究，从田径运动的定义与发展讲起，在田径运动基本理论的基础上，对田径运动教学和训练的理论与方法进行详细阐述。通过本书可以使学生掌握田径运动的基本技术和训练方法，提高教师在教学过程中的教学效果，集科学性和实用性于一体，是一部关于田径技术教学与训练的专项著作。

　　本书在撰写过程中，参阅了诸多的文献，借鉴了一些专家学者的观点，在此表示衷心的感谢！由于作者能力和时间所限，书中难免存在疏漏和不当之处，恳请广大读者批评指正！

目　录

第一章 田径运动概述

第一节 田径运动的定义与分类

一、田径运动的定义

随着田径运动的迅速发展和运动水平的不断提高，国际竞赛频繁，交流增多，人们对田径运动的认识不断加深。根据国际业余田径联合会章程第一条的定义：田径运动是由径赛、田赛、公路赛、竞走、越野跑和山地赛跑组成的运动项目。田径运动与人类活动基本技能密不可分，将其十分准确界定很困难，从不同角度也会有不同认识，因此重要的是掌握田径运动的实质。

全面地理解田径运动定义，不能仅从竞技体育一方面来认识。尽管田径运动的定义包含了运动竞赛的成分，但绝不能狭义地把它视为田径运动的全部内涵和最终目的。在以增强体质、提高身体素质、提高健康水平和培养意志品质为目的的社会体育和学校体育中，田径运动的作用是不可替代的。

二、田径运动的项目与分类

国内外田径运动的分类主要是根据性别、年龄、比赛项目和比赛场地（室外与室内）等结合实际情况进行分类的。

（一）世界田径运动比赛项目与分类

现代田径运动的分类多，多数将田径运动分为径赛、田赛和全能三大类，或分为竞走、跑、跳跃、投掷和全能五大类。至今，国际田联承认的世界田径纪录已有150余项（分男、女和青年男子与青年女子）。

国际田联设立的世界纪录项目，为各国运动员提供了更多的比赛机会，有助于不间断地进行多年、全年系统的训练，提高训练质量，丰富比赛经验。运动员参加相邻项目比赛也有助于提高专项训练水平和竞赛能力。

（二）中国田径运动项目与分类

各国为参加世界性的和国家间的田径比赛，使本国的训练和竞赛与世界接轨，都沿用或参照国际田联承认的世界田径纪录的比赛项目。同时，也都按各自的国情和需要确定比赛项目。我国通常将田径运动分为径赛、田赛和全能三大类。

中国除承认国际田联承认的项目外，还承认中国青年田径纪录项目：手计时的男、女100米、200米、400米、4×100米接力；男子110米栏、400米栏、20000米竞走；女子100米栏、10000米竞走。

中国还承认的室内田径纪录项目：全自动电子计时的男子100米、110米栏，女子100米、100米栏。男、女手计时项目：50米、60米、100米、200米、400米、50米栏、60米栏；男子110米栏，女子100米栏。

中国是参照世界比赛项目，结合我国场地设施、计时条件、室内外场馆等情况，为便于更广泛地举行田径比赛而设立这些纪录的。

中国广大从事青少年田径运动的工作者，应参考国内外田径比赛项目，特别是要参照我国田径运动比赛项目，结合本地区、本单位实际情况，如场地、器材条件、学生身体素质条件、学校所在地的自然环境条件及本校、本地区传统项目等，来选择田径运动项目。例如，处在丘陵地带又缺乏场地器材的学校，除完成体育锻炼标准外，可参考中国少年男女乙组田径比赛项目，降低条件，设立本校或年级田径纪录。例如，50米跨栏跑（简易栏架3~4个，栏高50~60厘米，栏间距离6~7米）、立定跳远、推2千克重实心球以及沿丘陵地形进行的1600米越野跑等项目。

第二节 田径运动的价值和特点

田径运动是在人类基本运动形式的基础上产生，在人类对其不断认识中发展起来的。随着田径运动的日益普及，其价值越来越受到重视，特点也更加突出。

一、田径运动的价值

作为一项最基础的体育运动项目，田径运动不仅能全面地提高人体的运动能力和运动素质，而且对人的培养和塑造起重要作用。因此，田径运动在学校体育、社会体育和竞技体育中均有显著地位。

（一）田径运动的教育价值

首先，田径运动的各运动项目都要求运动员在一定限制的条件下表现出最大的能力，始终保持必胜的信心，有克服一切困难和正视一切挑战去实现自己目标的勇气。因此，它能培养人的勇敢顽强、拼搏进取的意志品质。

其次，田径运动是在严密的组织下，按严格的规则和要求进行的。同时，运动员要通过个人努力才能取得优异成绩，这一成绩与集体荣誉连在一起。因此，能培养遵守纪律，增进责任感和集体主义精神。

再次，田径运动主要是个人项目。运动员需要以不同的方式和方法不断完善自己，提高运动水平，更多地依靠自己独立地完成任务。所以在比赛中，必须具备应变能力。因此，它有助于个性的形成，有利于心理素质的培养。

最后，田径运动的技术变化小，单一重复的动作较多，尤其是训练期间，对运动员来讲，相对地枯燥死板，训练量较大。因此，运动员从事田径运动能培养吃苦耐劳、坚韧不拔的精神。

（二）田径运动的健身价值

田径运动的不同项目对提高身体的相应能力和相应的身体素质，对提高人的健康水平有显著作用。

短距离跑是人体在无氧条件下进行的一种运动，能使有氧系统酶的活性增加，能提高人体的最大摄氧量，同时还有助于提高中枢神经系统兴奋和抑制的灵活性。它是发展快速运动能力和提高无氧代谢水平的重要手段。

从事长距离跑和竞走能增进心脏和呼吸系统的工作能力。由于人体在有氧情况下进行运动，在运动中消耗的能量较大，能防止人体内脂肪储存过多，是提高心肺功能和发展人体耐久力的有效手段。

跳跃是人体在短时间、高强度神经活动和肌肉用力克服障碍的运动，能使人的感觉功能得到提高和加强，是提高身体控制和集中用力的能力，发展协调性、灵敏性的有效手段。

投掷项目是表现人体力量的运动，能使人体肌肉发达，力量增强，改善人体灵活性。

（三）田径运动的竞技价值

在竞技体育中，田径是公认的大项，奖牌最多，各种大型综合运动会，最后一项比赛一般都是田径项目比赛，而且往往在最后田径比赛的角逐中决出团体的胜负。田径训练一般要求的条件不高，选材面广，参加人数多，且多是个人项目，项目投资与奖牌比小，效益高，所以田径项目一直被列为竞技体育选择的重点。

田径运动在提高身体素质方面效果显著，很多竞技体育项目都把它作为发展全面身体素质的重要手段。为了较客观地衡量身体训练水平，检验身体训练的效果，一般都选用田径一些项目制定测验标准，并作为常规性测验指标。

二、田径运动的特点

田径运动除具有一般体育项目的特点外，还具有明显的自身特点。

（一）*广泛的群众性*

田径运动是最普及、参与人数最多的运动项目。在学校体育中，是教学的重点内容；在群众体育中，最受欢迎而且最容易被接受。其主要原因有以下几个方面：

1. 针对性强，可选择余地大

它对提高人体健康水平和发展全面身体素质效果明显，参加田径运动的人可根据自己的兴趣和爱好去选择不同的项目，还可根据个人的身体状况和需求确定适合个人的项目。有计划、有目的地安排不同项目，可使人体健康水平得到全面发展。

2. 受条件限制因素小

从事田径运动通常只要在室外有一定的活动空间，如田间、公路、公园等就可作为活动场所，而且受时间、气候影响小。可安排在任何时间进行。田径项目的器材比较简单，可因陋就简，或自行制作。举行基层运动会可在各种非正规场地上进行，有些器材和设备可简化或用近似器材和设备代替。

3. 参与性强

田径运动适合不同年龄和性别的人，不同身体状况的人也都能够选择适应自己的项目。运动中可控制运动的量和强度，不易受伤害，不受参加人数的影响。一般情况下，身体健康的人均可在短期训练后参加大部分田径项目比赛。

（二）激烈的竞争性

田径运动竞赛是能力、技术和心理的较量，特别在高水平的比赛中更为明显，运动员的成绩越来越接近，你追我赶，相持不下，经常以微小之差决定胜负。田赛项目的成败取决于运动员瞬间发挥的水平，而径赛项目运动员同在一条起跑线开始，进行全程的拼搏。因此，田径运动竞赛紧张而激烈，运动员不仅要精力高度集中，还要不畏强手，充分发挥出自己的最高水平。田径运动的竞赛在实力的较量中，将激烈的竞争气氛贯穿全过程。

（三）严格的技术性

田径运动的项目有周期性和非周期性两种，就各项技术而言，不同于技巧性项目，也不同于其他一些直接对抗性的项目。比赛中，田径技术相对稳定，动作结构也不是非常复杂，但是，它对技术要求却特别高。人的潜力是有限度的，要创造好成绩必须依靠先进的合理技术。所谓合理技术，应能充分发挥个人各运动环节的高度协调配合的能力，调动各运动器官的最大潜力，节约体能，在时间、空间和肌肉用力上达到高度统一。要使个人技术既符合生物力学的合理性，又要与个人特点相结合，就需要运动员不断改进技术，形成个人技术的风格。田径运动技术在短短一瞬间要达到高度准确，每一个动作，身体的每一个环节、每块肌肉或每个肌群的用力和放松的时间与顺序，构成了技术严密的统一体。在比赛中，往往因为一个动作的细节出现偏差就会导致成绩下降，甚至动作失败。因此，田径的技术训练内容贯穿运动员培养过程的始终，只有不断地细化个人技术，不断地使技术达到自动化程度，才能在任何场合表现出自己的最高水平。此外，一名优秀运动员还应根据比赛中的不同气候条件来对个人技术进行适当调整，以便更好地利用外界条件或克服不利条件，保证自己水平的发挥。

（四）能力的多样性

田径运动的基本动作形式为走、跑、跳、投，有个人和集体项目，它们反映了人在速度、力量、耐力等方面的能力。每个项目都有本身的特点，突出地反映人体某一方面的能力，优秀运动员训练和比赛大多围绕一个专项。较全面地参加田径项目，可使人的运动能力普遍得到提高。

第三节 田径运动训练的发展趋势

中国现代田径运动已有很长时间。近几十年来，我国有很多优秀选手分别创造了男、女跳高、女子中长跑、男子 110 栏、竞走、撑竿跳高和三级跳远的世界纪录或世界青年纪录，培养出一批在世界影响较大的运动员。同时也造就了一批世界著名教练员。目前，田径训练的主要发展趋势可概括为：训练周期的变化；训练负荷的变化；强化专项训练；重视恢复训练；训练负荷系统化（运动员的职业化对训练系统性的促进作用）；加强训练的科学化以及重视教练员的培训和提高。

一、重新划分训练周期

传统田径训练，一般将全年分三个大周期，即准备期、比赛期和休整期。准备期主要是冬训和夏训，时间比较长；比赛期主要是春、秋两季为数不多的几个比赛；然后是休整期，就是全年比赛结束后的过渡。这种安排，运动员和教练员普遍感觉存在一个问题，即冬训一般是从每年 10 月中旬开始，到了春节前后，运动员身体疲劳的程度会达到最深，每到这个时候，身体能力往下走，训练、强度和质量也往下走，对后续训练影响较大。

随着现代科学技术的发展，训练周期观念已发生变化，即摒弃传统的长时间大周期训练，采用小周期，避免疲劳积累太深。① 田径比赛不受季节、气候、场地条件的影响，即使是严冬也可在室内进行比赛；② 准备期训练时间缩短，一般是从 10 月至翌年 1 月初，而在约 3 个月内一般准备期训练只占 1/3 ~ 1/4，绝大部分时间用来进行专门准备训练，提高了专项训练的效果。③ 以赛代练，随着室内比赛向室外比赛过渡时间的增加，室外比赛期大大延长，每年的 1 ~ 3 月和 5 ~ 9 月这两段时间，运动员可按自己的计划随时在任何时间内选择要参加的任何比赛，使比赛与训练的关系得到更新，建立了比赛阶段是训练阶段继续的观念，以起到调节训练，提高训练质量的作用。

二、训练负荷的变化

以强度为核心的训练安排是现代田径运动训练中科学合理安排训练负

荷的新理念，即使在准备期训练中，仍有一定比例较大强度的训练，主要进行专项技术和速度、爆发力训练。与此同时，训练时间和负荷数量则相对减少，训练的针对性加强。

从目前世界优秀选手来看，在训练中的变化、特别是训练负荷方面的变化，主要体现在训练强度上，而不是训练量，这是一个最为显著的特点。他们的训练结果证明了以下几点。

第一，长期大量的低强度训练容易造成疲劳。

第二，低强度的训练不会对专项形成有效地刺激。

第三，低强度大负荷训练不利于专项水平的提高。

第四，有一定强度要求的训练有助于运动员稳定状态，在比赛中发挥水平。

三、强化专项训练

现代田径运动训练发展趋势之三就是强化专项训练，纵观高水平运动员的训练，在对他们的安排上，更多的是安排专门练习，使其更直接地适应比赛的需要。专项练习手段的选择十分注重少而精和最优化的原则。但是，训练中有些人对运动量的大小理解不够深刻和全面，片面地追求训练课次多、重复次数多，但并不一定能够取得好的效果。训练理论和实践证明，训练过程只有不断加大运动负荷，才能加深对运动员肌体的刺激，提高其训练适应水平；在加大运动量的过程中，要处理好量与强度的关系。

训练实践表明，下列三种训练安排具有同样效果。

第一，以每次 100% 强度每周训练 1 次，每次 15 分钟。

第二，以每次 75% 强度每周训练 3 次，每次 60 分钟，总时间为 180 分钟。

第三，以每次 50% 强度每周训练 5 次，每次 120 分钟，总时间为 600 分钟。

从时间上看，第三种是第一种的 40 倍，但效果是一样的，因此各项目田径教练员都十分重视科学安排训练强度，使其用最小的精力、最佳强度达到最好效果。当前训练的特点可归纳为"一快、二多、三大"。即全年训练节奏快，训练天数多、课次多，每次课总运动量大、密度大、强度大。

四、重视恢复训练

（一）运动后的尽早恢复

国际上流行一个公式：艰苦训练＋恢复＝成功。这说明恢复和训练效果都是成功的重要因素。目前一些优秀运动员充分利用一切条件加速恢复过程，充分利用各种因素，包括物理学因素、营养学因素和环境因素，来促使运动员体能在运动后的尽早恢复。其手段有以下几点：

（1）通过肌肉按摩、牵拉和桑拿浴等方式加快体内代谢物质的消除过程，解除局部肌肉的痉挛和僵硬，使多次收缩后的肌肉达到充分放松的状态。

（2）通过营养搭配合理的膳食以及有针对性地运用营养补剂快速补充体内营养物质的消耗，增加肌肉内腺苷三磷酸、腺苷二磷酸、磷酸肌酸及糖原的储备量。

（3）通过音乐和优美的环境，使神经系统和精神状态得以放松和恢复。

（二）选用药物恢复的原则

三大恢复手段是休息、睡眠与营养。现代田径发展趋势会把重点放在药物上，所以今后反兴奋剂的力度和措施会进一步地加强。世界各体育强国都在探索积极有效的药物恢复手段。因此，应注意以下原则：

（1）根据不同项目运动员营养代谢和需要的特点膳食，以保证运动员能获得符合生理需要的饮食营养。

（2）根据不同的运动员训练和比赛情况及不同的季节，规定合理的膳食制度（饮食质量的分配及饮食时间等），利于食物的消化吸收，且不造成与运动员中枢神经系统能力有关的生理应激情况。

（3）定期研究运动员的营养状况，根据存在的问题进行调整。

（4）经常研究运动员的体力与身体情况，注意与营养有关的因素，及时防治营养缺乏或过度，以提高运动能力。

（三）其他恢复手段

同时，要注意医学、生物学的恢复手段，如采用水疗、按摩、理疗、针灸、气功等；利用教育学的手段与方法，如根据人体的"生物钟"规律，安排每天的训练时间；利用心理恢复手段，如采用自我暗示，放松训练等；更加注重利用活动性休息加速恢复。总之，恢复过程的训练所引起的肌体反应过程是完整的训练过程，一次训练、一堂训练课或一场竞赛后的恢复不当，都会引起下一次的练习或竞赛的失败。如不及时调整，还会导致运动员病理性的过度病，应树立"训练—恢复—营养"三位一体的现代训练观。

五、训练负荷系统化

随着世界田径运动竞技商业化的出现，国际田联对运动员参赛资格方面也放宽了限制，使成为职业田径运动员的人数大大增加，这对田径运动水平的提高起到了极大的促进作用。运动员向职业化转变使得训练的连续性、系统性得到加强，改善了训练效果。

六、训练更加科学系统化，世界纪录不断更新

现代田径训练充分利用科技手段，如用计算机控制负荷量的强度，用各种仪器测试运动员功能状况和身体素质发展水平，用高速摄影机和录像分析研究技术动作，用专门器械发展专门能力等，使训练更具有针对性、目的性。在中长跑、竞走和马拉松运动员训练中还科学地进行高原训练。所以说，运动员的职业化，训练的科学系统化，极大地提高了训练效果。

当然，田径场馆、器材设备的现代化以及裁判工作广泛采用现代科技电子仪器等也为提高运动竞赛水平创造了条件。

20世纪90年代以来，田径水平迅速提高，世界大赛竞争激烈，世界纪录不断更新。在奥运会田径赛的40多个项目中，很多项目的世界纪录都被刷新。其特点是男子打破世界纪录较多，女子较少。女子在中长跑、400米栏以及竞走和新增设的三级跳远、撑竿跳高等少数几个项目上改写了世界纪录，大部分项目的纪录尚未受到冲击，特别是女子投掷项目的整体水平比过去尚有较大幅度的下降，这是很值得分析研究的。

第二章 田径运动的学科研究方法与技术原理

第一节 田径运动的学科研究方法

田径运动的学科研究方法主要包括文献资料法、观察法、调查法、实验法，本节将逐一为大家介绍田径运动的这几种研究方法，帮助大家探索田径运动的本质和相关规律。

一、文献资料法

（一）文献的概念

田径运动的研究文献主要是指保存、交流、记录和传播有关田径运动科学知识的印刷品和视觉、听觉材料。

（二）文献的类型

文献可按载体形式和记录技术，分为印刷型、手工型、机读型、视听型和缩微型等。

1. 缩微型文献

缩微型文献是指利用光学记录的技术，以感光材料为载体，使印刷或手工型文献缩小了很多的文献。

这种以感光材料为载体的文献最大特点是体积小，存储容量大，便于管理；缺点是由于需要使用专门的阅读设备造成的使用不便。

2. 视听型文献

视听型文献是一种脱离文字形式，直接记录声音、图像信息的文献。它可使转瞬即逝的信息得以长期保存、迅速复制和广泛传播。视听型文献直观、真实、生动、信息丰富，目前已普遍应用于科技领域和日常生活。

3. 手工型文献

手工型文献是指将知识内容靠手工记录或刻录在一定的物质载体上的文献。如古代甲骨文献等；现在常见的，如手记、手稿、信件、原始记录等。

4. 机读型文献

机读型文献是指电子计算机阅读型文献。机读型文献的优点是存储量大，存取速度快，处理效率高，便于做多种文献形式的相互转换。

5. 印刷型文献

印刷型文献是指将知识内容印刷记载在一定的物质载体（主要是纸张）上的文献。以纸张为载体的文献可以直接阅读，在使用技术方面几乎不存在任何问题。

尽管现代文献载体种类繁多，但印刷文献依然被广泛使用，但是由于这种传统的文献形式成本较昂贵，占用空间大，生产程序和技术复杂，它的一部分将被其他文献类型所取代。

（三）文献在田径运动科学研究中的作用

从查阅文献的角度看，查阅文献资料对于田径运动科学研究来说具有十分重要的现实意义和作用：

（1）帮助研究者加深对其研究领域的认识。

（2）帮助研究者进行研究课题选择，研究假设形成。

（3）帮助研究者将研究设计做得更好。

（4）帮助研究者解释研究结果，撰写学术论文。

（四）查找文献的方法

1. 参考文献查找法

所谓参考文献查找法，是指利用作者所列的参考文献目录，或者是文中所出现的文献名目，根据名目查找相关文献。

2. 检索工具查找法

检索工具查找一般分为两类：计算机检索工具查找和手工检索工具查找，顾名思义就是用已有的检索工具进行文献等资料的查找。利用检索工具查找文献，可以采用倒查法，也可以采用顺查法。

（1）计算机检索工具查找

目前常见的计算机检索工具主要有网络文件检索、图书馆管理系统中的目录检索及学术期刊光盘检索系统。

（2）手工检索工具

按其著录形式来划分可分为目录索引、目录卡片和文摘等。

3.循环查找法

循环查找法是上述两种查找的方法结合交替使用的查找方法。

二、观察法

（一）观察法的概念

观察法是指研究者通过感官并且借助一定的科学仪器设备，有目的、有计划地对自然状态下的客观事物进行全面的考察和描述，最终获得经验事实的一种科学研究方法。

人的观察能力是同其生理素质、经验积累和知识水平，以及思维方法相联系的。这种能力可以通过实践培养和发展。观察水平随着科学技术手段的发展而提高。在科学观察中，始终要注意防止谬误，避免误差，确保观察的客观性。

（二）观察法的分类

观察法的类型很多，根据不同的分类标准，可有不同的分类。最常用的分类方法主要有：按观察方式（手段）可分为直接观察法和间接观察法，按观察的性质可分为定性观察法（质的观察法）和定量观察法（量的观察法），按不同的观察规模可分为抽样观察和典型观察。

（三）观察法的特点、作用及局限性

1.观察法的局限性

（1）观察角度对观察会带来一定影响。在科学观察中由于观察者观察的角度不同，往往会得出不同的观察结果。

（2）人的感觉器官的错觉或有限性会影响观察结果。

（3）观察仪器的精确性和稳定性也会影响观察结果。

（4）观察者的素质会对观察带来一定影响。

（5）许多田径运动现象的自然状况不受观察者支配，复现现象较少。

（6）绝大部分田径运动现象都是在一定时间、地点、条件下发生的，稍纵即逝，这使观察结果带有一定的表面性和偶然性。

尽管观察法有种种局限性，但它却是人们获得第一手资料的重要途径，是建立科学假说的客观基础，是验证结论的有效手段，是发现问题可靠来源。

2. 观察法的作用

（1）是田径运动科学研究收集资料的基本途径，是田径运动科研中使用最普遍的经验方法，也是其他研究方法的基础。

（2）是田径运动科学研究中发现问题、提出问题的前提。

（3）是田径运动科学研究中验证科学假说的手段。

3. 观察法的特点

观察法（或结合其他研究方法）在田径运动科学研究中得到了广泛的应用，对推动田径运动的发展起到了重要作用。观察法作为获得经验事实的重要方法，具有以下几个显著的特点：

（1）在观察中，利用仪器进行更加精确的观察显得越来越重要。

（2）观察过程是一个能动的反应过程。

（3）观察是一项艰苦的工作，需要研究者具有坚韧不拔、锲而不舍的精神。

（四）观察法的一般程序

观察法的实施主要包括四个阶段：① 制订观察计划；② 观察前的准备工作；③ 观察的组织与实施；④ 观察材料的整理。每个阶段有不同的任务和需求，需要不同的方法。为了获得理想的观察材料，每一个环节都需要严格控制。

1. 制订观察计划

（1）观察的目的与任务

观察的目的是让观察者通过观察的情况，对问题或内容进行进一步的了解，也可以根据观察结果有根据地设定某一事实的存在；观察的任务是为了进一步实现观察的目的，对观察的目的进行系统的分解，并有规划地解决一些具体的问题。

（2）观察对象

观察对象是指运用观察法研究客观事物的具体对象。

（3）观察指标和标准

所谓的观察指标在一定程度上指的是观察目的与观察任务的具体体现，在整个观察计划中占有非常重要的地位。作为一个被观察的事物，从不同的角度我们可以有效地观察到不同的特征，即使从同一个角度来进行观察，我们也能够观察到对象特征的诸多不同指标。

（4）观察的方式

观察方式一是指用肉眼或借助仪器进行观察，二是指观察与测量各指标的特征部位。

（5）观察记录方法

观察有很多记录方法，比如说表格记录，符号记录等，尽量对观察到的信息进行精准的记录，并按信息种类分类，以便需要时进行查找和分析。

2. 做好观察前的准备工作

（1）提前获得观察场地单位及工作人员的同意与支持。

（2）提前熟悉场地及观察对象的基本情况。

（3）提前对观察人员进行简单的培训，确保观察人员思想、方法、要求统一，有条件的话，尽量事先做观察实习。

（4）提前对观察仪器等硬件设施进行调试，准备各类观察表格。

3. 观察的组织与实施

观察的目的是进行资料收集工作，在此过程中，如临时需要调整观察计划，需要有课题负责人统一调整和修订，任何人不得私自改变观察计划。在这个过程中应注意以下几点：

（1）观察位置的选择。

（2）集中注意力，认真、细致、全面地进行观察。

（3）分工明确，职责清楚。

（4）及时做好记录。

4. 观察材料的整理

我们根据不同的研究任务以及观察的指标性质，对观察材料进行分类整理和加工，对量化的指标进行统计和分析，进而得出研究指标和问题之间的关系。

（五）运用观察法的一般要求

根据观察法的特点，在运用观察法时，应遵循以下基本要求：

（1）观察一定要有针对性。

（2）注意观察要与思维相结合。

（3）必须坚持观察的客观性和全面性，切忌主观和片面。

（4）要努力减少观察活动对被观察者的影响。

（5）采取有效措施，努力减少观察误差。

（6）努力避免被事物的假象所迷惑。

（7）注意不要放过偶然发生的意外现象。

（8）在观察过程中要及时、认真地做好记录。

（9）对观察结果下结论或将观察结果外推时要特别谨慎。

三、调查法

（一）调查法及其类型

从不同的角度，按不同的标准可将调查法划分为多种不同的类型。

1. 按调查手段分类

按调查手段分为口头调查和书面调查。口头调查是调查者通过与被调查者进行面对面的对话，借以完成调查任务的方法，包括访问调查法和集体访谈法。书面调查是借助于书面形式所进行的调查，问卷调查法、专家调查法属书面调查。

2. 按调查目的分类

按调查目的的不同可将调查法分为现状调查、前瞻调查、回顾调查和追踪调查。

3. 按调查对象分类

按调查对象的范围可将调查法分为全面调查和非全面调查。

（二）调查法的一般程序与调查方案设计

使用调查法的一般程序：在选题之后，首要的是进行调查方案设计；然后是调查前的准备工作和实施调查研究；最后是整理、分析调查所得的材料和撰写调查报告（论文）。其中尤为重要的是调查方案的设计工作。

调查方案设计是对一项调查研究工作的程序和实施过程中的各种问题进行的全面考虑与规划，它是调查工作的直接依据，对于确保调查工作的顺利进行具有重要的指导作用。

调查方案一般包括以下内容：

1. 调查题目

在做调查方案的时候一定要首先说明调查的问题是什么，为什么要选择这个题目进行调查，在选定这个题目进行调查的同时进一步确定这个问题被解决之后有什么样的科学价值与现实意义。

2. 调查对象与范围

确定调查研究的基本单位，它可以是个人、群体，也可以是单位、组织。要根据调查研究的实际需要确定调查对象及数量。确定调查范围就是要说明在多大地域内进行调查，如在什么地区、哪些城市、哪些乡镇进行调查。

3. 调查内容

确定调查的具体内容，即要收集具体问题的资料。调查内容一般是通过调查项目和调查指标反映出来的，所以确定调查内容就是要依据调查的具体问题，设计一套科学的指标体系，然后再按指标体系设计调查提纲、调查表格、调查问卷等。

4. 调查方式和方法

确定具体的获取调查资料的方式和方法。例如，是采用普遍调查、典型调查，还是采用抽样调查的方式，若采用抽样调查，究竟采用何种抽样方式。收集调查资料时，是采用访问调查法，还是采用问卷调查法。在一项调查中，可以采用多种方式和方法，但大多是以一种方式、方法为主，其他方式、方法相辅的调查。

5. 调查的时间步骤

确定调查在什么时候进行，需要多长时间完成。之后，要制定一个每一具体步骤所需时间的进度表，以控制整个调查活动的进程。

6. 调查经费和调查工具

调查经费一般包括差旅费、资料费、调查表或问卷的印刷费、上机费等。经费的开支预算和使用也是调查方案设计中的重要问题。调查工具包括交通工具、信息联络工具、录音机、计算机、卡片和汇总表格等，收集资料的物质手段在调查方案中也应做出具体的计划和安排。

调查方案通常应采用书面的形式来完成。较大规模的调查应设计几套不同的调查方案，经可行性研究后，从中筛选出最佳方案作为最后的实施方案。调查方案的可行性研究，是调查方案设计的重要步骤，对于修改、完善调查设计方案具有重要作用。对调查设计方案的可行性研究，通常是采用逻辑分析、经验判断和试调查（小规模的试验性调查）三种方法。

（三）田径运动科学研究常用的调查方法

1. 问卷调查法

随着现代交通、通信、计算机技术和统计学的飞速发展，问卷调查法在田径运动科学研究中得到了广泛的应用，成为田径运动科学研究中最常用的收集资料的方法。

2. 访问调查法

访问调查法又称为访问法或访谈法，它是一种传统而简便的收集资料的方法。访问调查法是有目的、有计划地运用口头交谈方式向被调查者了解情况、收集资料的方法。一般来说，访问调查大体可分为访问准备、进入访问、访问过程的控制、访问记录、结束访问五个阶段。

3. 专家调查法

就某一需要调查的问题，选择若干名专家就此问题在相互独立的情况下发表各自的意见，经过几轮反馈后得出相对稳定的调查结果，这种方法称为专家调查法，又称为德尔菲法。专家调查法多用于复杂问题的判断或预测研究方面。其操作程序如下：

（1）根据调查主题设计调查表

根据调查主题和调查内容设计初始的调查问题表是专家调查法的重要环节。

（2）选择专家

主要应选择在所调查主题的研究领域内连续工作10年以上的专业人员。要选择精通技术、有一定知名度、有学科代表性的专家。选择专家前应征求本人意见。专家的人数可视调查问题的规模而定，一般以 20 ~ 50 人为宜。人数太少会限制学科的代表性，影响预测的精度；人数太多又难以组织，对结果的处理也比较复杂。

（3）实施调查

使用专家调查法进行调查，通常经过 4 ~ 5 轮问卷调查，便可取得专家们的一致意见。为了简化程序和使用方便，对有些问题，只要取得专家的一致意见就可以了。具体的实施步骤如下：

① 调查者向每位专家发出设计好的初始的调查表，提出问题，要求专家回答。

②专家在互不通气的情况下独立完成初始调查表的填写工作。调查者对专家们寄回的调查表进行整理汇总，并据此制定下一轮的调查表。

③调查者对专家的意见进行统计处理，通常采用的统计量为中位数和上下四分位数。统计处理时，可绘制调查意见分类图。横坐标为各种意见的分类排列，纵坐标为持各种意见的人数。在意见最集中的地方画上中线（中位数），并在其左右人数的1/4（上下四分位数）处各画一条线。在下一轮调查表中附上该图，并把调查人自己的意见所在区域标上，请专家考虑。

④专家再次做出判断，并陈述理由。特别应请持异议的专家充分发表意见。

⑤调查者按上一轮的方法再统计一次，随后将结果分别寄给专家。专家再次修改自己的意见，不必陈述理由。

⑥调查者再次进行统计处理，分析研究。如此循环，直至得出最后结论。

（4）撰写调查报告。

4.集体访谈法

集体访谈法是访问调查法的延伸和扩展，在现代调查研究中仍有广泛的应用。集体访谈法也称调查会法。

实施集体访谈法主要有三个步骤：

（1）访谈前的准备工作

采用集体访谈法（即开调查会）收集资料，介于时间有限，且与会人员较多，必须做好会前准备工作，主要包括：

①明确会议主题。

②设计调查提纲。

③确定会议的规模。

④选择到会人员。

⑤选好会议场所与时间。

（2）指导和控制好调查会的全过程

对调查会议过程的正确指导和全场控制，是开好调查会达成调查目标的关键因素。需做好如下准备工作：

①营造和保持良好的会议气氛。

②把握会议主题。

③ 谦虚、客观地主持会议。

④ 做好会议记录。

⑤ 调查会达到了预期的目的或到了预定的时间，应及时结束会议。

（3）做好会后的各项工作

① 要及时整理会议记录。

② 对会议情况进行分析。

③ 必要时进行查证和补充调查。

四、实验法

（一）实验法的概念

实验法是人们根据研究目的及实验要求，利用科学设备、仪器等，人为地控制研究对象。这种方法称为实验法。

实验法是较观察法更主动的行为，是更高一级的科学研究方法。但是，实验法是离不开观察法的。在实验中必须观察，这是实验与观察相联系的一方面，在这方面观察的一些特性仍然是适用的。

实验法有别于观察法、调查法等研究方法，主要在于它不仅是一种获得资料的方法，而且它是通过人为地创设一定的情境和有意图地控制和操作某些变量，从而发现和揭示有关变量之间因果关系的一种研究方法。

实验法中广泛运用分析方法、综合方法、归纳方法、演绎方法、类比方法、抽象方法等理论和思维方法，并把这些方法物化到实验设备中去。实验方法与上述这些方法互相联系、互相贯通，融为一体。

（二）实验的基本要素

简单来说，实验就是根据实验的目的将某种（或某些）因素施加在实验对象（受试对象）上，然后观察施加因素对实验对象所产生的实验效应或影响，并寻求施加因素与实验效应之间的相互关系和关联程度。因此，任何实验都是由以下四个基本要素构成的。

1. 实验对象（也称受试对象）

实验对象即所要研究的对象，也是反映实验效应的载体。实验对象可以是人和动物，也可以是取自人或动物的材料（如器官、组织切片、细胞等），实验对象选择时要遵循以下四点：

（1）实验对象要符合研究目的和任务的需要。

（2）选择实验对象要符合实验的一致性要求。

（3）选择实验对象要符合随机抽样的原则。

（4）实验对象的例数要符合数据处理的需要。

2.施加因素（自变量）

这些施加的因素并不是实验对象在实验前就已经具备了的某些因素，而是在实验时另外施加给实验对象的某些因素。

例如，在田径运动教学、训练方面的实验研究中，给实验对象安排新的教学方法、新的练习手段，所安排的新教法、新手段就是实验研究过程中的施加因素。

（1）单因素实验

在一次实验中，施加因素只有一个时，称为单因素实验。其优点明显：施加因素单一明确，实验条件便于控制，实验的组织易于实施，实验效应方便观察。但是，单因素实验无法同时检验多种因素的实验效应。

（2）多因素实验

在一次实验中，同时施加两个或两个以上因素，称为多因素实验。它的优点是节省人力和时间，可以在一次实验中观察多种不同施加因素的实验效应。其缺点是实验对象的分组更细，需要的实验对象更多，实验的组织实施较为困难。

同一个施加因素，在数量上的不同要求，称为施加因素的不同水平。所以，又有单因素多水平实验、多因素多水平实验等概念。例如，对马拉松跑运动员施加糖水的实验，糖水的浓度不同或者剂量不同，就构成了糖水这个单因素的若干不同实验水平。这个实验可称为单因素多水平的实验。

在实验中计划采用的施加因素，必须使之具体化，使之成为规范、稳定的可操作实施的一些内容、方法、手段或动作，即明确地规定施加因素的内容、范围、结构、数量、施加时间、施加程序、操作方法和动作标准等，并力求使其规范化和标准化，使之具有稳定性、客观性和可操作性。

只有这样，才能保证实验的可行性，并取得连续、稳定的实验效应。施加因素的规范化和标准化是十分重要的一个问题，在进行实验设计时应给予充分和细致的考虑。否则，施加因素在实验中发生变化，就难以取得准确和统一的数据，也就不能获得真实和可靠的实验效应。

3. 非施加因素

与施加因素无关的一些因素称之为非施加因素。非施加因素包括实验对象本身所固有的一些因素和因实验条件控制不严格而出现的一些偶然因素。例如，在田径教学某种新教法的教学对比实验中，新的教学方法就是施加因素，而实验对象本身的身体素质和心理素质等就是非施加因素。

另外，某个实验对象在最后的实验效应测试之前因膝关节受伤而影响了测试结果，或者实验对象在实验过程中除了参加田径教学之外又从事了不同项目、不同强度的其他体育活动，诸如此类一些偶然因素也是非施加因素。

在实验设计和实施实验的过程中，要严格区分非施加因素与施加因素的内容结构，严禁相似、交叉或混淆。一定要仔细分析哪些非施加因素对施加因素可能会产生影响，哪些非施加因素不会对施加因素产生影响。

只有这样，才能更加有效地控制实验条件，以便最大限度地纯化施加因素，使实验结果更加具有可靠性。

4. 实验效应（因变量）

实验效应指的是，在实验过程中施加因素作用于实验对象之后所产生的效果或反应。

例如，对跳高运动员增强腿部力量训练，练习一段时间后，跳高运动员的纵跳高度明显提高。"纵跳高度明显提高"就是"增强腿部力量训练"这个施加因素所产生的作用效果。

实验效应的准确程度、可靠程度和客观程度，必须通过能够反映实验效应的观测指标来衡量。因此，选择实验效应的观测指标，对获取有价值的和真实的实验效应，有着至关重要的意义。

（1）指标的性质

各种不同的指标可以分为两类，一类是计数指标，一类是计量指标。这种分类对后期数据处理方法的选择具有重要意义。

① 计数指标

先根据事物或现象的性质和类型的不同进行分组或分类，然后记录不同类别或组别的个数、次数等。用这种方法收集到的数据称为计数资料。其中区别不同事物或现象性质和类型的一些质量标志则称为计数指标。

② 计量指标

能够区分事物现象或物理量大小的数量标志在测量学中称为计量指标。如体重、血压、跳的高度、投掷的远度、跑的速度等。

（2）指标的数目与要求

选择实验效应指标应该根据研究课题的实际需要。所选择的效应指标应能够全面、准确地反映实验效应，但这并不意味着指标选择得越多越好。指标数目的确定应贯彻"少而精"的原则，既能够达到全面、准确地反映实验效应的目的，又能够省时、省力，便于操作。另外，所选择的效应指标都应具有可靠性、有效性、客观性，并具有与实验目的相适应的分辨力。

（3）指标的标准化

经过规范化后，可靠性和有效性较高的指标称为标准化指标。因此，在进行实验研究设计中选定效应指标后，还应预先制定好指标观察（测试）的细则，如实验观察方法、观察步骤、观察标准、观察时间、记录方法和记录格式等，使所选指标达到标准化要求。

第二节 田径运动的技术原理

一、跑的技术原理

（一）跑的技术动作结构

在田径运动径赛中含有不同距离、不同强度的跑步运动，通常将 400 米及 400 米以下距离、最大强度至极限强度跑的运动项目称为短跑，800 米至 1 500 米距离、亚极限强度跑的运动项目称为中跑，3 000 米及 3 000 米以上距离跑的运动项目称为长跑。

跑步运动技术动作的结构属于典型的周期性动作系，周期性动作系是由一定数量的单一动作按动作系的目的组合而成的，并形成不断重复的周期性动作过程。人体在跑步过程中都是通过多次周期性重复动作，加大动作的幅度和加快动作的频率，力求在最短的时间内通过一定的距离，以达到人体快速位移的运动目的。

周期性动作系的结构特点体现在没有明显的开始与结束，不断地重复一定形式的单一动作。跑的一个周期包括人体跑步时左、右脚分别跑完一步，简称为"复步"，即由两个单步技术动作所构成。

左、右"单步"技术中肢体局部动作属于完全对称交替的动作结构体系，因此在分析和探讨跑的技术基础理论时，通常都以跑的一个单步的动作技术所呈现的时空特征、动力学特征代表跑的基本技术进行研究与说明。

（二）跑的动作技术阶段划分与结构特点

人体在跑步时的一个单步技术，包括了支撑与腾空两个技术阶段。在支撑阶段中根据跑步时人体重心与支撑点的位置关系分为前支撑时期、垂直支撑时期和后支撑时期。根据支撑腿的运动规律及动力学特点将前支撑时期分为着地瞬间时期、缓冲时期和后蹬时期。

在腾空阶段中根据跑步时人体重心运动的规律及特点划分为上升时期和下降时期。

在跑步动作中支撑腿运动的同时，人体的其他运动环节都在进行着相应的摆动，以配合支撑腿的运动，形成协调的蹬摆动作技术。跑步动作的支撑是动作技术的主要阶段，是人体跑动中获得加速度的技术阶段。在缓冲时期时要尽可能减小阻力，形成良好的动作形式，尽可能快地转入后蹬时期，在后蹬时期尽可能增大动力，使人体重心获得最快的离地速度和合理的后蹬角度。

跑步动作技术的腾空阶段，人体重心运动状态的变化遵循物体斜抛运动的规律。在运动的竖直方向上，遵循自然界运动物体竖直上抛和竖直下落的运动规律，人体腾空后重心上升时期在重力加速度的作用下在竖直方向上做匀减速运动，下降时期身体在重力加速度作用下做匀加速运动。在运动的水平方向上，人体重心处于匀速直线运动状态。

（三）影响跑的力

1. 跑步过程中的动力、阻力

在跑步时人体内外力的作用过程中，在不同的动作时期力会产生动力或阻力的效应。如果力的作用方向与运动方向相同，通常为动力，与追求的力量相反的，则为阻力。

形成跑步的动力有动力性支撑反作用力，有肌体摆动动作所形成的动力、运动的惯性作用等。影响跑步的阻力主要有摩擦力、空气阻力、人体重力、阻力性支撑反作用力等。

支撑反作用力是人体运动时重力、摩擦力和弹性力的综合效应，是影响跑步的主要力学因素。人体跑步的动力主要来自支撑阶段的后蹬时期，人体通过后蹬时期支撑腿的后蹬动作和肌体其他相应环节的摆动动作所获得动力性支撑反作用力的，是决定人体跑步速度、步长的主要动力。

跑的运动阻力主要来自摩擦力、空气的阻力和跑动中前支撑时期的阻力性支撑反作用力。决定人体跑步时空气阻力大小的因素是人体与空气的相对运动速度、人体与空气的迎风截面积以及人体跑动的姿势所构成的形状阻力。在跑步中减小空气阻力的技巧主要是采用保持合理动作结构以及合理的身体姿势。

在田径运动技术教学过程中，动作技术的学习与应用方面要力求通过合理的动作形式尽量获得最大的动力，尽量减少阻力，以提高动作技术的效率和质量。

2. 构成人体跑动的内力和外力

人体跑步是由人体内各环节的作用力与外界物体的相互作用而形成的快速位移运动，影响其运动速度的因素主要来自人体内力与外力相互作用的效果。跑步动作技术的优劣，主要取决于人体跑动时，力的作用大小、作用方向、作用点以及力在人体、力作用物之间的传递、转移和力作用时间的综合效果。

影响人体跑动的力主要分为人体内力和外力两类。人体内力，由肌肉收缩张力与骨、关节运动、体内各环节之间的相互作用所组成，是构成人体跑动的主导因素。即人体运动的内力是由肌肉收缩所产生的力，是人体运动的动力，是构成人体运动的内因，也是构成人体运动的主观因素。

人体跑动的外力是指自然界物体与人体的相互作用。外力是改变物体运动状态的原因，是构成人体运动的客观条件。人体运动所存在的外力，主要是重力、摩擦力和弹性力三大类别，以及由此衍生的支撑反作用力、空气阻力等。

如果没有外力的作用，人体内力只能构成肌体的形变运动，而不能改变身体重心运动的状态，必须使人体内力与外力相互作用，才能形成人体整体位移运动状态的改变。

（四）决定跑速的主要因素

1.生物学因素

人体的形态结构特点是影响跑速的主要生物学因素之一，身高、腿长是决定步长的主要因素，优秀的跑步运动员在体形方面具有适合于跑步运动专项的形态特征，如身高、腿长等。

决定肌肉力量大小的因素有以下几个方面，即参与运动的肌群、肌肉的结构类型、肌肉结构内红肌纤维与白肌纤维所占的比例、肌肉收缩形式等。

2.动力学因素

影响跑速的动力学原因主要是跑步过程中的前进动力和阻力。根据牛顿力学中的第二定律，加速定律和第三牛顿定律，作用力与反作用力定律和动量定理可以得出人体运行中要获得最大加速度和提高跑的最大绝对速度，就应该使作用于人体重心的动力性冲量尽可能最大化，并通过固定合理动作形式尽可能减小阻碍人体向前的阻力。

3.运动学因素

影响人体跑动速度的运动学因素主要是跑动过程中的步长与步频。在人体跑动的行程内，步长与步频的频率变化最终决定了跑速的快慢，步长与步频的乘积等于跑速，即步长 × 步频 = 跑速。

（1）步长的决定因素

步长是指跑动过程中两脚之间距离的长度，步幅长度就是两脚着地点之间沿跑动方向上的水平直线距离，一般简称为步长，由三部分距离所组成，即后蹬距离、腾空距离和着地距离，后蹬距离 + 腾空距离 + 着地距离 = 步长。

后蹬距离：指后蹬腿离地瞬间身体重心垂线至支撑点之间的水平距离。

腾空距离：指人体跑步的腾空阶段身体重心在腾空过程中通过的水平距离。

着地距离：指人体跑步时摆动腿着地瞬间身体重心垂线与着地点之间的水平距离。

（2）决定步频的因素

决定步频的因素主要有大脑神经中枢系统对肌肉运动的协调运作，日常动作技术的惯性训练水平就是技术动作的惯性延伸以及肌肉群体力量发展和肌肉收缩的协调性、均衡性，以及运动训练的真实水平。

二、跳跃的技术原理

跳跃的技术原理是对人体跳跃运动规律的总结，它基于跳跃运动实践经验与现代运动生物力学理论的融合，是指导跳跃运动技术教学与训练实践的基本理论。

（一）跳跃的技术动作结构

田径的高度跳跃类运动有跳高与撑竿跳高竞赛项目，田径的远度跳跃类运动有跳远和三级跳远。跳跃运动按其动作技术的用力特点属于快速力量类的运动项目。

跳跃运动按其动作技术的结构特点属于周期性动作与非周期性动作所组合而形成的混合性动作结构体系，它是由周期性的助跑动作与非周期性的起跳、腾空、落地动作完整组合而成的一项运动。

运动员在跳跃运动前首先要经过助跑的过程，使人体在起跳前获得一定的水平速度和形成良好起跳动作初始条件，接着通过简洁迅速的有力的起跳动作使身体向上跃起获得最大的腾起初速度与适宜的腾空起角。

在腾空阶段通过科学的技术动作形式保持重心平衡，形成科学的跳高过杆动作或科学的跳远落地姿势。在着地阶段通过科学专业缓冲动作预防肌体受伤，从而完成整个跳跃运动过程并获得运动水平的最好发挥。

（二）跳跃运动的动作技术阶段划分与结构特点

对跳跃运动过程中的技术原理进行分析，对其动作技术进行深层次的具体分析，根据跳跃动作具体结构及其独有的技术特点，大致可以划分四个互相联系的动作技术阶段，具体由助跑、起跳、腾空与落地组成。划分四个基本的技术阶段，主要是对跳跃完整技术的科学描述与具体分析，它们是密不可分的、完整的、有机组合的一套整体动作系统，各阶段动作技术有机协调的组合在整体动作技术过程中都有着重要的影响和作用。

从跳跃运动的技术形成的完整性来看，每一个阶段都有着承上启下的作用，例如助跑是起跳动作的前提基础，通过助跑的动作产生的效果，能为起跳动作之前提供一定的水平速度，并形成良好的起跳初始动作，从而为起跳创造最佳的发力条件，前驱动作的目的是为后续动作奠定最好的基础力学条件。

跳跃运动技术阶段的划分，在一定程度上考虑了周期性动作系和非周期性动作系的结构特点，各阶段技术有其各自的特点与规律，并相互联系、相互制约。

在混合性动作系的结构特点中，有一条重要的基本规律，即周期性动作与非周期性动作的衔接技术是混合性动作系统中极为重要的环节，因此在跳跃运动教学与训练中助跑与起跳的衔接是动作技术教学难点和关键环节。

（三）跳跃运动力学原理

跳跃运动，本质上就是自然界存在物体的斜抛运动，人体在跳跃过程中，遵循物体的斜抛运动原理。包括身体在空间位置的变化，腾起初速度、腾起角度，跳跃高度和跳跃远度。

（四）跳跃运动中摆动动作的作用

跳跃运动时，运动员在支撑阶段与腾空阶段的动作中，在尽可能根据动作技术形式获得起跳腿的蹬伸动作效果基础上，身体的躯干、异侧腿和上肢等相应环节都配合支撑腿进行一定形式的摆动动作，其摆动动作有下述几个方面的作用。

（1）在跳跃的助跑、起跳、腾空及落地动作过程中，通过相应形式的摆动动作，可以保持运动中人体的平衡，以及通过补偿动作的机制重新建立运动的平衡状态。

（2）起跳过程中通过摆动动作的动作形式，可以改变人体的形状而使质量分布的中心点上移，从而获得提高人体重心的动作效果。

（3）良好的摆动动作技术，在助跑过程中可以使脚在着地瞬间获得较快的运动速度减少着地的阻力。在跑和起跳的后蹬动作时期可加大对地面的压力，从而获得更大的支撑反作用力，有利于加大推动人体运动动力性冲量。

在跳跃运动中，"蹬"与"摆"的动作是密切联系的有机组合，也是肌体各环节协调运动的整体关系，动作技术中强调人体支撑腿的蹬伸动作与身体其他相应环节的摆动动作的结合，是提高动作效率并获得最好动作效果的重要技术环节。

三、投掷的技术原理

投掷运动是人体通过前期跑动加速阶段的助跑或滑步、旋转动作等技术动作，使人体和器械都已具备一定初始速度的基础上，结合最后发力的技术性动作，导致所有的作用力集中传递到投掷器械上，因而器械获得相对最大的出手初速度和最佳科学的出手角度，将投掷器械抛射到相对最远水平距离的人体运动项目。

田径运动中投掷类运动包含铅球、铁饼、标枪、链球四个基本类型的运动项目。投掷运动按其动作技术的结构特点划分，铅球、铁饼属于非周期性动作系结构，而标枪、链球则属于混合性动作系结构。

（一）投掷运动技术阶段的划分与结构特点

在对投掷运动科学标准技术原理的讨论描述中，为了方便对其动作技术深层次的具体剖析，根据这项运动技术结构和其技术特点，大致可将定义分为准备姿势、助跑加速、出手动作及器械出手后的缓冲四个紧密联系的技术阶段。各阶段技术对整体动作技术的效率，对运动的结果都具有很大的影响与作用。

投掷时掌握持握器械的要领与科学技术动作有利于初始加速阶段的动作完成发挥，有利于发力时更好地把相对最大力量传递且综合作用于器械向前水平运动上。最后发力的动作技术衔接在充分的预加速阶段动作技术的前提基础上，才会发挥出最佳的运动水平并产生良好的动作效率，完整的一套技术动作各阶段技术之间的衔接具有很强的连贯性和因果关系。

非周期性动作系结构包括投掷铅球、铁饼运动项目，铅球的转身预摆、滑步及最后出手瞬间发力等形式属于平面内水平距离的直线运动。铁饼项目的预摆、旋转，最后出手发力及出手后的缓冲则属于立体空间三维方向的复合运动。

投掷运动的各个技术阶段之间的衔接对于投掷运动成绩发挥都具有密切的影响与决定性作用，最后发力是最重要的技术阶段，关键的技术环节是预加速阶段与最后发力阶段的衔接。

最后用力阶段对投掷成绩的影响相当于其权重系数的 80% ~ 85%，而预加速阶段与最后用力阶段的衔接质量，则是决定在整个投掷运动中能否充分利用人体在预加速阶段动作所形成的动量，并使其冲量与最后用力所获的冲量叠加、传递给投掷器械，从而获得最快的出手初速度和适宜的投掷角度。

（二）投掷运动中的力学原理

投掷运动中的每项运动所对应的器械各有特点，所以针对不同的器械有不同的技术动作，动作形式也具有非常大的不同。虽然投掷各运动项目技术动作和运动模式特点不尽相同，但科学合理的投掷技术动作一定遵循着科学的运动生物力学原理，遵循斜抛运动的科学规律而进行。

根据人体投掷运动的总体规律，影响投掷远度的因素主要有以下几个方面。

铅球、链球主要的特征是质量大、密度大、体积非常小，这样特征的圆形球体在空中飞行时所受到的空气阻力相对比较小，这样的阻力在影响因素中所占的比例过小，所以说在讨论力学原理分析时，可将运动过程中空气对球体构成的阻力及其产生的影响忽略不计。斜抛运动的基本规律包括了投掷铅球、链球的运动规律。

在不考虑空气作用力的前提下，投掷器械出手时的瞬间初速度是决定器械投掷距离的主要因素之一。

作用在器械上的出手初速度的大投掷的器械水平移动越远，相反作用的出手初速度小器械的水平移动近，二者之间成正比关系。在物体的斜抛运动过程中，假如抛射点与落地点处在同一水平线上时，抛射角度 α 两倍的正弦值就会处于最大值，这样如果采用45°抛射角就可以使物体抛射到理论最长的距离。但是投掷铅球运动时，出手点在人体上方，落地点在地面，这样就不可能存在同一水平线上，出手点和落地点直线连接与地面水平线之间产生一定的地斜角度，所以投掷铅球或者投掷链球出手角度就不是45°。

投掷铅球、链球在标准风速环境下，就可以忽略空气阻力、升力影响因素，投掷铅球或投掷链球的投掷距离与出手高度、地斜角、出手角度的大小等因素有直接密切的因果关系。标准环境下，投掷铅球人体科学的出手角度为38°～42°之间，投掷链球科学的人体出手角度为42°～44°之间。

标枪、铁饼等运动器械由于外形的结构导致飞行过程中受到空气作用力影响较大，空气的阻力、升力的作用在器械空间飞行的过程中影响比较明显，根据以上原因，科学的研究实验证明标枪、铁饼的最适宜出手角度为30°～35°之间。

（三）运动学因素对器械投掷远度的影响

适宜的出手角度和一定的出手高度还有出手瞬间速度是运动学因素影响决定器械投掷远度的关键，从技术动作的运动学特点方面讨论，合理科学的投掷技术动作应该是在充分运用从预加阶段所获的动量获得最大协调动量的基础上衔接最后发力的动作，速度最快和动作幅度处于最佳状态，才可能最大限度获得最快的出手初速度和最适宜的出手方向角度，才能发挥出最佳的竞技状态，获得最好的运动成绩。

1. 必要的出手高度

出手高度是影响运动成绩的重要因素之一，运动员的身高及四肢的长度比和出手瞬间技术动作的结构特点决定了器械出手的高度。据研究资料表明，当出手初速度为 16 m/s 时，铅球的出手高度增加 0.2 米，其成绩可提高 0.4 米，因而在出手瞬间运动员动作应充分伸展，以达到提高投掷器械出手高度的目的，才能取得最佳的运动成绩。

2. 科学的出手角度

物体进行斜抛运动过程中，在作用力不变的情况下，抛射角度的大小决定了物体运动所能达到的远度和高度。当物体的初始抛射点与最终落地点处于同一水平面时，抛射角为 90° 时的 $\sin\alpha$ 值最大采用 45° 的抛射角可使物体获得最大的抛射远度。

实际运动中人体投掷时器械的出手点与落地点是不在同一水平面上的，二者之间存在着地斜角（器械出手点同落地点的连线与水平线所构成的夹角）的影响，地斜角越大则出手角度相对越小，它们之间存在着一定的反比关系。在具体的运动技术教学训练实践中，根据不同投掷器械运动项目规律及特点，通常将其最佳出手角度称为适宜的出手角度。

（四）影响器械飞行的流体力学因素

投掷项目中，一些器械如铅球、链球在空间飞行时如果速度不变，则任何时刻所受的阻力，大小不变，因此在研究空气动力学因素对器械飞行状态的影响时可忽略不计。但是标枪、铁饼在空间飞行时空气动力学因素对器械飞行状态则具有很大的影响。

标枪、铁饼在空间飞行时，空气对飞行物体产生阻力与升力两种作用形式。器械在空中飞行的阻力大小，取决于器械与空气之间的相对运动速度和器械形状与飞行状态，器械与空气之间的相对运动速度越大时，空气阻力越大，由于田径运动技术追求最快的速度，因而不在该因素方面考虑减小阻力的问题。

空间飞行器械的形状与形成空气阻力有密切的关系，由于投掷器械（铁饼、标枪）的形状与质量分布是根据规则规定的，属于不变因素，所以不列为投掷技术研究的重点。而器械在空间的飞行状态，如器械倾角、冲击角、器械的自转和公转、器械迎风截面积等因素则与所形成的空气阻力、升力、器械飞行稳定性具有重要的关系。

根据盖林斯风洞实验资料表明：标枪迎风的倾角从 0° 增至 90° 的过程中阻力从最小增至最大；升力变化的规律则是从 0° 增至 45° 过程中升力从零增至最大，从 45° 增至 90° 过程中则由最大减至为零。升力与阻力之比最大值存在于标枪或铁饼倾角为 25° ~ 29° 范围内。

在投掷标枪、铁饼时应尽可能使器械在空间飞行时能获得最大的升阻比（器械在空间飞行时所形成的升力与阻力之比，即升阻比 = 升力 / 阻力），同时保持较快的自转以增强器械在空间的飞行稳定性。从空气动力学特性分析，影响器械飞行距离的主要有以下几个因素。

1. 空气压力中心与器械重心的位置关系

空气压力中心与器械重心的位置关系决定了投掷器械的公转角速度，器械在空间飞行时公转角速度的大小，取决于器械所受空气压力中心与器械重心之间的距离，在器械与空气相对运动速度一定时，空压中心与器械重心的距离越长，则空气压力对器械的翻转力矩越大，因而器械的公转越快。

国际田联在 1987 年对标枪规格的更改，尤其是使标枪的重心前移 4 厘米的规定，实质上就是延长了标枪飞行时压力中心与器械重心的间距，加快了标枪飞行的公转，从而减小了标枪的滑翔性能。

在正常情况下，铁饼空间飞行时所受的空气压力中心与铁饼重心之间的距离为零，因而铁饼飞行时所受空气压力翻转力矩为零，所以铁饼正常飞行时的公转角速度为零。

2. 获得器械空间飞行最大升阻比是提高投掷器械滑翔性能的重要原则

标枪、铁饼在空间飞行，最理想的状态是形成合理的倾角（标枪在顺风或逆风条件飞行时还应形成一定的冲击角）以获得最大的升阻比。在有一定逆风的情况下，空气的总作用力比无风时增大，其升力也随之加大，有利于增加升力，提高飞行的远度。

而在相对顺风的情况下，虽然可以对器械飞行速度有一些增加，相反对升力影响损失也较大，这样会降低器械飞行的水平距离。不一样的器械飞行速度，就会影响不同角度的科学组合。因为器械在空中飞行过程中的条件比较复杂，所以应该根据实际环境情况确定最佳组合。

3. 合理利用器械转动的定向性保持器械在空中飞行的稳定性

铁饼在空中飞行时，其重心的前上方为压力中心点，由于旋转力矩因而具有陀螺效应，导致增加了飞行过程中抗偏摆的能力，达到了铁饼飞行中保持动平衡。铁饼飞行的稳定性与自转速度有关，一般来说转速越大，稳定性越大，标枪出手后产生的绕自体纵轴旋转速度，有利于提高标枪飞行的稳定性。

4. 构成最佳的投掷条件组合可提高标枪、铁饼在空间运动的距离

根据物体斜抛物运动方程可知，出手初速度是影响投掷距离的最重要因素，计算表明，出手初速度每增加 2.5 m/s，抛射距离可增加 10 米左右。

在出手初速度恒定的情况下，影响投掷距离的还有投掷角和器械在空间的飞行状态（如出手角度、器械倾角、冲击角、公转与自转等）。

出手角是指器械出手瞬间通过重心的速度矢量与水平线所构成的夹角，器械倾角是指器械在空间飞行过程中其轴向（标枪的纵轴、铁饼的前后轴）与水平线所构成的夹角，冲击角是指器械纵轴与器械重心运动方向所构成的夹角，公转与自转分别指器械绕横轴和纵轴（标枪的纵轴、铁饼的上下轴）的转动。

5. 风速和风向对投掷标枪、铁饼的影响

投掷时的风速和风向对器械的飞行有一定的影响，因此理论上的最佳出手角、倾角和冲击角应在一定的范围波动，要将各种因素综合考虑才能求出其最佳值。

投掷铁饼时，一定的逆风条件有利于增加升力的作用，可延长铁饼滑翔的时间，增加投掷的水平距离。投掷标枪时，风速对抛射距离的影响较小，但顺风使投掷的水平距离增大，逆风使投掷的水平距离减小，侧风对标枪在空间飞行的不利影响最大，会影响标枪飞行方向而降低投掷的水平距离。

田径运动技术原理是田径运动技术教学、训练实践与运动人体科学相结合的产物，是指导田径运动技术教学、训练的基本原理，它对田径运动技术教学具有纲领性的指导意义。

第三章 田径运动的教学理论

第一节 田径运动的教学思想

一、"健康第一"思想指导下的田径教学

（一）田径教学方法的科学性、灵活性和多样性

第一，田径教学方法的科学性。田径运动是一项传统的竞技项目，由于其固定形式和重复练习较多，且比赛和训练都是通过个体行为来完成，因此缺乏趣味性。所以，我们要改变应有固定的形式和单一的方法手段，培养学生的创新意识，增强学生的实践能力和自我调节能力，达到教学的最终目的，首先要改变练习环境。其次要改变练习方式，将个体行为活动改为集体参与，以活跃课堂气氛。再次要借助其他器材，采用障碍刺激法。最后田径练习多与其他项目相结合。当然练习方法的改进和创新不拘于以上几种形式，广大的教师完全可以发挥自己的想象力创造出更为新颖的练习方法。第二，田径教学方法运用的灵活性。田径教学是一个动态的过程，教学中的各个要素也是不断发展和变化的，田径教学中的教学方法的运用也是动态和发展的。合理的教学方法能充分调动学生学习的主动性和积极性。田径实践教学中，要善于具体问题具体分析，灵活地运用教学方法。既要重视教学方法的科学化，又要处理教学方法灵活化。第三，教学方法运用的多样性。在田径教学过程中，学生是教学的主体，学生个体的差异性要求教学方法多样性。当学生在学习中感到疲惫或者是注意力分散时，就要善于运用教学方式方法，提高其注意力，减轻其疲劳。

（二）教学手段的先进性和综合性

体育教学过程中通常还需要借助不同的教学手段来实现课程教学目标。

教学手段是指师生教学过程中相互传递信息的工具、媒体或器材设施。它包括了多种有助于体育教学和学生身体锻炼的媒介物，例如幻灯片、录像、投影、挂图、多媒体等。先进合理的现代教学手段能加强教学双方的活动信息沟通，进而促进教学活动的顺利开展，加快信息的传递与接收效率和效果，有力地促进课程教学目标的实现。根据实验可知人类获取的信息83%来自视觉，11%来自听觉，还有3.5%来自嗅觉，1.5%来自触觉，1%来自味觉。因此，我们要充分利用各种手段，为全体学生的充分感知创造条件，也可以重现组织情景，直观突出技术的本质特征，促进学生形成稳定清晰的表象，为学生学习抽象的东西创造条件，促进学生对重难点的理解。

二、田径运动教学观念理论

（一）遵照现代教育的观念更新田径运动教学观念

现代田径运动教学观应是发展型（开拓型）的教学观，要做到这一点就要把知识的传授与学生的发展很好地结合起来，不仅是智力的发展，而且包括情感、意志、个性等多方面的心理品质的发展。

当前世界上的教学理论都是顺应历史潮流的发展而产生的，其共同强调的一个核心观念就是发展。这种理论认为，只有以智能为中心的个性全面发展，才是学生有效掌握知识的可靠基础。这种教育观念，就是以"学生为主体""发展为中心"，变传授型教学为发展型教学。

（二）利用信息观念扩展田径运动教学内容

对任何一项田径技术教学的有效控制，都必须首先考虑信息，消除对技术教法、理论知识传授、能力培养等认识和内容方法的不确定性。

第一，把培养田径运动专家和全民健身人才放在首位。在增加智力投资的同时，要特别注意开发智力内涵，即充分利用现有的田径运动技术信息库中的软件，为扩展田径运动教学内容服务。

第二，广泛搜集网上信息，掌握最新田径运动教学动态，尽力摸清田径运动技术教学新内容，并补充到教学中去。

第三，经常开展专家函询，广泛征求田径运动专家的意见，为丰富教学内容提供参考。

第四，及时更新田径运动教学设施和方法，编写出适合国情的田径运动教学参考书。

（三）加强整体观念，协调田径运动教学与其他课程的关系

在田径运动教学中考虑采用什么样的教学方法和手段时，必须同时考虑其他课程对田径运动课程的有益影响。例如，每次田径课要不要全面提高身体素质？从理论上看，必须全面发展学生的身体素质；从具体实际看，要从所有的技术课程的安排这个全局着眼，如体操课可以增强学生上肢与腰腹肌的力量，球类课可以发展学生弹跳力和灵敏性，举重课可以提高学生的力量，武术课可以加强学生的柔韧性，田径和游泳课可以发展学生的速度与耐久力。因此，从这个整体出发，把所有课程的功能"集合"起来，实际上已经达到全面发展学生身体素质的目的。这样一来就可以节省一些时间，把重点放在掌握基本技术和发展专项素质上。又如，在田径运动理论教学中，像教学原则、科研方法等内容，均可省略，让"学校体育学""教育学"和"体育科研方法"课去讲。这充分体现田径运动教学与其他课程的协调关系，也突出了田径运动教学本身的重点。

（四）应用价值观念评价田径教学效果

田径运动教学效果一般从以下内容中反映出来，如方法的可靠性、锻炼的效益与适应性、手段的兼容性、效果的长期性、应用的良好性、与生态环境的融合性、与社会文明的融合性、与信息资料的融合性等。

（五）加强田径运动教学工作能力培养

田径运动是一种社会实践活动，是以增强人民体质、提高运动技术水平、丰富人民精神生活与物质生活于一体的社会实践活动；是集人的生活技能、运动技能、健身技能和竞技技能于一身的体育项目；是集人的体力与智力以及发展才华、才能、兴趣和审美能力于一体的素质教育题材。

田径运动永远是进取的，具有前进性发展要求的，它不断追求锻炼价值和有效的"运动处方"，追求新技术和创造新纪录。田径运动在人类和时代的纵断面上攀登高峰，追求其素质的全面发展，并力求达到完美的境界，因此，它既是铸造人的工作能力的重要手段和途径，又可以促使素质教育的持续开展。

当前，田径运动教学中，提高学生教学工作能力的问题已越来越引起人们的重视。加强学生田径运动教学工作能力的培养，不仅在于几项具体手段和措施以及工作能力培养的有效性，而且更主要是取决于学校观念变化。

学生的教学技巧方面的能力，只有通过田径教学课的时间才能得到提高；学生的表达能力，要在课堂上的提问之中提高。教师开始让学生集体回答问题，然后要求个别回答，互相补充，其目的是给学生创造口头表述的机会。教师要抽查学生做技术动作，做完后再讲解动作要领、要求，同时要求其他学生进行补充、分析，这样使被提问者既会做动作，又会用口头表述；使其他同学，既要会观察，又要会分析。开始要求多讲，然后逐步要求精讲，不断提高要求。能否使学生提高工作能力，关键在于教师是否有意识地进行培养。

总之，田径运动教学理论与方法，要注重学生的全面能力培养，遵循教育的要求。

第二节 田径运动教学原则与方法

一、田径运动教学原则

田径运动教学原则是在教育学教学原则的基础上，对田径运动教学实践有指导意义的经验总结，是田径运动技术教学过程客观规律的反映，是教师在教学过程中应当遵循的基本要求。在教学实践中认真贯彻教学原则，对明确教学目的、选择和安排好教学内容、正确地运用教学手段和教学方法、提高教学效果、加速教学进程和更好地完成教学任务，对培养学生全面掌握田径运动的基本理论、基本技术和基本技能，不断提高教学质量有积极的意义。田径运动教学属于有计划、有组织、有目的的传授知识和技术的教育过程，因此，应在教学中贯彻执行教育学理论中所倡导的各项教学原则。在田径运动教学中，需要贯彻和运用的教学原则有：自觉积极性原则、直观性原则、从实际出发原则、循序渐进原则、巩固提高原则、身体协调均衡发展原则、慎重安排运动负荷量原则和理论与实践相结合原则。

（一）自觉积极性原则

自觉积极性原则是指学生在练习田径运动技术时要保持高度的自觉积极性。田径运动技术包含了人体走、跑、跳和投的基本动作。某些项目的技术并不复杂，有的学生会感到技术动作简单无味，没什么可学；有的学生在反复的练习中感到太枯燥，没有兴趣；有的学生存在怕苦怕累的思想，练习缺乏主动性和积极性。对一些难度较大的项目，如跨栏、铁饼和撑竿跳高等技术，学生又认为太难，甚至认为无法掌握，从而失去学习的信心。学生的这些认识和思想对掌握田径运动技术很不利，而且，学生如果带着这样的情绪去练习，精力不集中，还会出现伤害事故。因此，教师必须给学生讲明田径运动技术教学的意义和作用，使学生充分认识到田径运动的锻炼价值，使学生能够自觉积极地投入学习，保证田径运动技术教学任务的完成。

（二）直观性原则

直观性原则是根据学生认识事物的特点提出的，是指充分利用学生的多种感官，通过各种形式的感知，使学生学习和掌握知识的原则。这一原则在田径运动教学中尤为重要。在教师的示范、讲解和学生学习技术动作并反复练习及互相观摩的教学过程中，学生通过看、听、想、练等，运用多种器官的感知，学习和掌握技术。因此，教师应该充分利用学生已有的知识和经验，尽量通过多种形式的教学，如用录像、图片、教具、示范等多种手段，让学生直接感知技术知识，建立生动的表象，从而较快而又准确地学习田径运动技术。

（三）从实际出发原则

从实际出发原则是田径运动技术教学中必须贯彻的教学原则。由于田径运动教学课的性质不同，教学时数不同，教学对象不同，身体素质水平、技术基础和接受能力不同，教学环境不同，场地设备等教学条件不同等，因此在田径运动教学中就必须根据各方面的具体情况来安排教学。田径运动教学应从学生的实际情况和教学的具体条件出发，提出切合实际的要求，以完成教学任务，取得好的教学效果。各项田径运动技术的掌握是以一定的身体素质为基础，在讲明田径运动教学课的意义、作用的基础上，使学生充分认识到田径运动项目的锻炼价值，使学生能够自觉积极地投入学习，才能保证教学任务的完成。

（四）循序渐进原则

循序渐进原则是指在田径运动技术教学中针对不同项目的技术，采取由慢到快、由简到繁、由易到难逐步安排教学内容和练习的原则。在田径运动技术教学中要根据学生的实际情况安排教学和练习，不断加深学生对技术动作的理解，有计划地指导学生掌握技术动作。由于田径运动技术比较多，各项技术的难度不一，教学所需的时间不同，在进度安排、教学程序、方法选择方面应根据实际需要而定。通过根据各项目的特点区别主次、分清易难、突出教学重点开展教学活动。

（五）巩固提高原则

巩固提高原则是指在田径运动技术教学中强调学生在学习理解技术的过程中反复练习，以达到技术熟练和巩固的目的。田径运动技术教学有其自身的特点，不仅需要学生用脑去记忆技术动作理论，还需要学生用身体肌肉的本体去感受技术动作正确的路线、空间和动作节奏。而这种感觉比单纯记住理论的难度更大，它要通过肌肉本体一次又一次地练习来不断巩固，还要通过课堂提问、运用正误技术对比分析、参加模拟比赛、课后作业、技术考核与评定等方式来贯彻巩固提高原则。

（六）身体均衡协调发展原则

身体均衡协调发展原则是指在田径运动教学中应该使学生身体素质得到全面发展。由于田径运动项目多，教学过程中要充分考虑到投掷项目发展上肢力量、跑跳项目发展下肢力量，合理地安排它们的练习比例，使学生上下肢及全身能够均衡协调发展。不均衡发展会使学生某种素质太突出，其他方面又太差，不利于学生身体向健康方向发展，也不符合体育美育的观点和要求。比如：有的学生只喜欢发展力量的项目，不喜欢耐力性项目，这样肌肉很发达，但心肺功能很差。

（七）慎重安排运动负荷量原则

慎重安排运动负荷量原则是指在田径运动教学中要根据学生的具体情况合理安排运动负荷。田径运动课的运动量和强度要给学生带来一定的生理负荷量，对学生的体质产生一定的影响。运动量小了，达不到锻炼的效果，不便技术的掌握。但运动量过大，学生身体承受不起，特别是有先天隐性疾病的学生，不恰当的运动负荷量还会引起意外事故，影响其身体健康。因此，合理安排跑、跳、投项目练习的次数、距离、组数和强度是十分重要的。运动负荷的大小主要取决于练习的数量和强度，教师可以根据学生的自我感觉、呼吸深度、面部气色、排汗量、疲劳程度、控制动作的能力、呼吸、心率等情况来调整和安排运动量。课上运动量的大小要从学生的实际情况来确定，必要时可及时调整。根据作者多年教学的经验，学习技术时，一般应安排中小强度的运动量；改进技术时应安排中等强度以上的运动量；检查技术时要求安排大强度的运动量。

（八）理论与实践相结合原则

理论与实践相结合原则是指根据田径运动教学大纲的要求，在原有的理论课时和技术教学课时的基础上，根据田径运动技术课教学内容选择与其联系非常紧密并且有较强指导意义的理论知识，有目的、有计划地分配到每次技术教学中讲述，帮助学生更好地理解技术要领，更好地指导学生进行练习，从而促进学生更好地掌握技术。对田径运动理论知识进行分类，提高理论知识与教学实践相结合的科学性，更有效地提高学生将理论知识转化为技术实践的能力。因此，遵循理论与实践相结合的原则，对田径运动理论知识进行分类，区别出各种理论知识对各项实践教学的相关度，将田径运动理论知识贯穿于技术教学的实践过程，体现理论知识在实践中的作用。

对以上各项教学原则，教师应该深刻地理解含义，清楚地了解田径运动教学的整个过程，认真贯彻执行每条原则的各项要求，并且掌握在实际运用中的具体做法，使各项教学原则在教学中有机地结合在一起，以保证田径运动教学任务的顺利完成。

二、田径运动教学的阶段

在田径运动教学过程中学生掌握技术的生理学机制是条件反射原理。根据建立条件反射所遵循的运动技能形成的生理学规律和生物信息反馈原理，在学习和掌握田径运动技术时，依据人体生理和心理的特点，田径技术动作技能的形成和提高一般需要经过三个阶段，因此，田径运动技术教学应围绕这三个阶段进行：

（一）学习和初步掌握动作阶段

1.教学的主要任务

使学生建立正确所学项目的技术动作概念，学习和初步掌握技术动作。

2.教学的主要教学方法和手段

（1）通过教师的讲解、示范或利用直观教具演示，使学生了解所学项目的技术动作路线、方法和技术要领。

（2）通过练习，使学生体会和初步掌握技术动作。

3. 教学过程中应注意的事项

（1）教师讲解要简明、具体，示范动作要正确、清晰，便于学生建立正确的技术动作概念。

（2）教学手段要简单、有效。在练习中要突出技术的主要环节，对技术细节不应过分强调。

（3）要保证学生有一定的练习时间和次数，达到反复"刺激"、强化动作的目的。

（4）要提高教学的技巧。教师要善于通过语言这一教法手段，诱导学生集中注意力，以饱满的情绪积极主动地进行练习。

（5）要重视预防产生错误动作。如发现错误动作，应及时采取措施进行纠正，以免形成错误的动力定型。

（二）改进和完善动作阶段

1. 教学的主要任务

使学生改进和逐步完善地掌握技术动作。

2. 教学的主要方法和手段

（1）改变练习的条件和提高练习难度，通过完整或分解的练习，逐步克服动作僵硬和不协调现象，使技术动作进一步得到改善。

（2）通过反复的完整练习，使学生体会和加强各技术环节之间的联系，掌握和完善技术动作。

3. 教学过程中应注意的事项

（1）教师应采取启发式的讲解或提问，加强学生的思维活动，使学生加深对技术动作的理解，促进对技术动作的掌握。

（2）重视主要技术环节，抓住完整技术和技术细节进行教学，使学生逐步完善技术动作。

（3）要注重及时指出不同学生在技术上存在的不足，并提出具体的纠正方法和要求，让学生先对问题进行思考，然后再进行练习。

（4）要保证学生的练习时间和次数，不断提高对技术动作质量的要求，重视对完成技术动作节奏的培养。

（5）这一阶段学生已经掌握技术动作，以自我练习为主，要注意预防伤害事故的发生。

（三）巩固和提高动作阶段

1. 教学的主要任务

根据个人特点，通过反复练习，进一步完善技术，使之达到熟练掌握技术的程度。

2. 教学的主要方法和手段

（1）通过重点讲解、示范，使学生深入了解技术动作的作用，加深对技术动作的理解和体会。

（2）根据每个学生的特点，结合技术评定，提高对技术动作的要求，反复进行完整的技术练习，使学生熟练掌握技术动作。

（3）通过改变练习条件，提高学生对技术动作的应用能力。

3. 教学过程中应注意的事项

（1）这一阶段由于学生已掌握技术，注意力往往转移到运动成绩方面，忽视改进技术动作的细节，因此，教师应让学生了解技术和成绩的关系，提出不同要求，把学生的注意力引导到巩固和改进技术上来。

（2）改变练习条件要适当，每次改变条件的练习结束后，要针对存在的问题进行分析，然后再回到正常条件下进行练习，使技术动作不断地得到巩固和提高。

（3）注意把掌握技术和掌握锻炼身体的方法结合起来，使技术动作成为学生锻炼身体的手段。

我们把田径运动技术学习过程分为学习和初步掌握动作阶段、改进和完善动作阶段、巩固和提高动作阶段。认识论把人认识事物的过程划分为初学、掌握、提高三个阶段；生理学理论则根据人在学习过程中的人体生理特点，将人学习和掌握技术的过程划分为泛化、分化、自动化三个阶段。虽然在体育教学论、认识论、生理学中这三个阶段划分的名称不同，但这三个阶段划分的含义却是相同的。说明人们学习和掌握技术的规律，已经被各学科认可。田径运动的教学正是在这些理论的指导下，分析和解决学习过程中的各种问题，不断总结经验，提高了教学的效果。

学生在学习和掌握田径运动各项技术过程时，虽然分为三个阶段，但在实践中，学生完成这三个阶段任务的时间是不一致的。学生的协调性好、模仿能力强，掌握技术动作的过程就会缩短；学生的接受能力差、身体素质差，掌握技术动作的过程就会延长。学生掌握技术动作是一个量变到质变的过程，学生个体能力存在着差异，这就决定了掌握技术动作过程不仅量变到质变所需的时间不同，而且，需要的练习次数也不相同。因此，教师要根据学生的实际情况区别对待，将整体要求和个别辅导相结合，根据实际需要给那些身体条件相对差的学生布置适当的课后练习，增加练习数量，以使这些学生能够在规定的课时中完成学习任务。

三、田径运动教学的常用方法

田径运动教学方法是指在教学中为完成一定的教学任务所采用的教学形式和手段。田径运动的教学一般分为技术教学和理论教学。在技术教学中，为了更好地掌握田径运动的各项技术，必须首先了解形成一定技能的学习规律，然后根据学习过程中的具体情况，选择适当的教学方法，通过采用合理、正确的教学手段使学生尽快掌握田径运动各项基本技术。田径运动技术教学的常用方法主要有：讲解法、示范法、演示法、完整和分解练习法、游戏和比赛法、预防和纠正错误法、程序教学法和发现教学法。在教学中这些方法是相互联系、相互补充的。

（一）讲解法

讲解法是指教师用语言来描述田径运动技术动作过程。在教学中，讲解法与示范法结合，更有利于学生建立正确的技术概念。在田径运动技术教学中，运用讲解法时应注意：讲解目的要明确、讲解内容要正确、讲解要少而精、讲解要富有技巧性和启发性。

（二）示范法

示范法是指教师在田径运动技术教学中，通过具体的技术动作为范例，让学生直观地了解所学技术动作的形象、动作过程和动作方法，以便更好地进行练习。在教学中，示范法与讲解法结合，有利于学生建立正确的技术动作概念，了解技术动作的方法、要领。在田径运动技术教学中，运用示范法时应注意：示范的目的要明确、示范动作要正确、示范的时机和位置要适当。

（三）演示法

演示法是教师将教学内容通过多媒体演示、现代教育技术手段和教具表演出来，使学生对有关技术动作的概念加深认识，了解技术动作方法。运用现代教育技术手段，通过慢速度播放或正常速度与慢速度相结合，让学生看清所学技术动作，尤其是关键技术，避免运动实践中做完整技术时产生脱节现象。在田径运动技术教学中运用演示法时应注意：演示目的要明确、演示的技术动作要正确、演示的时机和位置要适当、图片资料的演示要与录像演示相结合。

（四）完整和分解练习法

在田径运动技术教学过程中，当学生通过讲解法和示范法建立起技术动作概念以后，为了使学生更好、更快地掌握田径运动技术动作，必须进行实际的练习，常用的练习法有两种：完整练习法和分解练习法。

完整练习法是把田径运动技术的全过程以完整的形式进行练习。根据田径技术形成动作技能的规律，周期性的技术动作不宜再分成单个技术环节进行练习（如竞走、中长跑、途中跑）。通过反复的完整技术练习改进学生已经具备了的自然走、跑技术动作，可以取得较好的教学效果。运用完整教学法时应注意：教学一开始，学生不可能把完整技术动作做得很正确，要把完整技术教学有目的地分阶段进行，提出技术动作各阶段的学习重点，逐步改进主要技术环节，提高技术动作的质量。如在途中跑技术完整教学中首先强调两臂在跑进中的摆动要求，其次逐步对两腿在跑进中的摆动、脚的扒地技术提出要求，最后对头的姿态、上体躯干的控制提出要求。

分解练习法是指在教学中把完整的田径运动技术，根据技术结构合理地分解为几个部分，按先易后难逐步进行练习，再逐渐将各部分动作连在一起，最后掌握完整的技术动作。在运用分解练习法时应注意：在技术动作划分时不要改变动作结构和破坏动作的完整性，要明确技术分解后各部分在完整技术中的环节顺序，技术动作的分解有利于根据实际情况确定教学的顺序，分解练习的时间不宜过长，注意与完整练习相结合。

在田径运动技术教学过程中完整练习法和分解练习法不是独立运用的。在主要采用完整练习法的教学过程中，也会用到分解练习法，同样，在主要采用分解练习法的教学过程中，也要运用完整练习法。它们在运用中是互相配合、互为补充的，应根据项目的技术特点，合理地运用分解练习法和完整练习法。一般情况下，对简单易学的技术动作采用完整教学法，对较为复杂的技术采用分解教学法。

（五）游戏和比赛法

游戏法是运用游戏的形式进行田径运动技术教学的方法。比赛法是在比赛的条件下进行田径运动技术教学的方法。在田径运动技术教学中，采用游戏法和比赛法应注意：要有明确的目的，要根据技术教学的任务、场地器材和学生的特点做好学生的分组，要根据游戏和比赛的情况及时调整好学生的运动负荷，要根据游戏和比赛的情况及时做好思想教育工作，注重培养学生的竞争意识。

（六）预防和纠正错误法

预防和纠正错误法是指在田径运动技术教学中，针对学生可能出现或已经产生的错误动作，采取有效措施加以预防与纠正的方法。

预防错误动作出现的措施如下：

（1）加强对学生进行田径运动理论知识的教育，不断提高学生学习田径运动的自觉性。

（2）教学中要贯彻循序渐进的教学原则，采用的练习手段要由简到繁、由易到难，让学生在练习中体验到成就感，增强学生学会动作的信心。

（3）及时进行讲解和示范，使学生了解正确的技术动作概念，领会动作方法和要领。

（4）教学中注重提高学生的身体素质，以适应学习、掌握技术的需要。

（5）加强课堂的组织管理，科学安排教学内容，合理使用场地、器材，保证学生顺利学习技术动作。

纠正错误动作的措施如下：

（1）在学生出现错误动作时，教师用语言或发出信号引起学生的注意，及时帮助学生纠正错误动作。

（2）教师在学生可能出现错误动作的地方，及时给予直接的帮助，增强做练习时的肌肉感，培养良好的动作节奏，从而纠正错误动作。

（3）暂时降低练习条件和练习的要求来纠正错误动作。

（4）根据学生所出现的错误动作，在练习时给学生附加一些条件或要求，限制错误动作的出现。

（5）多采用辅助性练习、模仿性练习和专门性练习，提高做练习时肌肉群的能力，从而纠正错误动作。

（七）程序教学法

程序教学法是将田径运动技术教学按程序设计好过程，然后按程序一步步来实施教学的一种方法。如果某一步过程的任务没有完成，则通过反馈回到前一步过程重新实施或采用其他方法进行补救，否则，不能进入下一个过程的教学。程序教学主要采用直线式程序教学模式，它根据控制论的理论与方法对田径技术教学的整个过程进行有效控制，把所学习的技术分成一个个程序，以保证学生有效掌握复杂的技术。这种教学方法要求学生对每个程序的教学做出积极的应答，教师根据学生练习以及对技术理解的情况，给予及时的评价，确认是否直接进入下一步学习。这种教学方法的优点如下：

（1）根据学生不同的学习能力，采取不同的学习进度，针对性地安排学习内容，有利于不同条件的学生掌握技术。

（2）有效地把理论认识、技术练习相结合，有利提高学生的学习能力。

（3）某个程序相对独立，有利于对身体素质较差、学习技术较慢的学生加强技术细节的练习，从而打好基础以便更好地掌握完整技术。

（八）发现教学法

发现教学法是教师针对教学内容提出若干问题和线索，让学生自学自练，在解决问题的过程中学习和掌握田径运动技术的方法。发现教学法使学生带着问题主动参与技术教学的全过程，对开发学生的思维、提高学生对技术的理解能力有极大的帮助。在田径运动技术教学中，教师在运用发现教学法时，应对学生掌握技术的难点、可能出现的错误动作进行分析，逐条列出问题，课堂上提供给学生，学生根据问题进行思考和练习。

四、田径运动教学中教学方法的选择

田径运动教学中在选择教学方法时，要坚持教学方法的整体性原则，即要看到各种教学方法之间的联系，这样才能优化教学方法、实现教学目标、完成教学任务。

（一）根据田径运动教学目标选择教学方法

教学目标是指田径运动技术教学预期达到的标准，它是田径运动教学的"纲"，田径运动教学的开展围绕目标进行。教学方法的选择根据教学目标的具体要求来确定。田径运动教学目标包括田径运动技术课总目标、各项技术目标和课时目标。田径技术教学目标的制订要考虑课的类型和层次，田径运动技术课的教学目标主要包括三个领域：认知目标、动作技能目标、情感目标。不同类型的目标有不同层次，如认知目标中可分为知识、理解、分析、综合、应用和评价六个层次。动作技能目标可分为动作观察、动作模仿、动作练习和动作熟练四个层次。在明确了技术课的教学目标之后，要认真分析各种教学方法有效完成目标的可能性，然后根据教学任务和教学目标的实际情况，选择最佳的教学方法。如果教学目标强调知识的掌握，主要采用语言讲授法；如果教学目标是提高动作技能，主要采用完整练习为主的教学方法；如果教学目标以提高学生教学能力为主，则多采用发现教学法和预防与纠正错误教学法。可见，教学目标的制定原则和方法是选择教学方法的前提。

（二）根据教学内容、性质及特点选择教学方法

田径运动教学中教学内容是最基本的要素，对教学起到决定性的作用。教学方法是完成教学内容的一种手段，教学内容不同，所采用的教学方法有所不同。不同项目的运动技术、不同教学阶段、不同的课时，对学生知识掌握、技能提高、能力培养、意志品质形成的要求不相同，选择的教学内容也不同，因此，要灵活选择教学方法，突出教学方法多样性的特点。例如，新授课的主要任务是使学生掌握正确的动作概念，主要采用讲解法和示范法，而复习课的主要任务是提高学生的动作技能，则多采用完整练习法、游戏和比赛法、预防和纠正错误法。比较复杂的动作技术，在学习初期，多采用分解法。随着技术动作的不断完善，完整练习法将作为主要的教学方法。总的来说，教师在教学中应该根据不同的教学内容、性质和特点选择所需要的教学方法。

（三）根据学生的实际情况选择教学方法

学生的实际情况主要指学生原有的运动基础、身体素质、动作技能储备、学习动机、生理特点和心理特点等因素。学生的实际情况与教学方法的选择有着很大的关系。例如，中学生活泼好动、注意力不易集中，多采用游戏法进行教学效果更好；大学生竞争性群体意识和集体荣誉感强，多采用比赛法进行教学效果更好；体育院系学生的理论水平较高，在教学中不仅让学生明白怎样做，而且让学生知道为什么这样做，还要为学生提供"创新"的机会，教学中应多采用发现教学法。学生在身体素质、运动技能上存在差异，在学习技术动作时会出现这样那样的错误动作，教师应采用不同的教学方法，做到因材施教，从学生的实际水平出发，及时掌握学生的兴趣、爱好，注重激

发学生的学习动机，选择最佳的教学方法，促进学生掌握田径运动知识，提高学生田径运动技能水平。

（四）根据教学环境选择教学方法

这里所指的教学环境主要指教学场地、器材和教学设备等。教学方法的选择离不开教学条件，应根据场地的大小、器材的多少和学生人数选择教学方法进行教学。

（五）根据教师自身素质选择教学方法

教师素质在教学过程中主要表现在教学理念、语言讲解能力、动作示范能力、现代教育技能、课堂管理能力和思想品质等方面。先进的教学方法必须与教师的素质相匹配。先进的教学方法只有被教师充分理解、合理运用，才能取得最大的教学效果。某种先进的教学方法，不一定适合每一位教师。因此，教师要根据自身素质，自身的优势，选择适合自己的教学方法。同时要不断更新教学理念，掌握和应用各种教学方法，提高教学水平，并不断挖掘潜力，形成自己的教学特色。

第三节 田径运动的技术教学

一、田径运动技术教学目标

为了更好地适应基础教育中体育与健康课程改革和发展，确立体育教育专业培养目标是能胜任学校体育教育、教学、训练和竞赛工作，并能从事学校体育科学研究、学校体育管理及社会体育指导等工作的复合型体育教育人才。为此，有专家提出了主干课程领域化的思路，将田径课程重新构建与整合为田径类课程（包括田径、户外运动、定向越野、野外生活生存等课程）。

田径类课程的总目标是：掌握田径类课程的基本理论知识、基本技术和基本技能，达到一定的运动技能水平；具备田径类课程教学的基本能力和指导课外田径健身锻炼的组织管理能力，形成良好的专业素养和心理素质，提高社会适应能力。

田径类课程的具体目标分为五个方面：

（1）全面发展走、跑、跳、投等基本运动能力和生活生存能力，提高体能，为田径类课程和其他技术课程的学习奠定基础。

（2）掌握田径类课程主要项目的基本理论知识、基本技术，达到一定的运动技能。

（3）具备田径类课程的基本教学能力、主要项目的竞赛组织与裁判的工作能力和田径健身的指导与管理能力。

（4）充分认识田径类课程的竞技性、健身性和实用性等属性，了解田径运动文化特点，理解田径类课程对人们的生活和工作的重要价值，培养终身体育观念。

（5）培养良好的意志品质、创新能力和合作精神，发展个性，提高道德修养，促进身心全面发展，适应社会发展的需要。

简而言之，田径运动教学的核心目标就是通过田径运动发展学生体能，掌握田径运动基本理论知识和运动技能，这是从事田径运动教学训练、科学研究、学校体育管理及社会体育指导等工作的重要基础。

在田径课程教学与设计中，要以田径教学目标为导向，要把全面发展学生走、跑、跳、投等基本运动能力，提高学生体能以及掌握田径运动基本理论和运动技能作为重点，通过科学设计和选择合理的练习手段与方法，有效地达成田径课程教学目标。

二、田径运动技术教学的基本模式

（一）简单运动技能的教学模式

经过很少练习就可以完成的技能称为简单的运动技能。简单技能的学习一般是不难的，有时初学者已多次在现场或从电视上看过别人完成他要学的技能，而学习中的80%被认为通过观察来完成的。确定技能的难易并不是件简单的事情，只有当初学者掌握技能快而容易时，才能将这个技能作为简单技能对待。当一个技能对你容易，而学习者难以掌握时，你应按学习者的感觉将之划为复杂技能。有时一个看上去简单的技能可能会由于学习者的害怕和紧张变得复杂起来，初学者学习跨栏项目时就常常遇到这种情况。如果不能确定一个技能是简单还是复杂时，应按复杂的技能进行教学。

1.简单技能教学模式

简单技能教学有两种常用的方法：模仿方法，示范、讲解、练习、纠正方法。

（1）模仿方法

简单的模仿常常是学生学习的最好方法。它要求学生将注意力集中在要模仿的动作上"看这个动作……试一试"。如果模仿是准确的，应当给予肯定"对，就是这样，现在记住并进行练习"，当需要做小的纠正时，要用清楚的方式指出。

（2）示范、讲解、练习、纠正方法

这个方法包括下列四个步骤：① 示范并进行简单的讲解；② 留出时间练习，仔细观察，找出正确的动作和共同的错误；③ 练习进行时提供信息，在必要的情况下中断练习，强调正确动作和提出改正错误动作的建议；④ 允许进一步的练习，如需要则进行更具体的修改。

2. 复杂技能的教学模式

使用较简单技能教学方法学生不易掌握的动作就是复杂的技能。复杂的教学方法各种各样，但都是以这样或那样的方式使技能简单化，以便使学习过程容易一些。在技能教学中，一般采用塑造法和链接法两种教学模式。

（1）塑造法教学模式

塑造法是指在学习复杂技能过程中，通过降低技术难度等方式来简化技能的一种学习方法。它不仅可以通过降低技术要求的方式获得，也可以通过改变器材以及提供外界保护等方式，以便学生有效地完成动作技能。塑造法包括下列过程：

① 简要示范和讲解要学的整个技能过程；

② 用简化或包含完整技能中最重要的动作和学生能很好完成的形式进行教学；

③ 让学生练习简单化的技能；

④ 逐渐改变任务要求，以通过练习使整个技能形成近似成熟的形式；

⑤ 鼓励遇到困难的学生，并用其他更简单的方法进行练习。

（2）链接法教学模式

链接法教学模式就是将分解的技能链接在一起。一个复杂技术是由几个简单的部分组成的。每个部分可以被认为是一条链中的一个环节。为了使技能的链接更有效，要尽早地将分解部分联系起来组成完整技能。在学习的中级阶段，学生可以进行运动技能的分解练习，但结束时一定要进行完整技能练习，将各个环节连成一条链。

（3）塑造法与链接法的比较

链接法与塑造法区别很大。在链接技能时，是按完成完整技能的要求练习每个部分。在塑造技能时，学生的第一次尝试可能会非常不完全，几乎不能做出类似完美技能的动作来。对于某一特殊情况，无法说用哪种方法进行技能教学最好，教师只有通过实践才会发现哪种方法适合他们，并且变得更有能力确定一个技能对某一特定学生是简单还是复杂。一般来说，只要学生有能力，最好按简单技能的方法进行教学。

（二）田径运动技术教学的步骤和方法

学习新运动技能过程，一般分为讲解和示范、运动技能练习、教学反馈等步骤，下面分别进行阐述。

1. 讲解和示范

首先要确定运动技能对学生来说是简单的还是复杂的，并据此选择恰当的方法进行技能教学，然后决定说什么及寻找最简明扼要的说明，再就是确定是否用辅助物。辅助物可以是表、图、电影或录像带，在用辅助物之前，必须有把握辅助物可对示范起重要的补充作用，否则不要使用。如果将准备好的辅助物展示在墙上或告示板上，学生在学习技能后能够参考，就会发挥最大的作用，这样的辅助物还将有助于学生回忆示范的细节。

在传授运动技术时，示范是一种常用的手段。讲解与示范结合在一起有助于学生对要学的运动技能有所了解。当示范一项运动技能时，首先要考虑的问题就是谁来做示范。示范的最佳人选是受过专项训练的高水平的专业学生和技术熟练的体育教师。正确规范的技术动作不仅有利于学生建立正确的动作表象，而且有利于教师得到学生的尊敬并增加学习的信心。如果动作示范不好，会产生不能传递正确信息和减少学生对教师的信心的双重坏效果。在教师不能熟练完成技术动作时，要找一个可以熟练完成动作的替代者或学生来代替任课教师完成示范。在没有合适的人进行示范的情况下，可以用电影或录像来进行示范，可用慢动作来集中示范那些在正常速度下难以仿效的动作，但在使用慢动作前和后，需要用正常速度放同一动作。

示范的时机也是影响技能学习效果的因素。在运动技能学习中，教师讲解动作要领，然后让学生自己体会动作，继而教师进行示范教学，其后再让学生练习来体会动作。在教学中，在学生练习开始前进行示范帮助学生建立正确的运动表象；在学生练习一段时间后，有利于学生理解技术动作要点和帮助纠正错误动作技术。随着运动技能熟练程度的增加，动作示范频次的减少，可逐渐转为语言提示。

如果学生较多，要选择一个有效的队形。队形的形式要根据实际训练的学生人数决定，其目的是让所有的人都能清楚地看到和听到教师的讲解和示范。教师在示范时要考虑学生观看示范的最佳角度，应明确告诉学生应从哪个（哪些）角度看技能示范。要计划用 90° 或 180° 轮换示范面、重复示范动作，以保证学生从不同的角度看到技能动作。还应为右手和左手学生示范技能动作。

将学生的注意力集中在动作的节奏时，声音也可以用来作为帮助学生学习技能的模型。教师可以用嘴或拍掌发出的声音，来表示和强调正确的节奏。在三级跳远、跨栏栏间的三步跑以及标枪的最后五步技能的教学训练中，这种声音提示是很有用的。将声音提示与好的口头讲解及视觉示范结合起来，可使技能的学习更有效。值得注意的是，用于讲解和示范的总时长不应超过 3 ~ 4 min，如果所用时间过长，就会过多地重复动作或者讲解示范得过细。

2. 运动技能练习

进行示范后，学生应尽可能快地开始练习。练习的队形应使尽可能多的学生安全有效地练习技能。这样可以营造一种学生不怕做错动作的氛围，因为错误动作是学习过程中不可避免的部分。在技能训练开始时，学生不应处于疲劳状态，当疲劳开始影响动作的完成时，就应停止练习。高水平学生有时则需要在疲劳的情况下练习技能以模仿比赛时的条件。一般来说，技能练习持续时间不应超过 20 min。

运动技能的形成过程，是多种感觉机能参与下，在大脑皮层运动中枢所建立起的暂时地神经联系。特别是肌肉本体感觉，对形成运动技能具有特殊意义，没有正确的肌肉感觉就不能形成运动技能。在田径运动技能学习过程中，通过各种专门性练习，不仅有利于尽快掌握正确技术，建立正确的动力定型，而且还可以克服运动技能学习过程中的单调乏味，激发学生学习的兴趣，提高练习的积极性。

田径技能学习中的各种练习形式很多，包括引导性练习、专门性练习、辅助性练习和专项练习等，需要在教学中根据情况来选择和运用。选择何种专门性练习，首要的标准就是促进运动技能的形成和发展；专门练习的量取决于专门性练习的性质和学生掌握的程度，有的专门性练习可能贯彻整个运动技术的学习过程，有的专门性练习可能只需要练习几次就可以了。在投掷项目运动技能学习过程中，专门性练习的选用，一般从徒手到持辅助器械，到轻器械，最后用标准器械。贯彻由易至难，循序渐进原则，有利于动作技能的形成。有些专门性练习（分解练习）不宜过多采用，学生一旦掌握就立即转入下一个练习，及时将相邻的两个技术环节结合起来进行教学。

在田径教学中，为了掌握某项技术，常常采用大量的专门练习、辅助练习和模仿练习，这都是为了促进技术动作的掌握、巩固和提高。但是在选择和运用这些练习时，如果不考虑动作技能之间的迁移问题，就会达不到预期的效果，甚至产生负面作用。例如，在跳远教学中采用跳箱盖或弹簧板的起跳练习，可以提高腾空高度，有利于学生体会空中动作，但这一练习对起跳却产生了明显的副作用。这是因为在跳箱盖上放脚起跳时，与在平地起跳时的肌肉用力感觉之间存在着很大差别，若在跳箱盖上形成了习惯动作，必然要影响到正常的助跑起跳技术。因此，这种练习不宜过多采用。又如撑竿跳高教学中采用的"骑竿练习"，这一练习尽管对体会起跳后的悬垂动作有帮助作用，但对悬垂后的后仰举腿动作有明显的副作用。再如跨栏跑教学中常采用的"垫步切栏"练习，对体会和掌握攻摆与起跨及两腿"剪绞"过程技术是有其积极作用的。但是由于这一练习在栏前有一"垫步"动作，这个"垫步"动作对掌握在快速奔跑中完成起跨攻栏，不可避免地有干扰作用。

在教学中，正确合理地选择专门练习，应该是首先考虑到专门练习与完整技术之间的共同要素，这种共同要素不仅表现在动作的外形上和视觉形象的相似性方面，更重要的是要使专门练习与完整技术在动觉方面，即肌肉的用力特征和动作的时间、空间特征方面有一定的相似性，只有那些与完整技术中的肌肉感觉发生联系的专门练习才是有效的。此外，各个专门练习之间也存在着迁移问题。在教学中，应先安排哪一个练习，后安排哪一个练习，也应引起足够的注意。

另外，在分解教学和完整教学的关系上也存在技能的迁移和干扰问题。

例如，在跨栏、跳高、撑竿跳高、铁饼、标枪等项目的教学时采用分解教学，其目的在于降低动作的学习难度，简化动作的要求，以便学生更好地体会技术的难点和细节。倘若分解练习的教学时间过长，往往会使完整技术不连贯而产生干扰现象。因此，分解教学的时间不宜安排过长，练习的次数不宜过多。否则，一旦形成习惯动作，是不利于形成完整技术的正常节奏的。

3. 教学反馈

反馈就是在反应过程中产生的输出信息又传回到控制部分，并影响控制部位的功能，使传出的信息更加精确。在运动技能形成过程中，由感觉器官、神经中枢、脊髓神经元和效应器共同形成一个信息反馈通道：当感觉器官接受刺激冲动后（信息），传入神经再将信息传至中枢，中枢对所获得的信息进行综合加工，然后下达指令（信息），指令传至脊髓运动神经元，然后再传给效应器（肌肉），引起随意运动。在此信息反馈通道中，小脑起着相当于耦合器的作用，当肌肉收缩时，肌梭、肌腱、高尔基肌腱将肌肉活动情况及时向小脑报告，同时，来自大脑皮质的指令信息也达到小脑，在小脑汇合，两种信息通过比较，了解实际完成的动作偏离目标的程度，然后小脑红核发出信息，经丘脑外侧核，返回大脑皮质发出指令的代表点，及时发出纠正动作的指令信息。运动技能正确概念存储于大脑的一定部位，通过反馈时刻监视完成动作的过程，一旦发现误差，则可及时反馈到中枢进行调整。

无论采用何种方法教一种技能，仅仅靠练习是不足以使学生正确学会的。反馈是学生完成动作后，从各个方面收到的有关其完成情况的信息。这种信息可以分成下列两类：内部反馈和外部反馈。

（1）内部反馈

内部反馈是指一个学生通过视觉、听觉和触觉等所有的感觉器官收到的信息。我们可以想象让运动员带眼罩用起跑器起跑参加一次跨栏比赛的情况。这对有经验的运动员将是非常困难的，而对初学者则几乎是不可能的。视觉是学生获得有关周围环境以及何完成技能的信息的途径之一。

给学生提供内部反馈的另一个重要来源是大脑从身体接收的有关动作感觉的信息，这些信息是从肌肉、肌腱以及关节传到大脑的。它们告诉大脑肌肉的情况——肌肉的收缩速度以及关节和肢体的位置等。这种通过"内眼"获得的信息称为运动本体反馈。本体感受器具有感知位觉能力，使由中枢输出的部分信息（指令），不断地返回到中枢，经中枢调整后再次下达的指令，使动作不断得到校正和完善。

大多数年轻学生的运动本体感觉发展是不够的，他们主要通过视觉获得学习技能的反馈。运动本体感觉和反馈的发展给学生提供了对运动技能节奏的稳定感觉。随着学生进入技能学习的中级阶段，运动本体反馈的作用变得越来越重要。

在比赛的情况下，学生仅能依靠个人的各种感觉和动作的结果指导自己，因此，教师有教育学生认识和利用内部反馈的责任。在训练课的技能部分，教师必须不断地询问一些问题："你感觉如何？""你能记住那种感觉吗？""那样是对的。你可以重复那个动作吗？""你感觉如何？""一样吗？""那就是你在比赛中应该感觉到的东西。"学生还要了解造成他们的动作结果的原因，这样做学生可以纠正错误动作的原因，而不去考虑以前动作。例如在铅球项目中，"你注意到了铅球落在了投掷区的左侧，那是因为你的左侧的髋部向前打开过多，下次试投在形成正确的发力姿势时，左脚要更靠近投掷圈的前侧"。

（2）外部反馈

外部反馈是学生通常不能自己从动作完成的结果中获得的信息。这种信息的来源在学生的外部，其中包括教师、其他学生、镜子以及摄像机等。

有效的技能学习外部反馈曲线表明，外部反馈与内部反馈相结合，更有利于学生技能的学习。外部反馈很简单，它是从学生的外部获得自身所做动作正确与否的信息，从而有利于学生掌握动作。这种对某一特定技能的正确理解的方式有利于动作定型，大脑对动作的记忆。可以看出，建立动力定型是学习所有技能的基础。

教师利用从各种来源得到的外部反馈，给学生提供准确而有用的信息。这种反馈的正确使用有加快学习过程的效果。

（3）有效的语言反馈

外部反馈的主要来源通常是教师的语言反馈，培养有效的语言反馈是教学过程成功的关键之一。对于学生来说，动机、知识以及自我形象是很重要的。有效的语言反馈应具备这几个方面特征：

① 有针对性而不是泛泛的。针对性的反馈包括有关学生应如何去做，

以便解决或纠正问题的简单而明确的信息。它可以使学生了解一个错误动作的原因。范例：用起跑器进行的起跑练习。

针对性反馈（有效的）：当你处于预备姿势时，头抬得太高，你的眼在看前边的跑道。头要与身体保持自然的直线并且要看身体下方的跑道。

泛泛反馈（无效的）：这次起跑不太好。

② 建设性的而不是破坏性的。建设性反馈肯定学生动作的积极方面，并提出改进的积极方法。

建设性反馈（有效的）：你跑的动作非常稳而且有控制。整个第三圈你被围在跑道的内侧。你不仅注意你前边，同时还有后边学生的情况，在被围在里边之前改变自己的位置。

破坏性（无效的）：你总处在错误的位置上。

③ 迅速的而不是迟缓的。在学生完成动作后，应尽可能快地给予有效反馈。这时学生对刚完成的动作有更清楚的记忆和运动本体感觉，是从反馈中汲取有益东西的好时机。

④ 澄清误解。检查学生是否清楚地理解了教师的反馈是重要的。让学生说出教师说的内容，或者他认为教师想让他怎样做。如果他已清楚地理解了教师的反馈，可以强调一下反馈。如果他误解了，教师则可以澄清自己的意思。

⑤ 对可以改变的行为。反馈应使学生集中在能够做到的动作改变上。例如，教师可能会告诉学生跑时肘关节向后方摆动而不是向侧面摆动。如果学生存在肩关节柔韧性问题而使他不能做到教师的要求，那么这个动作就无法根据教师的反馈而得到改变。在这种情况下，教师应针对肩关节柔韧性差这个原因给予反馈，因为这个问题是可以通过训练得到改进的。

⑥ 一次只纠正一个错误。学生一次只能对一个指令产生反应。教师应记住他观察到的所有情况并且确定哪个错误动作是最主要的。任何反馈都应一次只纠正一个错误动作，并要首先纠正最主要的错误动作。

在运动技能教学中，给学生提供准确的反馈是教师的一个重要任务。当然教师在训练课的技能部分积极地教学时，要记住不能试图对学生的每一次动作都给予反馈。

教师通常使用语言反馈作为提高学生成绩的主要方法，这种反馈是给学生提供额外信息的方法，如果使用正确，可以加快技能学习过程。在实践中，反馈不纯粹是从教师到学生的单向过程，反馈也是交流过程中的一个重要部分。交流是包含有教师和学生的一个双向过程，对于形成正确教学关系极为重要。好的教师均显示出好的交流技巧并不断提高和发展这些技巧。

在分析学生的动作时，要区分出学生的个体类型和运动技能之间的差异。个体类型就是学生完成动作的个体方式，它是由学生的肢体长度、体形、力量、柔韧性以及其他的个人因素所决定的。我们所学的运动技能就是最有效完成身体任务、解决问题的方法。我们需要改正那些形成错误技术的原因，同时还要允许学生的个体方式得到充分的发展。

三、田径运动技术教学的方法

教学方法是在教学过程中，师生为实现教学目的、完成教学任务而采取的教与学相互作用的活动方式的总称。

教学方法是多种多样的，不同的划分标准就有不同的教学方法分类。根据一定的标准和各种方法所具有的共同特点，可把众多的教学方法分为具有逻辑联系的序列，构成教学方法体系。根据我国教学论中以学生认识活动的不同形态作为分类标准所划分的教学方法，田径运动技术教学方法主要有：讲解法、问答法、讨论法、动作示范法、演示法、错误动作纠正法、分解练习法、完整练习法、重复练习法、体育游戏法和比赛法等。

（一）讲解法

讲解法是教师通过口头语言向学生传授体育知识、运动技能的方法。讲解主要是对体育课程中的概念、运动技术原理、技术要点、游戏或竞赛规则等进行说明、解释。运用讲解法，教师可以通过合乎逻辑的分析、生动形象的描绘、陈述，启发诱导性的设疑、解疑，使学生获得较为全面系统的体育知识，并把知识和技能教学、思想教育有效地融为一体。在田径运动技术教学中，运用讲解法应注意以下方面问题。

首先，讲解要精练、准确，突出教学重点。技术课教学的特点是以多练习为主，讲解占的时间不能太多。讲解内容要针对性强，要根据课的任务，抓住重点、难点进行讲解，讲解不仅要讲清楚、讲准确，而且讲解的语言要精练、易懂，便于理解和记忆。要准确、精练地描述动作的过程与部位，易使学生建立正确的动作概念。

其次，讲解要循序渐进，深入浅出。在田径教学的讲解中，应根据课的任务，由浅入深，由表及里，从一般的概念讲到技术细节、从细节讲到各细节之间的相互关系，然后才是技术原理分析。讲解要做到课课有新内容、新知识，避免不分阶段一两次课就把整个教学进度讲授的内容全盘托出。

最后，讲解要生动形象，口诀化。讲解要注意语调和用语。如为了使学生对某些关键技术有更深刻的理解，可以引用其他相似的事物做比喻，生动形象地揭示该技术的特性与本质。例如，掷标枪最后用力地"鞭打"；背越式跳高杆上动作的"反弓成桥"；短跑落地动作的"扒地"等。这样的比喻能启发学生很快理解技术的要领。同时，在讲解中还可将技术动作要领高度提炼，进行口诀化。例如，背向滑步推铅球的最后用力动作要领：蹬、转、挺、推、拨。这种简明扼要、口诀形式的讲解，便于学生记忆。

（二）问答法

问答法是教师和学生以口头语言问答的方式进行教学的一种方法。从达成体育教学目标角度来说，问答法可分为有引导性、启发性、复习知识性问答等形式。无论哪种形式的问答，都要设计不同类型的问题，调动学生的积极性，这是发挥问答法作用的关键所在。例如，教师在分析学生练习中技术动作质量时，可以采用引导性问答的方法，让学生回答同伴技术动作完成情况。教师要鼓励诱导学生大胆提出问题，并可以解释性地回答问题。如体育锻炼的方法，提高成绩途径，各田径项目的技术、战术、规则、练习方式、场地器材等。

（三）讨论法

讨论法是学生在教师指导下为解决某个问题而进行探讨、辨明是非真伪以获取体育知识、形成运动技能的方法。使用要求包括：讨论的问题要有吸引力，要善于在讨论中对学生启发引导，做好讨论小结。讨论法可以提高学生学习情绪和参与的积极性，培养合作精神，加深对学习内容的理解，还能提高学生学习的独立性。在体育教学分组练习中，教师可以安排每组学生在完成练习时讨论这项技术的要点。

（四）动作示范法

动作示范是体育教学中最常用的一种直观教学法。它是要求学生通过对示范动作的观察，在头脑中形成动作的运动表象，了解动作的结构、要领，建立起正确的动作概念。在体育教学中正确动作示范，使学生获得必要的直接感受，以提高掌握动作要领的效率，有利于形成正确的动力定型。从动作结构来看，示范法可分为完整动作示范法、分解动作示范法、正误动作对比示范法、相似动作区分示范法等几种。从示范的位置来看，又可分为镜面示范法、侧面示范法、背面示范法等示范方法。

在田径运动技术教学中，运用动作示范法应注意这几个方面问题：

第一，明确示范目的。示范的目的是使学生能更直观地看清技术，建立正确的技术概念，形成正确的动作表象。但根据教学的进程、教学的各个阶段、每次课的具体任务，每次示范的目的也有所不同。一般来说，初学阶段的示范，是使学生了解完整技术的形式，初步建立正确的技术概念，以完整的示范动作为主；掌握阶段的示范，是使学生明确某一环节的技术细节或纠正某一错误动作的示范，一般以分解示范为主；提高阶段的示范，除了纠正错误动作的目的外，主要是让学生明确完整技术节奏、动作幅度及速度，使学生在原有技术的基础上更加完善，以完整示范和分解示范相结合进行。

第二，选择正确的示范位置和方向。示范时为了让每个学生都能清楚地观察到示范动作，必须组织调动好学生观察示范的位置与方向。① 观察直道"途中跑"技术的示范位置。侧面观察后蹬与摆动，以及蹬摆配合的技术。正面观察跑的直线性、蹬摆的方向及脚落地的方位等；② 观察直道跨栏跑的"跨栏步"及栏间跑的技术。侧面观察起跨、过栏的全身配合及栏间跑的重心高度与步长、节奏等。正面观察"跨栏步"及栏间跑的直线性；③ 观察背越式跳高示范的位置（左脚起跳为例）。正面观察（正对横杆位置）身体转体情况。侧面观察（第二立柱或称远端立柱一侧）起跳脚放脚位置、着地技术、摆臂、摆腿技术，以及过杆时的挺髋技术；④ 观察跳远示范的位置。正面观察摆动腿、两臂摆动方向，以及上体姿势。侧面观察助跑节奏、倒数三步步长变化、起跳脚的着地、蹬伸、摆动腿与两臂摆动幅度、上体姿势等；⑤ 观察推铅球、掷标枪示范的位置。后面观察（滑步或助跑方向的正后方）动作的直线性。正侧面观察（垂直于滑步或助跑方向）整体技术。斜侧面观察（与滑步或助跑方向约 45° 角）最后用力。观察推铅球时，站位距离出手点约 12 米处，观察掷标枪时，站位距离出手点约 22 米处。

第三，运用不同性质的示范，强化正确动作、抑制错误动作。当学生的学习处于泛化阶段或由泛化向分化过程转化时，应以正确的技术，多次重复示范，使学生建立正确的视觉表象，强化正确动作。当分化抑制逐渐形成，学生分析与辨别能力也逐步提高时，除正确动作示范外，对学生的错误动作，也可做模仿性的动作"示范"。或利用"正误对比示范"的手段来达到强化正确动作、抑制错误动作的功效。

第三，运用不同性质的示范，强化正确动作、抑制错误动作。当学生的学习处于泛化阶段或由泛化向分化过程转化时，应以正确的技术，多次重复示范，使学生建立正确的视觉表象，强化正确动作。当分化抑制逐渐形成，学生分析与辨别能力也逐步提高时，除正确动作示范外，对学生的错误动作，也可做模仿性的动作"示范"。或利用"正误对比示范"的手段来达到强化正确动作、抑制错误动作的功效。

（五）演示法

演示法是教师在课堂上通过展示各种运动模型、技术挂图、直观教具等，让学生通过观察获得感性认识的教学方法。它是一种辅助性教学方法，要与讲解法、问答法等教学方法结合使用才能形成较好的教学效果。

在田径运动技术教学中，演示的手段主要有运动模型、运动技术挂图、运动技术录像等。教师要善于利用简单的教具演示某一动作的技术要领或原理，生动直观地传授知识技能和加深学生对知识技能的理解，才能使学生不仅知其然，而且知其所以然。投掷标枪、铁饼和推铅球或实心球的技术要领都强调"满弓形"用力动作，为什么要这样做呢？学生对此是并不完全理解的。可以做一个简单的演示："用一根细竹弯成弓形，将一块小石子弹出去。"学生就知道"满弓形"动作的重要意义和作用，然后再提示学生与物理课学过的力学知识联系起来，就加深了理解。

（六）错误动作纠正法

错误动作纠正法是指为了纠正学生的错误动作所采用措施的教学方法。在体育教学中，学生由于各种原因难免产生错误动作，如不及时纠正，就会使错误动作动力定型。因此，必须采取积极的纠正错误的措施。要防止和纠正错误，首先要分析错误产生的原因，才能选用适当的方法来纠正和帮助。产生错误动作的原因主要有：对所学的动作要领不清，学生能力较差、水平低，教学内容安排不当或组织方法不当，学生受旧的技能干扰等。教师要看准动作后，针对形成错误动作原因，采用相应的预防及纠正的方法，有的放矢地纠正错误。纠正错误动作时要分清主次，先抓主要的，纠正错误时要耐心、细心、热心，讲解时要有亲切感。

（七）分解练习法

分解练习法是把完整的动作合理地分成几段或几部分，逐段或按部分进行练习的方法。分解练习法的优点，是因分解练习，动作技术的难度相对降低而利于掌握，也利于突出重点、难点，加强动作困难部分的学习而加快教学进程，还能提高学生学习的信心。其缺点在于有可能形成对动作分解掌握的习惯，妨碍完整顺利掌握。分解练习法适用于教学比较复杂而又可分解，用完整法又不易掌握的动作的教学，或动作的某部分需要较细致地学习时采用。分解练习法主要有分段依次、分段递进、分段顺进、分段逆进、分段中起等练习法形式。

采用分解练习法时，为使学生能较快地掌握完整动作，应注意以下几点：

第一，动作划分段落或部分时，应注意其相互间的联系，使分开的段落或部分易于连接完成，不破坏动作的结构。

第二，使学生明确所划分的段落或部分，在完整动作中的地位和相互联系。在分解练习时，应为连接完成完整的动作做必要的准备。

第三，分解练习法要与完整练习法结合运用。分解法的主要作用在于减少学生学习中的困难，最终达到完整掌握动作的目的。所以，分解动作的练习时间不宜过长，只要基本掌握即可与其他段落或部分，以至动作的各段落、各部分连接起来完整地练习、掌握。否则，有可能形成分解动作的动力定型，而不利于动作的连接和较顺利地完整掌握。在技能形成的前期，适宜采用分解练习法；随着技能的形成和发展，应更多地采用完整练习法。

（八）完整练习法

完整练习法是指从动作开始到结束，不分部分和段落，完整、连续地进行练习的方法。完整练习法的优点是练习中能保持动作结构的完整性，利于形成对动作技术的整体概念和动作间的联系。其缺点是不易于较快地掌握好动作技术中较难的环节和要素。完整练习法一般是在教学较简单的、学生容易掌握的动作；不宜分解教学的动作（如体操运动中的翻滚动作）；对动作分解教学后又连接起来完整掌握时采用。

采用完整练习法时，为了减少学生掌握动作的困难，可有区别地采用以下做法：

第一，在教学较复杂、困难的动作时，可先突出重点。例如，先注意掌握动作技术的基础或某些主要环节，然后再逐步掌握动作技术的细节部分；或先注意掌握动作的方向、路线等要素，然后再掌握动作幅度、节奏、速度等要素。至于应先着重掌握什么，应根据动作的特点和学生掌握动作的情况来决定。

第二，简化练习的某些要求。例如，教学跑的动作时，可在较慢速度，较短距离的要求下进行练习。

第三，根据掌握动作的需要，选用辅助练习或诱导性练习逐步过渡。例如，为掌握跨栏跑的动作技术，可选用压拉肌肉韧带、过侧栏、过低栏等辅助和诱导性练习，这既可发展相应的肌肉群，提高跨栏跑的体能，也利于逐步过渡，较顺利地掌握跨栏跑动作。

（九）重复练习法

重复练习法是指根据完成动作的要求，在相对固定的条件下反复进行练习的方法。固定的条件有动作结构、运动负荷以及场地器材等。例如，按规定的距离、固定速度重复跑；在一定高度上用同一过杆姿势反复进行跳高练习等。

重复练习法的主要作用是，有利于教师观察、帮助改进动作技术；有利于学生在反复练习中掌握和巩固动作技术，锻炼身体，发展体能，培养意志品质。重复练习法的特点是练习条件固定和反复进行练习，重复练习间的间歇时间没有严格的规定。

（十）体育游戏法和比赛法

体育游戏法是指以游戏方式进行练习的方法，通过体育游戏来掌握所学的技术动作或发展体能，发挥学生的团队协作精神。

在教学中运用体育游戏应注意以下几方面问题。

1.游戏内容的针对性

游戏的目的是为了有效地达成教学目标。因此，游戏内容的选择必须与教材有紧密的联系，以提高教学质量。

2. 游戏组织的科学性

游戏的组织要考虑学生原有的知识、技能和身体素质的水平，根据由易到难、由浅入深和循序渐进的原则，对不同年龄性别的学生要区别对待，科学组织。在游戏活动过程中，要密切观察学生身体状况的变化，掌握运动密度和运动量。

3. 游戏活动的思想教育性

教学过程中，应将思想品德教育有机地渗透和结合到游戏中去。结合思想品德教育要完成的任务，有目的地选择游戏，这样才能收到良好的教学效果。

4. 游戏过程的安全性

在选择和组织游戏时，应特别注意考虑安全因素，不宜选择危险性大、易发生伤害事故的游戏及难度和运动量超过学生所能负担的游戏。游戏进行前应考察场地、器材的具体情况，并对学生进行安全教育，在进行较为激烈的游戏前应适当做些准备活动，防止发生伤害事故，以保证游戏能够顺利地进行。

第四节 田径运动的教学评价

一、田径教学评价体系构建的原则

田径专项教学评价体系的构建就是要确保准确、全面、客观有效地对学生进行评价，也是使评价功能得以正常发挥的前提。真正体现多元评价的内涵和教育的理念，在构建体育院系田径专项教学多元智能评价体系需遵循以下原则：

（一）全面性原则

田径多元智能教学评价指标体系的内容应该全面真实地反映所有影响被评价对象实际效果。各指标必须有机配合，形成体系，相互之间既不重复，又无矛盾。并对各指标区别对待，使各指标比重各不相同，实现全面评价。指标体系的因素不是单一的、孤立的，而是相互联系、相互影响的一个整体，应从整体出发以系统和全面的角度结合多元智能来评价田径专项生的学习效果。多元智能理论主张"全面真实评估"，注重让学生的所学结合自身经验，使教学过程与评价过程融为一体，真实而有效地发挥评价对教学活动的导向、反馈、诊断、激励等功能。由此构建新的评价机制，设计多样化的评价工具，鼓励学生主动收集和提供自我发展的评价信息，使评价更真实、更科学。

（二）主体性原则

主体生原则是指评价时要以被评价者为主体，加大被评价者比重，提高被评价者在评价过程中的参与程度。在评价的过程中，充分调动被评价者的积极性与主动性。学生（被评价者）也是评价的参与者、评价的主体，提倡"以人为本"的评价。

（三）发展性原则

发展性原则即是指评价应以学生的发展为主，促进学生的发展，为学生的发展服务，防止为评价而评价的做法。评价应把注重发展学生个人能力、学校教学评价应注重及时反馈信息，使学生客观认识，并在此基础上促进心理素质的发展和提高。贯彻发展性原则，首先，就是要破除为评价而评价的思想，在实践中要防止为评价而评价的各种做法。其次，要反对站在学生对立面的评价，注重帮助学生树立成功的信心，发现发展中的问题，通过反馈信息，促进学生更好地发展。

（四）多元性原则

多元性原则是指在评价的过程中，评价的内容、方法、标准和主体等都应是多元的。评价的多元性有助于形成学生鲜明的个性和多元化的发展。多元智能理论所主张的评价最大的不同是评价的多元性。这种多元性主要体现为：① 评价主体的多元性。主张评价由教师、学生自己、其他同学及家长来进行，力求从各个方面反映学生学习及发展的真实水平；② 评价内容的多元性。多元智能理论所主张的评价，突破了仅仅对学生学习成绩的关注，强调考查学生更为广泛的能力。

（五）可操作性原则

可操作性原则是指在教学评价过程中，教学评价方案的制订以及评价活动的实施首先应立足于现实，符合当时主客观条件，保证评价指标的科学性和正确性，使指标简化，简单易行，符合实际，便于人们掌握，从而保证评价实施的可操作性。这一原则的提出，是由一切从实际出发、理论联系实际的辩证唯物主义认识路线所决定的，一切从实际出发，既要从客观存在着的实际事物本身的具体情况出发，又要从人们认识和处理客观事物所具有的现实条件出发。贯彻可操作性原则，首先要切合实际，教学评价方案的设计必须考虑到实施的可能性，指标的设计应根据田径项目的特点，指标选取时要根据多元智能理论和体育院系田径专业的实际情况设置指标，力求使指标设置在科学完善的基础上，简单易行。坚持定性与定量结合，直接量化与间接量化兼顾。其次，评价的指标必须少而精，既要照顾全面，又要突出重点。再次，评价的标准要有鉴别性。评价标准要符合被评对象的发展水平，既不能过高又不能过于简单，是学生经过较大努力能达到评价标准的优良水平。最后，评价的方法要简便易行，具有可操作性，要让评价符合客观的实际情况，符合评价实施的经济水平。如果指标设计过分繁杂、方法太难，就会使一般人感到难以掌握，造成评价实施不能进行，应加强评价指标的真正使用价值。

二、田径专项教学多元智能评价指标的确立

从系统的观点来看，田径多元智能教学评价体系自成一个相对独立的操作系统，可将田径专项教学多元智能评价体系分为语言文字智能、数理逻辑智能、视觉空间智能、声音节奏智能、身体运动智能、人际关系智能、自知自省智能、自然观察智能八个相互关联的子系统，每一个子系统又有众多的指标协调构成，通过问卷调查构建了田径专项教学多元智能评价体系。

三、田径专项教学多元智能评价指标内涵的分析

评价指标是衡量事物的角度和维度。当我们要衡量某个事物的价值时，要从该事物找到表征它的属性、特征的那些维度，这些维度称为评价指标。指标体系是诸多指标相互间联系和相互制约而构成的一个整体。指标体系在很大的程度上决定评价结论的客观性和可靠性。指标体系建立的过程也是人们对价值认识取得一致的过程，是科学评价的关键，一个复杂系统的各个组成要素按客观规律彼此联系，相互作用，这种客观规律是无法直接测量的。然而，人们可以根据自己对客观规律的理解构造某种理论模型或假说，把系统中某些能够直接测量的特征相联系，进而把握事物的发展变化。指标就是这种可测性特征的测量。下面对本书制定的田径专项教学多元智能评价指标

体系进行分析与讨论。

（一）语言—文字智能指标分析

语言—文字智能是指能够运用有效的口头语言或文字书写的能力，田径专项生学习语言文字智能是检验学生掌握田径运动基本知识和基本技术的重要手段，也是学生在未来的田径教学中教授知识和技能的主要方式。

语言表达能力体育院校田径专项生大部分学生在今后将会从事体育教学的工作，就算不从事教学，将来也会在社会上向他人传授体育项目技术和指导他人健身。不管是教学还是指导他人健身都需要通过口头语言讲解基本知识和技术，使他人掌握田径运动的基本理论、基本知识、基本技术。语言表达能力体现出学生会讲解基本的田径运动知识。基本的语言能力是检验田径专项生是否达到会讲的教学目标和任务。语言表达能力的高低，是体现田径专项生运用田径知识服务社会的重要标准，是提高田径专项生综合能力的关键所在。评价学生的语言—文字智能主要从以下几个方面进行。

讲述田径理论知识和技术要领是学生在田径专项课中所应掌握的基本口头语言能力，理论知识的学习不仅仅是理解和掌握，还需要把所学的理论知识转化为口头表达，能够向其他人讲授田径运动的各项技术要领，通过运动技术要领、结构和动作过程的讲解，使他人了解田径运动，在日常的学习和训练以及教学中，能够准确地运用田径专业术语和正确的运用田径运动的各项目口令，能够讲解田径运动教学和训练的计划、步骤方法等，能够看懂田径运动的专业刊物和资料，看懂田径比赛并听懂比赛解说员的解说，是田径专修生所必备的田径基本能力，也是学生在以后的田径教学中所必须掌握的课堂本领和综合能力。在日常的交流和学习中能够很清楚地运用口头语言向他人表达田径运动的学习感受和运动体验，也使学生能够把所学知识转化为社会财富，服务于社会。因此，口头语言表达能力作为田径专修生综合能力的重要方面，是不可或缺的。

文字书写能力是田径教学大纲中所规定的必须达到的教学目标和任务，主要包括书写教学训练文件和编写教案的能力。教学和训练文件是指教学过程中的工作计划，是进行教学工作的重要依据，也是顺利地进行教学工作的根本保证。体育院系田径专项教学是要培养未来的体育教师和教练员。因此加强教学、训练文件的书写和教案的编写能力是文字书写能力的重要表现。

（二）数理—逻辑智能指标分析

数理—逻辑智能亦称"符号逻辑"，指一切运用符号和教学方法处理和研究演绎法的学问，既是数学的一个分支也是逻辑学的一个分支，是有效运用数字和推理的能力。其核心是运用逻辑推理来发现问题和解决问题。在田径领域中此种智能也是较为普遍和重要的，例如田径运动中竞走和跑具有逻辑关联。而田径运动中的场地和运动比赛中的战术的运用都是数理逻辑智能的重要表现。田径教学中数理逻辑智能内容主要为数字运用能力、逻辑推理能力和思维分析能力。

1. 数字运用能力

田径运动中竞赛项目都是以时间来计量运动成绩，田赛类项目是以远度来计量成绩。这些运动成绩都是与数字紧密相连，因此识别、记录田径运动成绩是田径学习中数字运用能力的一个表现方面，学会运用秒表等器具记录田径运动成绩是学生必备的技能。运动场地是田径运动的主要健身场地，也是田径运动项目得以开展的重要场所，而田径运动场是个复杂的系统，由于田径运动项目繁多，其场地需要满足每个项目的需要，因此了解田径运动各项目场地，根据实际情况设计田径场地、丈量并画出各项目场地是数理逻辑智能的重要能力。

2. 逻辑推理能力

学生逻辑推理能力主要包括学生操作计算机的能力，运用计算机进行田径运动会规程和竞赛秩序手册的制作能力。计算机是高科技技术发展的重要产物，而当今学生更是要适应当前高科技飞速发展的时代，把高科技产品运用于体育领域，是当前社会服务于体育专项生的一个时代任务，以此促进我国体育事业的可持续发展。另外，田径运动各项目的技术动作原理、用力的大小都是与物理领域中的力学原理紧密相连的，是其逻辑性的重要表现，只有很好地理解和掌握田径各项目的技术原理，才能达到科学学习和科学训练的目的，才能使学习和训练效果达到最大化。因此田径专项生掌握田径运动技术的基本原理，清楚地画出技术动作图解并做出基本的技术流程图的能力是其逻辑推理能力的必要条件。同时在今后的田径教学中能够做到条理清晰、逻辑性强，是其综合能力的重要表现。

3.思维分析能力

田径运动中的思维分析能力是指导学生进行思考分析学习的重要手段，只有勤于思考、勤于动脑，才能更好地去学习。田径运动学习中思维分析能力主要表现为能用简单的数学知识或物理知识解释技术动作，对运动战术有较好地理解，并能在田径运动比赛中很好地运用战术从而赢得比赛，对体育社会问题有个人独到见解。

（三）视觉—空间智能指标分析

视觉—空间智能是指能准确掌握及表现视觉空间，其中包括掌握线条、平面、空间、形状、色彩的能力和了解它们彼此的关系。狭义上讲是指人对空间方位的感知能力，而从广义上看不仅仅是人对空间方位的感知。通常表现为既能准确感觉视觉空间，又能把所知觉到的形象表现出来的能力。此智能集中了其他一些相关技能，这些技能包括视觉辨别，再认知，投射，心理图像，空间理解，映像操作，复制内外心象等，每个人都拥有或表现出部分或全部上述这些技能。视觉—空间智能是学生进行田径学习中不可或缺的一种能力，是学生学习田径运动技术的主体部分，对整个田径教学和学习的效果都起着重要作用。包括视觉辨别能力、空间方位能力和时间感知能力。

作为人类认识世界的一种方式，比语言符号更为古老，视觉器官是人类早期获取知识的重要工具，人类最早的绘画是由视觉空间智能所激发而创作出来的。"视觉化"是视觉空间智能的核心。田径运动中不论是理论知识的学习还是技术知识的学习都是首先靠视觉器官获取所需要的知识，技术动作的学习更是离不开视觉辨别的能力。只有通过观看技术动作，初步了解动作技术，能够很好地去感受、辨别动作的身体动作，才能形成运动表象，才能逐步掌握动作技术。只有掌握了一定的技术动作，才能更好地去欣赏田径运动和田径比赛，才能去享受体育运动比赛所带来的乐趣和影响。

（四）声音—节奏智能指标分析

声音—节奏智能是感知、欣赏和创作音乐的才能。在田径运动中学生表现出的此种智能主要是对声音反应和节奏敏感性。其内容主要为以下：田径竞赛中起跑的反应能力直接影响整个跑的运动成绩，是取得好成绩的一个不可忽略的因素。对口令和发令声敏锐的反应能力是学生声音反应的主要内容。节奏来源于音乐。在体育运动中则指运动时各部分所表现出来的强弱或时间间隔的关系。在人体运动过程中所表现出来的轻重缓急就形成了节奏，在完成动作时需要一定的时间、空间和力量的相互融合，以及合理的用力顺序和身体各部位的协调配合。田径运动中的跑、跳、投、跨均表现出很强的节奏特征。

体育运动中节奏大致分为生理节奏和运动节奏。而生理节奏主要表现为呼吸节奏。而运动节奏又主要表现为技术动作节奏和战术节奏两种。

1. 技术节奏

技术节奏是人体各部分在完成技术动作过程中所表现出来的有规律、可控制的轻重缓急的现象。表现为一定动作的时间、空间与用力大小的关系。某一环节的技术节奏就是完成技术时不同部位的动作发生时机和动作速度要求。技术节奏在完整技术、环节技术及细节技术上都有鲜明的技术节奏的体现。在田径技术中，节奏是技术动作与身体练习要素的综合表现。在时间方面主要表现在动作的先后顺序，即动作的过程上。在空间方面主要表现在动作的幅度变化上，在力量方面主要表现在肌肉用力与强弱及其动作紧张与放松关系上。动作的速度、幅度、用力的强弱、时间长短、肌肉的紧张与放松等方面所表现出的时间间隔是节奏形成的基本条件。学生在田径运动学习中只有掌握好的动作技术节奏，才能很好地掌握田径技术动作。

2. 战术节奏

战术节奏在体育运动中主要表现为攻守的速度、攻守的转变、战术的变化。战术节奏既要符合战术指导思想，又要衔接不乱，伸缩自然。只有保持战术节奏的及时、合理、准确，才有可能在竞赛中保持优势。但节奏不是一成不变的，它往往受外界环境，生理因素等条件的影响。因此，在各种不同的条件下，在多次反复实践中，成功保持和调节自己的节奏，发挥自己的水平。

3. 教学节奏

在学生实习教学中把握教学中的节奏特征，很好地掌控教学中节奏是取得好的教学效果必不可少的环节。在教学中应合理地组织教学，教学组织形式变化恰当，能够较好地控制教学过程的节奏。

4. 呼吸节奏

田径运动教学和学习中，根据各个项目的运动节奏，合理地运用呼吸节奏，掌握正确的呼吸方法、频率和节奏，并把运动节奏和呼吸节奏合理地配合，使运动能够达到最适宜的协调，从而有助于田径运动的愉快学习，并能提高运动成绩。

（五）身体—运动智能指标分析

身体—运动智能是指善于运用身体及肢体动作来表达自己的想法和感受，也就是指运用整个身体或身体的一部分解决问题或制造产品的能力。身体—运动智能主要是由中枢神经系统支配身体肌肉活动中的生理表现，如身体表现出来的速度、力量、耐力、柔韧、灵巧、敏捷等一些应具备的身体素质，以及由触觉引发的一些能力，如跑、跳、投、攀、爬等。身体—运动智能是人类认知的基础，也是多元智能中重要部分，同时也是学生多元智能评价中的主体部分，对整个田径运动教学过程和学生的学习效果起着决定性的作用。而田径运动中的身体运动智能的评价主要包括以下内容：

1. 运动技术

田径运动项目繁多，动作技术各有特色，田径项目大致可分为跑、跳、投项目，跑包括短跑、中长跑和马拉松跑项目；跳包括跳远和跳高两大类的项目；投掷项目包括投铅球、铁饼和链球项目。各项目技术各不同，其既有共同点，又各有特点。因此，在众多项目技术特色中，要求学生了解和掌握田径运动技术的基础理论，在学习中能够很好地把握田径各项目的动作技术结构、要领，能够较好较快地掌握老师所教授的动作技术，对田径运动技术动作具有很好地领悟力和理解力。

2. 运动素质

作为一切体育运动的基础项目，田径运动能全面地提高人体的运动能力和运动素质，也是其他运动的基础。田径运动是体能类的运动项目，需要较好的身体素质和运动素质。田径运动分为跑、跳、投和走的项目，这些项目不仅能提高学生体能，还能提高速度、爆发力、力量、耐力、弹跳速度等，只是每个项目的训练都各有侧重。

3. 教学实践能力

教学大纲规定学生具备在学校体育工作中进行田径教学和训练工作的基本能力和能担任田径运动竞赛裁判工作的能力。因此，田径教学实践能力是田径专修生所必备的基本技能，也是其综合能力的表现。

组织教学的能力是学生以后在学校体育教学工作中的必须的基本能力，主要是由体育教学的特点决定的。体育课实施部分需要在室外运动场上或体育馆内进行教学，课堂大、学生多、场地设施、器材设备布置复杂。不具备一定的组织能力很难胜任体育教学工作。因此，要求体育教师必须具备一定的组织能力。如：组织队伍的能力，在课堂上要根据教学内容组织教学。组织教学能力是教学实践能力在课堂上的反映，而组织田径运动比赛，进行田径运动的裁判工作是教学能力在课外活动和课余运动的一个反映。在课堂教学中，把握学生对比赛的热情和积极性，引导学生主动地去学习、锻炼。用教学比赛的形式，使学生参与裁判工作，进行裁判实习，才更有利于真正掌握竞赛的规则和裁判法，提高裁判水平，使理论与实践得到了完美的结合。因此，学生在平常的学习中应提高自己的教学实践能力，经常参加田径运动的竞赛裁判工作，来提高自己在田径运动学习中的综合智能。

4.心理素质

田径运动的训练是为了获得好的运动成绩，好的运动成绩却是要通过比赛来体现出来，只有通过参加田径比赛，才能不断提高自己的运动水平。好的运动技术和运动素质是取得好成绩的必备条件，但良好的心理素质却也是不可忽略的因素。尤其是在大型比赛前、中的心理素质是最后取得好成绩的至关重要的一环。而田径教学大纲中教学任务中也明确规定在教学过程中，培养学生勇于克服困难、吃苦耐劳和顽强拼搏的意志品质。学生具有良好的意志品质是心理素质的一个重要方面。

第四章 田径运动训练理论基础

第一节 田径运动训练基础知识

一、田径运动训练的概念与训练价值

（一）田径运动训练概念

田径运动训练就是培养和完善运动员的运动技能，提高身体素质和意志品质的统一过程。它是建立在对运动员进行教育与培养基础上，有计划系统地提高竞技能力与进行竞技准备的一个过程。在教育与培养过程中，要考虑运动员的个人特点（性别、年龄、健康状态、身体训练水平、心理特点），生活方式以及训练的条件。

田径运动训练是竞技体育活动的重要组成部分。田径运动训练是以创造优异成绩为目标的身体活动，包括运动员的选材、训练和竞赛基本环节。运动员所表现出来的竞技能力受遗传、生活和训练因素的影响，其中训练因素是运动员获得竞技能力最重要、最有效、最直接的影响因素。只有通过科学、系统和长期的训练，运动员的竞技能力才能达到较高的水平，才能形成最佳的竞技状态，才能在激烈多变的比赛中取得优异的运动成绩。

田径运动训练又是教练员与运动员的双边活动过程。优异运动成绩的取得是以运动员自觉积极参与训练为前提，教练员根据训练目标制订出训练计划，采用有效的训练方法和手段都需要运动员的积极实施。教练员的训练指导思想、价值观念也是通过运动员来体现。在田径运动训练过程中，运动员的练习和教练员的指导是不可分的，二者相互作用影响着运动员成长的全过程。没有教练员指导的训练过程缺乏科学性，只是一般的身体锻炼；没有运动员的积极参与的训练充其量是形式的、表面的，达不到训练的目的。虽

然训练过程也存在运动员的自我训练，但这种训练是根据训练目标，按教练员的要求进行的。

（二）田径运动的训练价值

1. 田径运动训练是为了提高运动员的竞技能力

运动员的竞技能力是由体能、技能、战术能力、心理能力和智能构成。这些因素各以适当的发展水平，相对协调组合在一起构成了运动员体现于专项竞技能力之中的综合竞技能力。各因素之间又是相互促进、相互制约共同发展，其中优势因素还可以在一定程度上对发展滞后的因素产生补偿作用。运动员的竞技能力包括先天遗传性竞技能力和后天训练获得的竞技能力两部分。先天性的竞技能力必须通过科学的训练才能有效地提高运动员的综合竞技能力，并使先天性竞技能力得到充分的挖掘。如果没有科学训练，具有再好的先天性竞技能力的苗子也不可能成为优秀的选手。训练就是通过各种身体练习的方法和手段，最大限度地挖掘身体各器官系统的技能潜力，娴熟地掌握技战术，具备创造优异成绩的条件。在现代的田径运动竞技中，运动员只有接受长时间、系统的不间断的训练，才能参与激烈的比赛并能获胜。

2. 田径运动训练是为了形成运动员最佳竞技状态

最佳竞技状态的形成是一个连续的发展变化过程，必须通过运动训练才会获得。从竞技状态形成与发展的过程来看，它主要包含初步形成竞技状态阶段，进一步发展和保持竞技状态阶段以及竞技状态暂时消失阶段。其中第一个阶段的主要任务是运动训练，第二个阶段的主要任务是赛前训练和比赛，最佳竞技状态的形成和保持主要是通过这两个阶段来完成的。从竞技状态的构成因素来看，它主要由运动员承受最大运动负荷的体能潜力及其恢复速度，受神经肌肉的协调能力所支配的技能、心理、智能和运动员本身的神经控制能力等因素构成，而上述这些因素的形成、巩固和提高都是通过艰苦的运动训练来完成的。

3. 田径运动训练能实现田径运动的价值

为了帮助运动员突破人体运动极限，使运动员的运动竞技能力达到较高的水平，只有以运动训练这种形式进行着艰辛的准备。训练是实现田径运动价值的重要手段，主要通过运动训练实践来体现。训练实践过程是对运动员施加各种有针对性训练手段，并以运动员运动形式反馈方法验证其有效性，训练效果的检测和鉴定通过运动竞赛完成。因此，田径运动训练的过程中体现出相应的科学价值。在某种程度上，田径运动训练是人们探索和认识生命过程的科学活动之一，人们就训练对改善身体各种机制和能力的探索属于科学研究的重要内容。现代科学技术方法直接介入田径运动训练过程，对田径运动训练过程中运动员的身体形态、运动素质、专项能力、心理变化等方面进行科学研究，有助于对运动员生命现象的科学认识，有助于在这种认识中提高生命质量，更有助于运动员竞技能力的挖掘与运动水平的提高。在实现田径运动的价值过程中，教练员安排的训练对运动员有指导性的作用，满足运动员科学地进行运动训练的需要，提高运动训练的质量，挖掘运动员的竞技潜能，从而更好地实现运动员的价值，为竞技体育的发展提供了坚实的基础。

二、田径运动训练的特点

（一）突出专项关键技术，围绕专项来设计训练内容进行训练

田径运动包括走、跑、跳、投以及由跑、跳、投部分项目组成的全能五大类项目。田径运动训练是人体向走、跑、跳、投等素质极限进行挑战的一个过程。过去重视从速度、力量以及技术的角度来考虑各个项目训练内容，因而使得某个项目的训练内容与其他项目区别不大，针对性不强，训练效果不高，成绩不够理想。现代高水平田径运动的训练主要是围绕专项需要的素质来设计训练内容，突出关键技术进行训练。例如跑的训练主要是围绕动作速率和速度力量；跳跃训练主要是围绕快速助跑与快速起跳紧密结合的能力及助跑的准确性；投掷训练主要围绕快助跑或旋转中的器械出手速度与力量来安排训练。田径运动各个项目的训练内容的安排，更早、更多地突出了专项训练的要求。

（二）坚持身体机能储备，突出专项训练强度

田径运动训练的实质就是运动员肌体承受运动负荷过程，而运动负荷由负荷量和负荷强度组成。过去的训练，主要追求大运动量，目前训练负荷量的安排几乎达到了时间的极限，想要进一步加大训练负荷量的可能性已不大，所以应将注意力转到大强度训练方面，人们越来越重视训练强度，尤其是专项强度。为了适应比赛中的大强度，人们在训练中强调突出负荷强度要求，主要表现在：负荷量保持不变，加大强度；大负荷量和大负荷强度结合；

同时增加，同时达到最大值。在对高水平运动员的训练中主要安排更多的是专门练习，使练习更直接地适应比赛动作的需要。专项练习手段选择应遵循少而精和最优化的原则。同时训练过程应坚持不断加大运动负荷，加深对运动员有肌体的刺激，提高运动员身体机能，使其适应训练和比赛要求。在加大运动量的过程中，认真处理好量与强度的关系。充分认识在训练诸多因素中负荷强度为第一，训练次数为第二，间歇时间为第三，训练时间为第四。一般认为大负荷训练适合于任何年龄、任何水平的运动员，但关键在于如何理解这个"大"字：① 大负荷是相对而言的，并不是绝对的，要适合于训练对象的具体情况；② 不同项目运动员所承受的大负荷的构成因素应是不同的，高水平运动员所进行的大负荷训练中，其负荷的构成因素也不同。一般要根据项目的特点，训练及比赛任务的要求确定该时期的负荷强度，然后在保证强度要求的前提下安排达到负荷要求的数量；③ 对高水平运动员来说，改进技术的训练也必须在较高强度的情况下以完整的形式进行。现代训练以逐步加大运动员的训练负荷，尤其是以逐步提高训练专项负荷强度为最突出的特征。

（三）以完整技术练习为主，突出运动素质优先发展

田径运动项目基本上是属于体能项目，其技术与其他运动项目相比并不复杂，在学习技术的过程中，传统的由易到难，由简到繁，由分解到完整的练习方法把复杂的技术有意分割，破坏了技术的完整性，不利掌握完整的技术。因此技术训练越来越强调以完整练习为主，以保持技术的协调、适用和有效性。田径运动中不管是跑的、跳的还是投的项目都是向人类运动极限挑战的身体活动，对身体素质的要求特别高。在训练中要求身体素质要先于技术发展，即在学习一项先进技术时，首先要求具备这项技术所需要的身体素质，特别是在运动的高级阶段，专项身体素质的要求更加突出，专项身体素质的高低决定着技术水平的高低。因此，训练安排上要根据技术发展的需要有针对性地加强运动员各项素质的训练。身体素质不仅是掌握先进技术的基础，也是保持良好竞技状态的重要基础。把身体素质训练与专项技术的改进密切配合，做到素质训练技术化。

（四）从实战出发，注重心理训练

田径运动训练的重点就是运动成绩的表现性，平时训练的效果必须在

比赛中能创造出优异成绩才能体现训练的价值。当前田径运动水平越来越高，竞争越来越激烈，比赛越来越紧张，运动员的心理压力也越来越大。如果不对运动员进行针对性的心理训练，运动员没有具备比赛所需要的心理素质和个性心理特征，即使身体素质再好，技术再完善甚至竞技状态再佳，也不能取得理想的成绩。心理训练主要任务就是使运动员在比赛时有一个稳定的心理状态，以便适应比赛的各种环境，能在发生突发事件时做出心理应激保证比赛的正常发挥。在以往的心理训练中较注重运动员心理品质的发展，对比赛时的实战时的心理特征重视不够。

心理训练是训练科学化的重要环节，它和身体、技术、战术训练共同构成现代运动训练的完整体系。当今田径运动的比赛使人们越来越深刻地认识到田径运动比赛不仅消耗很大的体力，而且也消耗很大的心理能量，特别是在竞争激烈的重大比赛中，运动员良好的心理素质对其竞技能力的发挥，取得比赛的胜利起着关键性作用。在当今的田径运动训练中，从开始选材就要注重运动员的心理品质，力求筛选出个性心理特征和心理过程稳定符合专项需要的运动员。目前，国内外高水平的运动队都配有专门的心理专家，通过心理诊断、咨询选用针对运动员个性心理特征和心理过程特点的有效训练方法和手段进行各种心理训练，提高应付比赛的心理能力，形成良好的比赛心理定势。

（五）将比赛作为训练的重要组成部分突出"以赛代练"特征

田径运动训练就是为了创造优异的运动成绩，而优异的运动成绩只有通过比赛才能体现。一年参加多次高水平的田径比赛，不仅能不断提高运动员的参赛能力，积累丰富的比赛经验，而且能使运动员经常保持较高的竞技状态。运动员在重大比赛中发挥出自己水平的能力是十分重要的，这种能力只有通过多参加比赛才能获得，因此越来越多的教练员在力所能及的条件下安排队员参加各种比赛，运动员也乐意积极参加各种比赛或测验来提高自己的竞技能力。

（六）赛前大负荷训练

赛前训练对比赛能力与取得好成绩起到关键的作用。经过系统训练所获得的生物学适应，必须不断加以巩固，否则所获得的训练效果就会逐渐消退。研究表明突然降低运动员负荷，其肌肉中 ATP、CP、糖原等物质储备就会下降。运动员经过系统训练已适应较大的运动负荷，如果赛前较大幅度地降低负荷，就会使身体内环境的平衡遭到破坏，降低神经系统及肌肉的正常工作能力，生活规律都会受到影响，从而影响最佳竞技状态的形成和专项运动水平的发挥。因此，目前在国内外赛前训练中，已有不进行专门调整而在赛前照常进行大运动量、大强度训练的发展趋势。

（七）高度重视训练后恢复

没有恢复就没有训练，国际上流行一个公式：艰苦训练＋恢复＝成功。这说明恢复和训练效果都是成功的重要因素。负荷后的恢复已成为田径运动训练不可缺少的内容，大负荷训练和紧张激烈的比赛后必然引起运动员身心疲劳，疲劳产生后必须及时采取有效措施使身心得以恢复，这样才能保证肌体能更好地参加下一次的训练。否则，将造成过度疲劳，引起伤害事故的出现造成训练中断，训练水平下降。在田径运动训练过程中，一方面采用运动生理相关知识来判断运动员的疲劳和恢复程度，根据相关修正运动量和强度进行理论的安排，能有效避免过度训练的产生。

三、田径运动训练的任务

（一）提高运动员身体素质，挖掘运动员身体机能潜力

身体素质是运动员提高运动成绩的前提，身体素质训练和技术相辅相成训练有密切的联系。良好的身体素质是提高运动成绩的基础，良好的身体素质是运动员承受大负荷训练和高强度比赛的基础，良好的身体素质是运动员在训练和比赛中保持稳定心理状态的基础，良好的身体素质有助于预防伤病，延长运动寿命。所以，在训练中要应用各种手段和方法，改善运动员的身体形态，提高运动员的机能水平，增进健康和提高运动员的身体素质。

（二）传授田径运动的基本理论知识，提高运动员竞技能力

基本理论知识能够更好地帮助运动员把握本专项竞技特点，对于本专项训练理论的理解更为准确，对所采用的练习方法体验更深刻，运动员在训练中更能正确理解教练员的训练意图，能够以自觉的行为配合教练员高质量地完成训练计划，从而更好地提高运动员竞技能力，保证在竞赛中出色地发挥自己的竞技水平取得优异的运动成绩。因此，在训练中教练员要有计划给运动员传授田径运动基本知识。

（三）提高专项运动技术水平和运动成绩

专项技术是决定运动员竞技能力的重要因素。不同的项目运动员需要学习和掌握不同项目的技术，各专项技术动作都应符合人体运动力学、运动生理学原理的要求。这些技术除了强调正确、规范外，还要体现个人特点。合理的技术是有效发挥肌体能力创造优异成绩的保证，因此，在训练中要重视提高运动员的专项技术。

（四）培养运动员顽强的意志品质

培养运动员刻苦、自觉的训练精神，严格训练和严格要求的作风，养成良好的体育道德风尚。刻苦、自觉的精神对克服训练和比赛中的困难起到决定性的作用。在训练中有针对性地对运动员实施思想教育提高其思想觉悟和道德品质水平，有利于培养运动员以优异运动成绩为集体争光的意识，对加强训练和比赛中的组织纪律性有促进作用。

（五）培养运动员从事训练和比赛必须具备的心理素质

运动员个性特征对所从事的专项竞技活动起到重要的作用。如，多血质和黏液质的运动员比抑郁质、胆汁质的运动员更容易在比赛中表现出较高的竞技水平。运动员的心理特点对运动训练过程和竞赛行为同样起到巨大的作用。在训练中必须培养运动员良好的心理素质。

第二节 田径运动训练的原理

一、田径运动训练中的肌体适应原理

（一）生物适应性原理

人体生物适应性是田径运动专门训练的理论基础，决定了田径运动在训练过程中的基本要求。田径运动训练的实质，就是对运动员身心实施有效刺激，以促使产生适应。田径训练把这个过程视为运动员对运动负荷进行适应的过程。人体的生物适应性的过程有：第一，给什么刺激产生什么样的反应；第二，多次刺激产生适应性；第三，适应性的过程是自动的、自发的；第四，长时间多次接受某种刺激，人体就会从反应到产生适应性，再从适应性到形成适应性结构。根据适应性规律的要求，在训练中应尽可能采用专门性练习手段组织训练，使运动员不断适应这种身体运动形式，并逐渐产生适

应性变化，形成符合专项要求的神经肌肉适应性稳定结构。训练时只有给运动员足够的专门训练内容的刺激，足够的练习时间，才能使这种状态形成稳定的结构，以适应各种比赛要求，并创造优异成绩。因此，在训练过程中应充分认识生物性适应的意义，高度重视在训练中按比赛的需要去安排训练，使之建立与比赛相适应的身体素质结构。通过训练使运动员的适应性能力发生重大的变化，形成适应性结构，达到稳定状态，实现训练的目标。

（二）运动生理学依据

田径运动训练的实质是以各种身体练习为手段，有目的有计划地对运动员肌体施加刺激，达到运动员肌体的应激和应答，逐渐使其产生训练适应的目的，从而提高运动员的竞技能力。在合理的范围内，运动负荷越大，肌体受到的刺激就越深，应激和应答就越强烈，训练效果就越好。肌肉的生理特性是兴奋性和收缩性，两者是不同的生理过程。引起肌肉兴奋而产生收缩的刺激由刺激强度和刺激时间共同构成，强度越大，组织兴奋所需的作用时间就越短；刺激强度越小，所需作用时间就越长，刺激强度和作用时间是相互依存的。从运动生理学角度来说，田径运动训练目的之一是提高运动员肌体专项运动时供能系统的能力，而运动中供能的速率和总量完全取决专项的项目特点，其中最重要的是专项活动的强度和时间。特别对周期性跑的运动员来说，如果在训练中长期保持专项技术、速度、强度不变，这样运动员的能量消耗就保持稳定，其生理适应也不会改变，运动员的竞技能力难于进一步提高。因此，在训练中要不断改变训练的强度、时间和肌肉活动方式，使专项相应的能量供应系统的能力不断得到加强，从而提高训练水平。

（三）超量恢复原理

超量恢复原理认为，肌体在运动负荷的刺激下其能量储备、物质代谢以及神经调节系统的机能水平首先产生疲劳，然后在运动负荷消除后不仅可以恢复到负荷前的初始水平，而且能够在短期内超过初始水平，达到"超量恢复"的效果。如果在超量恢复阶段再适时地给予新的运动负荷刺激，会出现"负荷—疲劳—恢复—超量恢复"的过程，而且可以不断地在高水平平台上周而复始地进行，由此使运动员的能力得到持续提高。训练过程中在合理的负荷条件下，肌体的应激及随之产生的一系列变化都会保持在一个适度的范围内。不同负荷使肌体产生的相应变化也就越明显，人体竞技能力的提高也就越快。因此，在运动负荷安排时应本着逐步加大的原则，按照"负荷—适应—再加大负荷—再适应"的原则安排训练。

（四）竞技状态形成的原理

竞技状态是指运动员通过相应的训练所获得的对运动成绩的最佳准备程度状态。竞技状态主要的评价指标是运动员在竞赛中展示的运动成绩。运动成绩能够达到或接近最高水平运动成绩的次数越多，说明竞技状态越好。运动员良好的竞技状态主要表现有：身体机能活动的节省化；恢复过程的缩短；专项所需的运动感觉显著提高；技术稳定，动作准确协调，用力效果好；情绪高涨，渴望比赛。竞技状态的形成往往经历三个交替变化的阶段，即：获得阶段、保持阶段和暂时消失阶段。竞技状态的形成主要是通过对训练过程的控制获得的。由此，训练周期也相应地分为三个时期：准备期——保证竞技状态形成；竞赛期——保持竞技状态以及在比赛中体现出已经获得的各种竞技能力；过渡期——保证活动性休息，将训练水平保持在一定水平上。运动员只有在比赛期达到最佳竞技状态时才会取得优异成绩，这也是运动训练的最终目标。

（五）身体素质转移原理

运动员所做的技术动作都是在中枢神经系统支配下实现的肌肉活动。运动技术的基本能力可以表现在很多方面，如肌肉收缩力量的大小，收缩速度的快慢，持续时间的长短，关节活动范围的大小以及动作是否灵敏和协调等。运动员身体素质的发展水平，不仅取决于肌肉本身的结构和功能特点，而且还与肌肉工作时的能量供应、内脏器官的机能以及神经系统的功能有关。更确切地讲，身体素质是人体各器官系统的功能在肌肉工作中的综合反映。从身体素质的生理机制来看，各项身体素质都与人体各器官系统的机能在肌肉工作中的综合反映有关，各运动素质在同一有肌体中，彼此之间必然有着一定的联系，并相互影响。如力量素质的提高，与此同时速度、耐力素质也会不同程度地提高。

身体素质转移是多维的，即某一因子的发展，可影响另一素质及其因子的发展。身体素质多维转移是运动训练过程中客观存在的现象，这是因为身体素质中的各种基本素质如力量、耐力、速度、柔韧素质并不是孤立存在和独立发展的。它们之间具有不同程度的联系，并相互影响，相互促进，相互制约。

身体素质的转移内容不同，效果也不同。在提高身体素质时，如果训练方法科学、手段得当，各运动素质之间，将出现相互促进的积极的一面。反之，则出现相互干扰的消极的一面。身体素质的转移分为直接转移和间接转移。直接转移是指一种身体素质的变化能直接引起另一种身体素质的变化。例如，腿部伸肌动力性力量水平的提高，可对跑的速度提高产生直接积极影响。

由于某一身体素质的发展，直接地引起另一素质的发展。直接转移原理对运动训练具有重要的指导作用。强调运动员在进行专项身体训练之前，必须进行一般身体训练的目的，就在于利用这一原理为运动员专项运动素质的提高创造前提条件。在运动训练中，一般身体训练与专项身体训练的手段、负荷等安排，在很大程度上就是受直接转移规律所支配的。

间接转移是指一种运动素质的变化不能直接引起另一种运动素质的变化，而只能起间接作用。运动员某一素质的发展，不能直接引起另一素质的发展，但是由于这一素质的发展，却可以为今后发展另一种素质建立起必要的条件。如某一运动员腿部伸肌静力性力量水平得到提高后，虽然不能直接引起跑速的提高，但是如果在运动训练中能采用有效的方法手段去提高运动员腿部伸肌的动力性力量，那么原来所获得的静力性力量就会转化为动力性力量，从而使该运动员的速度素质得到提高。

当两种素质所需求的能量物质相同时，某一素质的变化提高就可为另一素质的变化提高提供物质能量基础，促进另一素质产生良好转移。如跳远运动员练习百米跑，速度素质的提高会进一步促进腿部弹跳力的增长。如果两种素质所需求的能量物质不同，便不会在这两种素质之间产生转移。如以糖原供能的耐力素质的变化提高，并不会明显地促进以 ATP 供能为主的速度素质变化的提高。各运动素质都依赖于肌体器官、系统的功能水平，当两种素质对某些器官、系统的功能要求相同时，某一种素质得到提高了，这就可为另一种素质变化的提高提供条件，而产生良好转移。如耐力跑对心、肺功能的提高，会促进游泳运动员成绩的提高。动作的结构及肌肉工作特征相似的程度越大，其素质良好转移的可能性就大。因动作的结构及肌肉工作特征相似，通过训练变化了的素质就能相互促进、利用。相反，就难以在素质上互相促进、利用和产生良好转移。

二、运动技能的形成与建立

（一）田径运动技能及其形成过程

田径运动技能就是指田径运动员通过不断反复地练习运动技术，结合体能和心理智能训练，整合运动潜能，达到一定的竞技实战水平，完成特定目标的能力。田径运动技能的形成是运动员通过反复练习田径运动技术，经过从低到高的几个阶段单向推进，从而达到较高运动技能水平，获得良好田径运动能力的过程。田径运动技能形成主要经历泛化、分化、巩固和自动化四个阶段。

（二）运动技能形成过程的基本规律

田径运动技术形成是经过初步学习，提高完善，实践应用，智能创新几个阶段逐层推进，从而最大限度地提高运动技能学习的绩效。任何运动技能形成都要经历几个不同的阶段，这是运动技能形成过程的普遍规律，田径运动技能形成过程也必然如此：运动技能形成是通过知识学习或技能练习，促使技能表现不断优化的过程，理论上可以划分成若干阶段；阶段的推进是一个连续的过程，并无明显的界限，也无固定的时间长短，但从技能绩效的表现分析，有明显的阶段性特点；关键是学习者的内部变化，是人的生理与心理活动主动适应操作任务要求并实现有效控制的过程。

（三）田径运动技能形成的特点

运动技能学、运动心理学和运动生理学不同学科对于运动技能形成的研究成果，都证明了运动技能的形成经历逐渐进步，呈现不同特征的几个阶段，即任何运动技能的形成都具有阶段性特征。教练员根据生理功能的特点采用不同的训练方法，提出不同的要求，指导训练实践。泛化阶段强调掌握动作的主要环节；分化阶段对动作的细节提出要求，加强对动作的分析、思考，以促进分化抑制的进一步发展和提高；巩固阶段加强对动作理论和力学分析的探讨，加深对动作内在联系的理解；自动化阶段随着技术的巩固、发展而达到熟练程度，基本在无意识参与的情况下运用自如。

由于运动技能包含目标、学习、动作、感知觉和遗传基因等几个基本因素，田径运动技能的形成过程也不例外。感知觉在运动技能形成过程中始终起着非常重要的作用，尤其是运动本体感觉，更具有特殊意义，运动技能的形成过程，就是在多种感觉机能参与下同大脑皮质动觉细胞建立暂时的神经联系的过程，需要学习者反复练习，尽快形成正确的肌肉感觉，加速运动技能形成。

（四）田径运动技能的建立

田径运动技能的获得要经历较长的时间积累。每个运动员的学习能力和认知水平都有差异性，导致学习思维和学习行为的差异性，这就要求运动技能目标需做合理、有效的设置，根据运动员的年龄特征、个性特点、身体素质来制定不同时期的运动技能目标。田径运动技能建立的主要途径有如下几点：

1. 确立泛化阶段的运动技能目标

对田径运动技能的基本知识和技术有初步的认识，在教练员的指导下按照田径技术动作结构的顺序学习田径运动的相关知识，建立正确的基本技术动作概念，基本了解完成动作的顺序，肌肉的协调用力，动作操作的时间与空间，速度与准确性的关系。初步进行运动技术的基本练习，能够准确地操作田径运动的各项基本技术。

2. 确立分化阶段的运动技能目标

运动员对运动技术动作的内在规律有了一定的感性认识，主要目标是使动作逐渐趋于协调、连贯，消除多余错误动作，掌握正确技术动作，能够形成对各种训练、比赛因素的判断。

在泛化阶段的基础上，进一步领会正确的动作要领，把各个技术环节动作组合成完整正确的技术动作模式，并能在田径比赛中应用。

3. 确立巩固阶段的操作性目标

以技术操作为基础，实现完整技术有机配合，不断提高技能操作的实效性，积累大量成功或者失败经验，为田径运动技能的形成打下坚实的实践基础。要求在训练或比赛中，不但能熟练操作运动技术，而且能根据比赛环境和对手的变化选用最为合理的技术，在实战中创新或形成新的比赛意识，并为取得良好绩效的高级运动技能的形成创造条件。

4. 确立自动化阶段的操作性目标

在动作质量上提出更高的要求，不断强化刺激，防止动力定型的消退。全面提高田径运动技能的运用控制与创新能力，优化绩效表现，达到技术动作主动意识参与运动强度的控制，注意力高度集中于比赛环境和对手的变化，能准确及时地选用合理的技术，达到智能化。

（五）田径运动技术自动化的形成与特点

1. 田径运动技术自动化的形成

在运动技能建立的过程中，技术练习多次重复技术动作，使这些技术动作所形成的条件反射能在大脑皮层的优势兴奋区以外，即与这些条件反射有联系的技术动作，能在意识的支配下，自动地进行。对于运动员来说，专项技术动作可以不加考虑就能完成，达到自动化的地步。训练安排不够合理，技术自动化只能在狭窄的基础上形成。如训练过程中出现"速度障碍"，主要是因为缺乏科学合理的训练，运动员成绩暂时性的提高，主要是使完成某一具体动作的神经与肌肉的联系得到暂时的改进，这种自动化的形成是狭窄的，而不是建立在最大限度和广泛发挥整个有肌体的机能上。因此，必须把改进运动员具体技能和全面身体素质训练有机地结合起来，充分挖掘运动员有肌体的机能，才能进一步提高运动成绩。

2. 技术动作自动化具有的特点

（1）技术动作的经济性

技术动作协调能力得到提高，植物性神经机能得到改善，技术动作可以不在运动员的意识控制下完成，从而减少中枢神经系统的能量消耗。运动员不必消耗多余的能量进行多次的练习，能推迟疲劳出现，提高比赛和练习效果。

（2）技术动作稳定性

技术动作自动化形成后，它的稳定性很强。尤其在复杂的比赛条件下也能达到技术动作的自动化，甚至在外界条件刺激下也不会破坏技术动作的稳定性。

（3）运动员注意力相对集中

技术动作达到自动化后，运动员可以不在意识的控制下完成动作，这样运动员的注意力可以集中到意志力上，更好地克服比赛中的困难，提高比赛成绩。

3. 田径运动技术自动化形成过程中应注意的问题

（1）训练实践中要注意通过专项训练和全面身体训练有机的结合，建立广泛的神经与肌肉暂时联系，并尽量使它们达到自动化的程度。如撑竿跳高的技术训练通常采用体操、短跑、跳远和力量等练习手段，才能不断完善技术动作，取得好的成绩。只有当各种运动技能达到自动化，才能提高专项运动成绩。在训练过程中，要通过各种练习体系与专项技能建立暂时联系，为挖掘运动员有肌体的潜力，提高运动技能创造条件。因此，在训练过程中必须重视全面身体和技术的训练。

（2）在准备时期的训练中，应该注意改进运动员的技术细节，并使整个技术动作达到自动化的程度。同时，采用的各种辅助性的练习手段（如发展力量、速度、耐力等的练习手段），能有效改善神经联系，为有效地完成基本运动技能，使技术动作达到自动化创造条件。

（3）在比赛时期中，运动员的技术动作自动化程度达到最高，运动技能的优势得到加强，因此，这时应该合理地应用各种训练手段和方法，全面地提高运动员身体素质，提高运动员的竞技水平。

第三节 田径运动训练的原则

一、系统负荷原则的运用

运动员优异成绩的取得要经历一个多年、系统和全面地提高身体素质、技术、心理和智能的训练过程，任何原因中止训练都会导致训练效果无法积累的结果。如果中止训练以后再恢复训练，运动员要取得好成绩就必须付出比原来更多的精力和体力，运动员创造优异成绩的基本要求就是坚持多年不间断系统性的训练。田径运动训练是一个多层次、多因素、结构复杂的系统工程。一个运动员的成长往往经历启蒙训练，专项初期训练，专项深化训练、创造或保持优异成绩等阶段，各个阶段依次有机衔接。因此，在运动员成长过程中必须是无间断地训练。

运动员的竞技能力是多种能力的综合体现，它不仅涉及生理和心理等各个方面的因素，同时又受先天和后天因素的影响。因此，人体机能的改变包括中枢神经系统的改变，都需要长时间的训练才能奏效。而训练对运动员竞技能力的影响，必须通过人体的内部改变才能实现。运动员通过训练获得的竞技能力，无论是体能、技能、心理还是运动智能都是不断变化的，很不稳定。当训练出现问题或停止练习时，已获得的训练效应就会消退甚至消失。如力量、速度等素质，训练一旦停止就会消退得很快，特别是经过强化的力量手段获得的训练效应消退更明显。在训练中运动技能得到提高，表明运动员的中枢神经系统之间建立了良好的暂时性联系，这种神经联系支配着运动器官、肌肉和骨骼完成相应的技术动作。只有长时间反复给予负荷强化这种暂时性的联系，才能使技术动作的各个环节协调配合并避免技能的消退。

根据运动技能获得与消退的特点，想要获得良好的训练效应，避免技能、体能的消退，克服训练效应的不稳定性，有效地发展运动员身体素质、技术、心理能力和运动智能，就必须坚持系统的、不间断地训练。运动员竞技能力的内部结构表现为鲜明的层次性，某种竞技能力的高低，受诸多因素的制约。如长跑运动员专项耐力的发展水平取决于其最大速度及一般耐力的发展水平，而影响其一般耐力发展水平的因素，有运动员的有氧代谢能力，运动员的技术，下肢肌肉群的力量耐力和下肢各关节多次承受负荷的能力等。因此，必须充分应用系统负荷原则有效地、层次性地发展运动员的技能。在训练内容的选择和训练手段的采用上，要根据训练过程的层次性，运动员训练程度的差异性等全面考虑安排训练内容，充分考虑它们的内在联系，以确保运动训练水平的不断提高。

二、适时恢复原则的运用

适时恢复是指及时消除运动员在训练中所产生的疲劳，通过生物适应使肌体产生超量恢复，提高肌体能力的过程。运动员在训练中达到一定程度的疲劳时，教练员应该根据训练的计划，及时安排恢复性的训练，采用有效的恢复手段帮助运动员迅速恢复机能，提高训练效果。训练需要使运动员产生一定的疲劳，如果疲劳对运动员肌体的刺激达不到必要的要求，只有一点疲劳就进行调整、恢复，这样难以取得理想的训练效果。相反该调整时不调整，负荷过度又会引起运动员机能劣变，导致运动员在心理上和生理上受到伤害。

适时恢复原则的运用，掌握关键性的时机是非常重要的。练了多少该"歇"，疲劳到什么程度该"调"，只有准确地把握，才能取得训练的成功。准确判定运动员的疲劳程度，是进行适时恢复的前提。通常根据自我感觉和外部观察来进行判定，也可以通过生理和心理测试等方法来判定。教练员和运动员必须充分了解不同负荷性质产生的疲劳特征：速度性质的负荷刺激引起肌体内消耗过多的耐力，导致神经细胞缺氧产生疲劳；力量性质的负荷刺激引起肌体消耗大量蛋白质导致耐力恢复过慢产生疲劳；无氧耐力性质的负荷刺激引起肌体代谢产物堆积，导致血乳酸消失过慢而产生疲劳；有氧耐力性质的负荷刺激引起肌体消耗过多的肌糖原，能量补充不及时而产生疲劳等。同时教练员和运动员还要了解不同负荷强度产生疲劳的特征：中小负荷强度，持续时间长的负荷刺激，出现的是轻度疲劳，表现出疲倦、心跳加快的现象；极限负荷强度刺激出现急性疲劳，表现出脸色苍白，心率过速，出现尿蛋白现象。从疲劳发生的先后顺序特点看，应该注意在负荷训练中采用多种练习手段延缓神经疲劳的产生。在进行恢复训练时应首先使神经疲劳得以解除，然后再采用有效方法来消除肌肉疲劳。从产生疲劳的生理机制看，应该根据负荷的性质，有针对性消除产生疲劳的内环境障碍，补充体内最缺的物质，以便满足能量的需求。因此，在训练过程中应根据疲劳恢复的规律，安排适宜的恢复时间和方法，保证肌体充足的恢复但不至于恢复过剩。安排接近极限负荷的训练，就要安排较长的恢复时间，使肌体有充分的时间恢复工作能力。安排中等负荷强度的训练，则不必安排过长的恢复时间，以免失去恢复训练的意义。

运用科学的方法消除疲劳。适时恢复一方面可以通过变换训练内容和环境的方式，交替安排负荷，调整训练间歇时间与方式。在训练中采用一些轻松愉快、富有节奏性的练习或穿插一些游戏性的练习，使肌肉经受轻微地活动帮助肌肉和血液中的血乳酸更快消除。同时根据人体的生物节奏安排好每天的训练时间，养成一种习惯使肌体处于有利的恢复状态。另一方面可以通过营养、物理和生物学等手段帮助恢复。训练时运动员消耗大量的能量，训练后的能量补充除了考虑补充的数量，还要注意营养的科学搭配。同时采用水浴、蒸气浴、按摩、电兴奋、紫外线照射和红外线照射等手段及时帮助运动员尽快消除疲劳恢复肌体能力。

三、适宜量度原则的运用

运动训练过程中的运动负荷，包括了运动负荷量和运动负荷强度两个因素。运动负荷量体现运动负荷对肌体刺激量的大小，运动负荷强度体现运动负荷对肌体刺激的深度。适宜量度原则要求运动员的负荷强度加到一定限度时，必须减少负荷量，以保证运动负荷总量在运动员所能承受的范围，或是负荷量加到一定限度时，必须减小负荷强度，以保证运动负荷总量也在运动员所能承受的范围。适宜量度原则就是处理好不同训练时期、不同运动项目、不同运动员的个体特征条件下负荷量与负荷强度的比例关系，以确保运动员的训练负荷处于平衡状态，因为负荷量和负荷强度的不同搭配所产生的效果不同。运动员以负荷强度给予肌体较强的刺激，能较快提高机能适应水平，而且超量恢复出现早，表现出较高的水平，但保持时间较短，不易巩固，容易消退。运动员以负荷量给予肌体比较缓和的刺激，所产生的适应水平较低，但较稳定。适宜量度原则要求教练员在训练实践中应根据实践需要安排运动负荷量和强度的比例，注意运动负荷的平衡。运动员在训练过程中承受一定的运动负荷后，必然产生相应的训练效应。但并不是只要给予运动员施加负荷，就一定能产生良好的训练效应。训练负荷量和强度的安排对训练效应的好坏有着重要的影响。肌体能对适宜的负荷量度产生适应，但运动负荷过小，不能引起肌体必要的应激反应，不可能产生良好的效应，而给予过度的运动负荷则会出现劣变的现象。训练实践中通常负荷对肌体都是连续实施的，连续几次给予运动负荷之间间隔与联系的不同就会产生不同的训练效应。如果在前一次给予负荷后肌体的超量恢复阶段再给予负荷，就会使肌体机能水平不断提高；如果在前一次给予负荷后肌体还没有得到恢复又给予下一次的负荷，就会导致机能水平下降。因此，在确定负荷量和负荷强度如何搭配之前，必须对运动员的适应情况进行评价。

　　一般来说运动负荷的增加是渐进式的。青少年运动员运动负荷的增加，特别是运动负荷强度的增加一定要循序渐进，除非是职业选手和高水平的业余选手才能全年保持较高的运动负荷强度和较大的运动负荷量。同时在训练过程中也应给予最大限度的运动负荷，在运动员能够承受范围内给予最大运动负荷刺激，可以充分挖掘运动员机能潜力，大幅度提高运动员身体素质，从而提高运动成绩。但最大限度给予运动员负荷容易导致运动员过度疲劳，因此，教练员在实施大负荷训练后必须观察运动员的反应，尽可能帮助运动员恢复和超量恢复，尽可能避免出现过度疲劳，以求获得最大的训练效应。

　　正确处理负荷与恢复的关系。大家都清楚地认识到，负荷量度的增加可以给运动员带来更好的训练效应，而且负荷越接近运动员承受能力的极限，训练效果越好。训练离不开负荷，没有负荷就没有训练；训练也离不开恢复，没有恢复就会导致运动员机能下降。运动负荷的最大极限随着运动员的发育程度、竞技水平等因素的变化而变化，同时又受运动员的健康状态、日常生活和心理状态等因素的影响。因此，在训练过程中要及时把握运动员在不同时期的竞技状态，正确判断运动负荷的适宜量度及恢复程度，为训练中采用相应对策提供依据。

四、区别对待原则的运用

运动员的年龄、性别、身体形态、身体素质、技术、心理品质等都有所不同，决定了训练过程应根据各个运动员的特点，有针对性地制订训练计划，确定训练任务，选择训练方法和练习手段，合理安排运动负荷。年龄和性别的不同，所承受的运动负荷能力不同，提高身体素质的侧重点不同，适应训练的能力不同。因此，选择的训练方法和练习手段也有所不同。在基层业余体校的训练中常常出现不同年龄、性别运动员混合在一起训练的现象。这种混合编组的训练中，有的运动员能承担较大的负荷能量，有的能承担较强的负荷强度，有的训练后恢复很快，有的恢复很慢，有的接受能力较强，有的理解能力很强。不同的运动员需要教练员区别对待才能使训练工作事半功倍。不同神经类型、气质类型和个性心理特征也决定了训练必须区别对待。如神经类型弱的运动员，赛前如果缺乏针对性的训练，可能临赛前难以达到高度兴奋状态；神经类型强的运动员如果赛前反复强调比赛的重要性，可能赛前一夜都难以入睡影响比赛成绩。教练员只有区别对待不同的运动员，才能更好地完成训练任务。

在训练过程中，教练员要了解不同年龄、性别运动员的生理和心理特点，了解不同年龄阶段提高不同运动素质和运动技能敏感期特点，掌握运动员训练过程中的各种特殊情况，如早熟运动员的成绩出现早，保持时间短，晚熟的运动员成绩出现晚，保持时间相对较长。教练员根据运动员的初始状况，围绕竞技能力的几个主要因素来了解情况。通过观察训练记录和运动成绩及时、准确地掌握运动员的具体情况的变化，为科学应用区别对待原则提供依据。如，女子运动员和男子运动员有着不同的生理特征，如果把男子运动员获得成功的经验移植到女子运动员的训练上，训练的效果可能适得其反。此外，教练员还要了解运动员的思想、学习、生活、训练和比赛前后心理等情况，注意青少年运动员的青春期生理心理变化特征，从而进行科学训练，不断提高运动员竞技水平。

五、一般训练与专项相结合原则的运用

周期性项目的专项训练对有肌体的机能系统产生多种影响，而各系统的能力大小决定着专项成绩的好坏。如果采用属于一般训练和辅助训练的非专项手段和方法，某些能力和素质，可能得到优先更好发展。单一的专项训练会导致多种机能水平的下降或者造成某些方面的片面发展而抑制某些方面的发展。比如，如果采用单一的力量训练，那么没有参与做练习、没有承担负荷的肌肉群就会逐渐衰退。但是，如果偶尔采用非专项练习，而做练习时这些肌肉群是被迫参与工作的，其部分功能由其他更发达的肌肉群所代替，训练的后果更糟糕，这就将造成那些没有承担足够负荷量的肌肉群的力量进一步下降。身体素质必须协调发展的原则决定了一般训练与专项训练相结合。在训练中贯彻这一原则时就要明确：一般训练的目的主要是提高身体素质，改进对专项能力起间接作用的机能和本领；一般训练首先是辅助性的，它是为下一步专项训练打基础的；一般训练的效果表现为全面训练水平的提高，要求合理地组织专项训练，以便把已有的机能潜力同专项特点更好联系在一起。

一般训练和专项训练的比例，以及一般训练的内容在很大程度上取决于多年训练和全年训练的安排。在提高竞技水平的早期，一般训练的比重较大，它的任务首先是增进健康，提高适合于各种肌肉活动的身体能力和机能能力。以后，随着训练水平的提高，专项训练的比例逐渐增大，而一般训练越来越成为辅助性了。

在大训练周期中也存在类似的情况，在准备期，一般训练的量相当高，可达到总量的30% ~ 60%。随着主要比赛的接近，一般训练量下降，到竞赛期，通常不超过总量的10% ~ 25%。一般训练与专项训练的比例还与运动员的年龄、专项、个人特点和训练程度有关。一般训练与专项训练的比例和性质，可能有很大的变化，而每个运动员的水平和运动成绩提高的速度取决于教练员安排这一比例的正确程度。同时许多练习是中性的，很难准确地把它划分到一般训练和专项训练中去。专业运动员的训练是一个有计划的过程，它要为创造优异的运动成绩从机能上打好基础，并根据比赛的需要，有

效地逐渐发挥出来。

六、周期性原则的运用

运动训练是一个多年的和全年的过程，它的各个环节是相互联系、相互制约的，并从属于创造最高成绩的任务。田径运动成绩要经过运动员通过系统多年周期训练才能获得。各项技术必须通过多次重复的练习才能得到改善和提高，运动员运动竞技能力的提高，明显表现出周期性。只有进行多次重复的周期性练习，才能保证掌握和完善运动技术，不断提高身体素质和专项能力。周期性训练是在一次负荷下，肌体能量消耗产生疲劳，继后解除负荷，逐渐达到恢复，通过肌体的超量补偿机制，使运动员的竞技能力得到提高。并在这一基础上给予下一次的负荷，又开始一个新的负荷周期。下一次训练课、训练小周期、训练阶段的作用都好像是在上一次训练课、训练小周期和训练阶段的成绩上一层层堆积起来的，并加以巩固和发展。每一次适宜的负荷都会引起肌体的适应性变化。多次适宜负荷的刺激，就会引起肌体多次的适应性变化。在这个变化过程中，肌体能力不断得到提高，运动竞技状态得到不断培养，并逐渐进入最佳的竞技状态。

训练周期的划分主要根据比赛的任务和运动项目的特点来考虑，周期时间的长短要考虑运动项目的特点，一般来说，在初期训练阶段，专项提高阶段中中长跑项目安排全年单周期，速度力量和全能项目安排双周期。任何训练周期的准备、竞赛、过渡时期的长短，要根据具体情况来确定。如果不适宜地缩短准备期的训练，不恰当地参加一些非正式的比赛，常常导致不容易形成良好的竞技状态的后果。同样，不适宜地延长比赛期，如果比赛期过长很容易造成能量过度消耗，容易产生厌赛的心理障碍，有损运动员的身心健康，影响运动员日后运动成绩的提高。同时，要注意每个周期之间训练工作的衔接，协调各周期之间的关系。在完成一个训练周期的工作开展下一个训练周期工作前，应该对前一个训练周期的工作进行总结，根据前一个周期在身体素质、技术、心理等方面的情况确定下一个训练任务。

合理安排每个周期中不同训练时期的运动负荷。准备期前一个阶段时间较长，主要通过加大负荷量来提高运动员承受负荷能力，主要是改善运动员的身体状况，一般身体素质练习量比专项练习量大。这个阶段负荷量较大，平均负荷强度较小，重点发展决定运动成绩的单项素质，如长跑项目的有氧能力，投掷项目的最大力量。准备期后阶段，一般练习量减少，比赛专项能力训练负荷量增多。与前期相比负荷总量不变，但比赛专项练习和练习强度增大，使运动员在保持本人最好运动成绩的前提下，进一步加大负荷强度保证比赛期能创造更好运动成绩。准备期后阶段关键既要加大训练的负荷强度和专项负荷，又要确保运动员不会因训练过度导致运动疲劳影响比赛成绩。

比赛期除了要完成比赛任务外，还要进行必要的训练以保证运动员能在整个比赛期都能保持最佳的竞技状态，确保比赛能发挥出最好水平。比赛期主要是加大负荷强度，适当减少负荷量。短跑、跳跃项目以最大力量、爆发力和速度为主，负荷量就要比耐力项目小，耐力项目则负荷强度相应减小。一般性训练主要用于积极性的休息练习。

运动员经过比赛体能消耗较大，一个时间不长的过渡期是必不可少的。过渡期主要以积极休息为主，原则上不进行专项训练，运动员通过喜爱的运动保持一定的负荷量，但要注意运动负荷强度、练习密度和运动量都要适宜以保证运动员的积极休息恢复体能。

第四节 田径运动训练基本方法和手段

一、田径运动训练方法和手段概述

（一）田径运动训练方法的概念

田径运动训练方法是教练员和运动员在训练过程中双边共同完成训练任务的方法，是对训练过程中各种具体方式的体现，即在田径运动训练过程中，为提高运动员竞技水平，完成训练任务所采取办法。田径运动训练方法是教练员实施训练计划，提高运动员竞技水平的应用工具。因此，正确地认识和掌握不同训练方法的特点及功能，有助于更好地完成各时期的训练任务，更好地控制竞技能力的发展进程，更科学地提高运动员的运动成绩。

（二）田径运动训练方法的构成

构成田径运动训练方法的主要因素有：练习的动作及组合方式，运动负荷及变化方式，训练过程的控制及变化方式，训练条件及变化方式等。练习动作及组合方式指运动员在完成具体训练任务所采用的身体练习及各练习之间固定的或变异的组合方式。运动负荷及变化方式指各种身体练习对运动员施加刺激的强度、量度以及负荷性质的变化形式。训练过程的控制及变化方式指对训练过程的时间、组织、内容选择、练习步骤等安排及变化形式。训练条件及变化方式指训练场地、训练气氛、训练器材和训练设备等因素的影响及变化形式。

（三）田径运动训练手段概念

田径运动训练手段指具体的、有目的的身体活动方式，是训练方法的具体体现。即指在田径运动训练过程中以提高某一身体素质，完成某一具体训练任务时采用的具体身体练习。不同的训练手段具有不同的功能，根据训练不同时期的具体任务，田径运动训练手段的科学应用，能更有效地促进运动员竞技水平的提高。

（四）田径运动手段的构成

田径运动训练手段由身体练习的用力特征、动作结构和动作过程三方面组成。用力特征包括力的支点、大小和方向三要素。动作结构包括动作的姿势、轨迹、时间、速度、速率、力量和节奏七要素。动作过程包括动作开始、进行和结束三个阶段。

二、田径运动训练的基本方法

田径运动训练基本方法主要包括：分解法、完整法、重复法、间歇法、持续法、循环法、变换法、比赛法以及高原训练法。

（一）分解训练法

1.分解训练法概念

分解法指将完整的技术动作合理地分成若干个环节（部分），然后按环节（部分）分别进行练习的方法。当技术动作较为复杂时，采用完整法不容易使运动员直接掌握的情况下，运用分解法可以集中精力完成专门的训练任务，针对主要技术细节进行训练，从而获得更好的训练效应。

2.分解训练法的分类及应用

分解法一般可以分为四类：单纯分解训练法、递进分解训练法、顺进分解训练法和逆进分解训练法。

（1）单纯分解训练法的应用

把训练内容分成若干部分，通过分别学习、掌握各个部分的技术环节后，再综合各部分进行整体学习。单纯分解法对练习的顺序没有刻意要求，如，标枪训练，可把投掷标枪分解为持枪助跑、投掷步和最后用力三个技术环节。即可先训练原地投掷，然后进行持枪助跑，再进行投掷步练习。也可以先进行持枪助跑练习，然后进行投掷步练习，再进行最后用力练习。单纯分解法的特点是：分解的技术相对复杂，分解后的各个部分可以独立训练。练习的顺序没有特别要求，以便教练员灵活安排。

（2）递进分解训练法的应用

把训练内容分成若干部分，先练习掌握第1部分后，再练习掌握第2部分后将1、2部分结合起来练习，掌握两部分后，再练习第3部分；掌握第3部分后将3部分的练习内容结合起来一起练习，如此递进地练习，直到掌握完整技术。此方法对练习内容各环节虽然没有刻意强调练习顺序，但对相邻的技术环节的衔接部分有专门的要求。如标枪的训练，可先练习掌握"持枪助跑"，再进行练习掌握"投掷步"，然后将"持枪助跑"和"投掷步"结合起来练习；掌握后再进行"原地投掷的挥臂"练习，掌握后再把3部分的技术结合起来进行完整的技术练习。

（3）顺序分解训练法的应用

把训练内容分解成若干部分，先进行第1部分的练习；掌握后再进行第1部分和第2部分的练习；掌握后，再将3个部分一起练习，如此一步一步进行练习，直到掌握完整技术。

如标枪训练，先练习掌握"持枪助跑"后，再进行练习掌握"持枪助跑"和"投掷步"的技术环节，然后进行"持枪助跑""投掷步"和"最后用力"的练习，直到掌握完整技术。此方法训练内容的练习顺序与技术的动作顺序基本一致，后一部分的内容包含前一部分的内容，便于建立技术动作过程的完整概念，更有利于动力定型的形成。

（4）逆进分解训练法的应用

把训练内容分解成若干部分，先进行最后一部分的练习，掌握后再逐次增加练习内容到最前面的第一部分，直到掌握完整技术。如标枪的训练，先练习"最后用力"，掌握后再进行"投掷步"的练习，掌握后再进行"投掷步"和"最后用力"的练习，再进行"持枪助跑"的练习，掌握后最后进行"持枪助跑""投掷步""最后用力"的练习，直到掌握完整标枪技术。此方法训练内容的练习顺序与技术过程动作顺序恰恰相反，主要用于最后一个环节为技术的关键环节的项目。

（二）完整训练法

完成训练法指从技术动作的开始到结束，不分部分或环节完整地练习的训练方法。此方法保持技术动作的完整性，更有利于运动员掌握完整技术动作。完整训练法既可以用于单个单一技术动作的训练，也可以用于多元动作的技术训练。

（三）重复训练法

1.重复训练法的概念

重复训练法指多次重复同一个练习，组与组练习之间安排相对充分的休息时间的练习方法。通过同一动作多次重复，不断强化运动条件反射的过程，有利于运动员掌握和巩固运动技术；通过先对稳定的负荷强度多次刺激肌体，可使肌体尽快产生较好的适应，从而促进运动员身体素质的提高。重复训练法的主要构成因素：练习的负荷量、负荷强度和休息时间。

2.重复训练法的分类及应用

依据单次练习时间的长短来分，主要分为：短时间重复训练法、中时间重复训练法和长时间重复训练法。

（1）短时间重复训练法的应用

主要用于磷酸盐系统供能的速度和爆发力的训练。如，跨栏技术的半程和全程栏的训练。要求一次练习的时间短，负荷强度大，动作速度快，间歇时间充分，技术动作各环节稳定。重复次数和组数相对较少。

（2）中时间重复训练法的应用

主要用于糖酵解供能的素质训练，如400米、400米栏和800米的项目。一次练习的负荷时间相对较长，通常为30秒～2分钟。训练时，练习时间可略长于比赛时间或跑的距离可略长于比赛距离。负荷强度较大（运动员的心率应在180次/分以上），且与负荷时间成负相关。休息方式最好采用慢跑深呼吸方式进行，以便更好地消除体内的乳酸。

（3）长时间重复训练法的应用

主要用于无氧和有氧混合供能的素质训练，如800米、1500米的项目。一次练习负荷时间较长，为2～5分钟。训练时负荷时间略长于比赛时间或负荷距离略长于主项比赛距离。负荷强度和负荷时间成负相关，无氧与有氧混合供能明显。一次练习后，休息时间十分充分。实践中，长时间重复训练法与间歇训练法，持续训练法和变换训练法有机结合训练效果更明显。

（四）间歇训练法

1.间歇训练法的概念

间歇训练法指在训练过程中对练习组间的间歇时间做出严格的规定，运动员在没有完全恢复的状态下反复进行练习的方法。训练实践证明，严格的间歇训练能使运动员的心脏功能得到明显增强。通过严格控制间歇时间，有利于运动员在激烈比赛中巩固技术动作。

2.间歇训练法的分类与应用

间歇训练法的基本类型主要有三种：高强性间歇训练法、强化性间歇训练法和发展性间歇训练法。

（1）高强性间歇训练法的应用

高强性间歇训练法主要用于发展糖酵解供能能力和磷酸盐与糖酵解混合供能能力，多用于发展速度耐力和力量耐力素质。一次练习的负荷时间较短，一般为 20 ~ 40 秒，负荷强度大，心率为 190 次 / 分钟左右，间歇时间不充分，心率降到 120 次 / 分钟开始进行下一次练习。

（2）强化性间歇训练法的应用

强化性间歇训练法主要用于发展糖酵解与有氧代谢系统混合供能能力和提高运动员心脏功能，多用于发展速度耐力和力量耐力。如 800 米、1 500 米。一次练习的负荷时间略长于比赛时间，负荷强度通常为 90% ~ 95%，心率控制在 170 次 ~ 180 次 / 分钟，间歇时间以心率降到 120 次 / 分钟开始下一次练习来确定。

（3）发展性间歇训练法的应用

发展性间歇训练法主要用于发展有氧代谢供能系统的能力和提高心脏功能，多用于发展耐力素质。如，长跑项目。一次练习的负荷时间较长，一般在 5 分钟以上，负荷强度较低，负荷心率控制在 160 次 / 分钟，间歇时间相对充分，心率降到 110 次 / 分钟开始进行下一次练习。

（五）持续训练法

1.持续训练法的概念

持续训练法指负荷强度较低，负荷时间较长，无间断连续进行训练的练习方法。练习时，心率平均在 130 ～ 170 次 / 分钟，能使运动员在较长时间负荷刺激下产生稳定的适应，提高有氧代谢供能系统能力，主要用于发展一般耐力素质。

2. 持续训练法的分类和应用

根据训练时间的长短来分，持续训练法主要有三种：短时间的持续训练法，中时间的持续训练法和长时间的持续训练法。

（1）短时间持续训练法的应用

短时间持续训练法主要用于发展一般速度耐力，一次练习的负荷时间为 5 ～ 10 分钟，负荷强度相对较高，平均负荷心率控制在 180 次 / 分钟左右，多用于提高运动员的无氧、有氧代谢混合供能系统的能力。

（2）中时间持续训练法的应用

中时间持续训练法主要用于发展有氧耐力素质，一次练习负荷持续时间在 10 分钟以上，平均负荷心率控制在 165 次 / 分钟左右。多用于发展有氧代谢供能能力及其专项耐力。

（3）长时间持续训练法的应用

长时间训练法主要用于发展有氧耐力素质，适当发展有氧与无氧代谢混合供能能力。一次练习负荷持续时间在 30 分钟以上，运动员的速度可快、慢相互交替，平均负荷心率在 130 ～ 160 次 / 分钟。

（六）变换训练法

1. 变换训练法的概念

变换训练法指对运动负荷、练习内容、练习形式以及练习条件进行变换，以提高运动员的积极性、趣味性、适应性和应变能力的一种练习方法。通过变换练习方式，使运动员的肌体产生于有关运动项目相匹配的适应性变化，发展运动员不同运动素质，提高运动员的技术水平，从而提高运动员承受专项比赛时不同运动负荷的能力和应变能力。

2. 变换训练法的分类和应用

根据变换的内容来分，变换训练法可分为三种：负荷变换训练法，内容变换训练法和形式变换训练法。

（1）负荷变换训练法的应用

负荷的变换主要体现在负荷的强度和负荷量的变换上，由于负荷强度和负荷量的变化有四种不同的搭配形式，因此，负荷变换的训练法方式为：

第一，负荷强度和负荷量保持不变的练习方式。主要用于技术训练使技术形成稳定的动力定型。

第二，负荷强度不变，负荷量变化的练习方式。主要用于通过增加负荷量来提高或发展运动员某一运动机能或运动素质耐力水平，以及通过减少负荷量，促进肌体的恢复。

第三，负荷强度变化，负荷量不变的练习方式。主要用于通过加大负荷强度提高和发展运动员某一运动机能或运动素质的工作强度，或减轻负荷强度更好地掌握运动技术。

第四，负荷强度和负荷量都变化的练习方式。主要用于通过增大负荷强度，减少负荷量来发展运动员某一机能和运动素质的工作强度或技术动作的难度和强度。通过降低负荷强度，增大负荷量来发展某一机能或素质水平，更好地巩固运动技术。

（2）内容变换训练方法的应用

内容变换训练方法主要用于各种技术训练和身体素质训练。如单个技术的各种变化练习，以便更好地掌握和完善运动技术。

（3）形式变换训练方法的应用

形式变换训练方法主要用于改进技术，提高运动员对场地、环境和气候的适应能力。主要通过变换训练场地、训练路线、训练时间和练习形式刺激运动员，激发运动员的运动情绪，使运动员产生强烈的运动欲望，提高运动训练质量。

（七）循环训练方法

1. 循环训练方法的概念

循环训练方法指根据训练的任务，将练习的手段设置为若干个练习点，运动员按照既定的路线，依次完成每个练习点规定内容的训练方法。循环训练方法能有效地激发运动员的训练情绪，不断交替地刺激有肌体的不同部位，更好地提高不同层次和水平运动员的训练积极性。可以根据运动员具体情况调整练习的密度，防止局部负荷过重，延缓疲劳的产生，有利于提高全面身体素质。

2. 循环训练方法的分类以及应用

循环训练法一般分为：循环重复训练、循环间歇训练和循环持续练习。

（1）循环重复训练法的应用

循环重复训练法主要用于提高运动技术的规范性和熟练性的训练或提高运动员身体素质的训练。将各种练习设置为若干个练习点，练习动作要求熟练规范，练习顺序要符合比赛特点，间歇时间相对充分。有利于提高运动员的磷酸盐系统的储备能量和供能能力，提高运动员技术、素质与机能之间的结合能力。

（2）循环间歇训练法的应用

循环间歇训练法主要用于发展运动员的体能或改进技术、素质与机能之间的有机联系。

将各种练习设置为若干个练习点，各练习点的负荷时间至少 30 秒以上，点与点之间的间歇时间不充分。循环组之间的间歇时间可充分也可以不充分，主要发展运动员的糖酵解系统及其与有氧代谢系统混合供能的能力。

（3）循环持续训练法的应用

循环持续训练法主要用于发展运动员身体素质。一次循环的练习时间要求 8 分钟以上甚至更长，负荷强度高低交替进行，循环之间的间歇时间可有可无，循环组数相对较多，主要提高运动员持久运动能力，提高运动员有氧代谢系统供能的能力。

（八）比赛训练法

1. 比赛训练法的概念

比赛训练法指在近似、模拟和真实比赛的条件下，按照比赛的规则、方法和要求进行的，以提高训练质量为目的的训练方法。比赛训练法从竞技能力形成过程的基本规律，运动员适应原理，比赛的规则以及运动员竞争的意识要求等方面来安排训练，能有效全面提高运动员专项比赛所需要的体能、技术、心理和智能等竞技能力。

2. 比赛训练法的分类和应用

比赛训练法一般可以分为教学比赛训练法、模拟比赛训练法、检查比赛训练法和适应比赛训练法。

（1）教学比赛训练法的应用

教学比赛训练法主要是根据教学的规律和专项比赛的基本规则安排训练，更好地挖掘运动员的潜力。如不同训练程度的运动员之间让步性的教学比赛，可以激发运动员的训练情绪。主要用于提高运动负荷强度，运动技术的熟练程度，发展运动员的竞技能力和培养运动员的竞争意识。

（2）检查比赛训练法的应用

检查比赛训练法主要是模拟真实的比赛条件，按照比赛规则安排训练，用于检查赛前运动员训练的负荷能力、专项技术水平、运动成绩等情况，查找运动员的薄弱环节，分析训练计划的执行情况和失利的因素，以便更好修正训练计划，提高训练质量。

（3）模拟比赛训练法的应用

模拟比赛训练法主要模拟真实比赛环境和对手，严格执行比赛规则条件下安排训练，用于提高运动员的实战能力，运动员排除干扰的能力，增强运动员心理承受能力和提高运动员对真实比赛的预见性。

（4）适应比赛训练法的应用

适应比赛训练法主要是人为模拟真实比赛环境安排训练，如邀请赛、访问赛等形式。在真实的比赛环境下，按比赛要求进行，与真实的对手进行比赛，尽快找出运动员的不足，促进竞技能力的改善。用于形成最佳竞技状态，提高运动员适应比赛过程，积累运动员丰富的比赛经验。

三、田径运动训练的基本手段

（一）周期性单一练习手段

1.周期单一练习手段概念和分类

周期单一练习手段指周期性地进行单一动作的身体练习。此练习手段的练习动作简单、动作环节少，练习者容易掌握。主要适用于发展速度、力量和耐力等素质。

周期单一练习手段一般可以分为全身周期单一练习和局部周期单一练习。全身周期单一练习是指全身各部位进行周期性重复一个动作的练习。局部周期单一练习指身体某一部分进行周期性重复一个动作的练习。

2.周期单一练习手段举例

（1）各种跑的练习。不同距离不同时间跑的练习，如小步跑、高抬腿跑、后蹬跑、加速跑等。要求跑的动作规范，动作节奏好。

（2）跳推杠铃的力量练习。两腿自然站立，两手翻握杠铃放置胸前。全身用力时，两腿前后或并步跳起，同时两手用力上推杠铃到头顶至两手伸直，连续重复推若干次，重复若干组。

（3）卧推杠铃练习。仰卧在凳子上，两手与肩同宽握杠铃，由胸前上推杠铃至两手伸直，连续重复推若干次，重复若干组。

（4）仰卧两腿拉橡皮带练习。仰卧在垫子上，两腿绑上橡皮带后用力拉橡皮带，重复拉多次，重复若干组。

（二）混合多元练习手段

1. 混合多元练习手段释义和分类

混合多元练习手段是指将几种单一动作混合在一起进行的身体练习。此类练习动作相对复杂，动作环节较多，有利于改善复杂的神经系统，更好帮助运动员掌握复杂的运动技术。

混合多元练习手段一般分为全身混合多元练习和局部混合多元练习两种类型。

2. 混合多元练习手段举例

（1）跑动跨跳练习。如连续跑三步做一次跨跳或连续 10 级跨跳练习。

（2）助跑投垒球练习。按投掷标枪的完整技术要求进行练习，要求助跑速度快，步伐节奏明显，挥臂有力，出手速度快。

（3）助跑起跳练习。如半程助跑跳远练习，5～7 步助跑摸高练习。要求助跑与起跳环节连贯。

（4）助跑掷实心球练习。手持实心球置于头上方，助跑 3～5 步掷实心球。

（三）固定组合练习手段

1. 固定组合练习手段释义

固定组合练习手段是指将多种练习手段根据固定的组合形式进行的身体练习。此练习的运动比较容易学习，由于固定成套动作组合练习，能使运动员较容易获得与技术动作相匹配的运动机能，使技术动作娴熟化。

2. 固定组合练习手段举例

（1）跑跳固定组合练习。如连续的三步一起跳、连续三步一起跨练习。

（2）手持小杠铃片连续摆臂和连续跳绳练习。

（3）连续跳越 10 个栏接加速跑的练习。

（4）手持壶铃连续多次蹲跳接悬垂多次举腿的练习。

（四）变异组合练习手段

1. 变异组合练习手段释义

变异组合练习手段是指在多元动作结构下，将多种练习手段根据变异形式组合进行的身体练习。通过这种变异组合练习能有效地提高运动过程的应变能力，可以提高与运动技术相匹配的运动机能能力，可以提高运动员对信号刺激的复杂反应能力。

2. 变异组合练习手段的举例

（1）连续跨越不同高度栏的练习。

（2）听（看）不同的声音（信号）起跑练习。

（3）各种变速跑练习。

（4）不同步数的助跑起跳练习。

第五章 田径运动体能训练方法

第一节 力量素质训练方法

一、力量概述

（一）单纯性力量

我们这里所说的单纯性力量主要是指人体或者是身体的某一部位对其他阻力进行克服的能力。而最大力量则指的是运动员在对最大阻力进行克服的过程中，尽自己最大的努力，这个时候所表现出来的能力就是最大力量。

通过对相关运动实践进行分析，笔者得出在大部分需要对人体重力性阻力或者器械阻力进行克服的竞技类体育运动项目中，例如，田径项目中的跳跃类和投掷类项目，通常由于人体重力和器械引起的最大阻力是固定的。

由机械力学原理中可以得出，作用力和反作用力之间的关系是具有相等的大小、相反的方向且拥有同一个作用点。所以，田径运动员所要克服的阻力和自身重力或者器械的重力是相等的。例如，如果女子铅球的重量为4千克，那么也就意味着运动员在投掷铅球的过程中，需要克服的重力就是由其所需投掷铅球产生的4千克的重力阻力，并且这种重力性阻力是不会因为运动的出现而发生增加或者减少的情况的。而人体或器械所产生的高度或者远度并不是取决于单纯性的力量，通常取决于速度力量。

（二）速度力量

我们这里所说的速度力量主要指的是运动员在对一定的阻力进行克服的过程中，使自身肌体或者器械出现可能性的位置移动，它是肌体肌肉加速度能力的具体表现。事实上，在对一定的阻力进行克服时运动员所表现出来的加速度能力就是速度力量。速度力量的大小和对阻力进行克服的那一部分肢体所具备的运动速度之间存在密切的联系。实际上，速度力量也可以解释为在特定的符合条件下，运动员所展现出来的最大的动作速度。因此，从本质上来讲，对速度力量进行训练就是对动作速度的训练。

（三）力量耐力

力量耐力的主要表现形式是指运动员在存在一定阻力的情况下，工作可能耗费的时间长短，也就是指在存在一定阻力的情况下，运动员所表现出来的对疲劳进行克服的能力。所以，力量耐力可以说是运动员耐力情况如何的主要表现，但是力量耐力与运动员的单纯性力量大小不存在绝对的正比关系。例如，如果一名运动员存在 100 千克的最大力量，而另一名运动员存在 50 千克的最大力量，而器械的质量是 3 千克，那么如果想要知道哪位运动员的工作时间长，就不可能会做出肯定的判断；然而，如果器械的质量是 35 千克，那么就可以肯定地判断出前一位运动员的工作时间会长。换句话说，在对某一种阻力进行克服时，运动员工作时间的长短是不能通过其单纯性力量的大小来判断的。

二、力量训练时安排不同重量负荷应注意的问题

（一）对于负荷重量不同的先后次序安排所起的训练效果要充分考虑

由总体的角度上来看，如果想要使最大力量得到发展，那么在安排负重的时候需要按照从重到轻的顺序进行安排，例如，如果训练课中不但存在此极限力量的相关练习，而且也有从非极限重量向极限次数重复的相关练习时，那么就需要首先将次极限重量的练习活动优先完成。

（二）需要对本次练习主要重量完成时的良好状态做出保证

对本次练习主要重量完成时的良好状态做出保证的意思是，如果本次练习的主要目的是对肌肉的内协调能力进行提高，那么就应该将主要负荷定位在能够对这一能力的提高起到促进作用的力量上，同时在完成这一主要负荷的过程中需要保证有肌体的良好状态保持。

（三）需要将发挥总体作用的练习和发挥相对局部作用的专门性练习相联系

需要将大肌肉群的相关练习，也就是在所有练习之前安排能够在总体作用中占主要作用的用力练习，比较典型的有腰部肌肉和腹部肌肉的加强练习等。这样的话，就能够在不太疲劳的情况下使大肌肉群得到锻炼，并且这种锻炼的效果是比较好的。除此之外，如果在力量训练的开始阶段就开展少量的能够发挥总体作用的练习，那么就会促进中枢神经系统兴奋的产生，在之后的专门性练习活动中就能够有选择性地集中兴奋，这样对于局部练习效果的提升有着十分重要的促进作用。

（四）合理地安排各种不同重量练习之后的间歇时间，保证下一次练习的顺利进行

如果在开展负荷重量练习的过程中，使用极限用力50%以上的符合力量，那么通常休息的间歇就是在重复练习之间的2～3.5分钟以上，而极限用力通常需要10～15分钟。在对同等的重量开展多次的反复练习时，需要将多次的练习活动按照小组划分，这样能够使组间的休息时间得到延长。在对不同重量的练习进行安排的过程中，需要安排在大重量练习之后开展较小重量练习，这样不仅能够保证体能的恢复，还能够对神经系统兴奋性的保持有所帮助。

三、发展和提高速度力量要注意的问题

（一）要尽最大可能对肌肉的最大力量进行提高

在对动作快速完成的过程中，需要在对力量获得基础上，对表现这一种力量的能力进行培养。想要培养这种能力，首先就要求对完整的技术动作进行掌握，同时还需要经过多次的练习能够达到较为熟练的程度。同时在开始使用轻负荷，并不断向重负荷过渡。在开展不同重量负荷练习的过程中都会存在一定的速度要求，同时，要保证不能在练习过程中出现停顿，还要尽可能使用最大的动作幅度，以促进最大用力感与最大速度感的产生。在开展不同结构动作组合练习过程中，需要对动作衔接自然性和协调性做出强调。

（二）要将速度力量练习和单纯发展力量练习互相结合在一起

从理论的层面上来看，对动作速度进行发展的最为有效的方法就是不带任何负荷的动作。然而，在运动的实践中速度力量通常会在具备一定负荷的练习中表现出来，如果在开展快速动作的练习过程中不使用负荷或者使用较小的负荷，那么就会对神经肌中的系统产生极其短暂的作用，同时其训练效果也不能够同运动实践中速度力量的要求相适应。

但是，在单纯性力量发展练习中，因为存在较重的负荷，所以，动作速度在短期内会下降，并且只有在大量减轻负荷的2～6周或者停止负荷之

后这种短暂的下降才能够恢复。所以，当动作速度处于暂时下降阶段的时候，在开展速度练习时就需要使用一些非极限负荷或者是无负荷，将速度练习与力量练习紧密地结合在一起。

（三）在速度力量训练中需要采用适宜的负荷量

速度力量训练的主要目标在于对运动员能够快速完成动作的能力进行培养，但是，速度力量性运动项目并不存在太重的负荷，例如，在田径运动项目中，男子铅球重达 7.26 千克，而女子铅球重达 4 千克。所以，如果想要在发展速度力量的过程中采用负重训练的方法，那么就需要注意负荷重量的适宜度，满足力量和速度的发展需要，同时，还要同专项的要求相适应。

（四）在对动作进行学习的过程中，应当严格区别对待对动作的速度要求

对于那些不能够达到动作速度完成要求的运动员，教练员应当将他们的注意力逐步地由动作的空间性特征向动作的时间性特征转移。对于那些存在较高速度要求、不容易掌握且较为复杂的动作，应该始终坚持循序渐进的重要原则开展相关训练。由于动作的空间性特征是动作时间性特征的重要前提条件，所以，只有将技术动作正确地完成，才能够对动作速度的提高做出要求。

四、力量耐力训练

从总体的角度上来讲，在对专项训练练习进行选择的过程中，应该对那些能够对适宜于比赛活动特征的条件建立的练习进行充分考虑。因而，在练习时需要选择由内部结构至外部形式都近似于比赛的练习活动。

（一）肌肉工作的方式分析

我们这里所说的肌肉工作的方式主要是一种动力性的工作方式，是克制性工作和退让性工作互相结合的重要成果。在相对较大的范围中还能够对静力性练习加以利用。这些练习能够在存在较慢个别动作的时间段对运动员的能力进行提升。

（二）阻力的分析

阻力可以存在较大的变化范围，虽然在对个别练习进行完成的过程中，可能会采用相当于极限用力 70% ~ 80% 的用力大小，但是，在开展负重练习的过程中，绝大多数负重练习通常会使用达到最大负重的 40% ~ 60% 的

重量。

在开展专项训练的相关练习过程中，对于阻力大小的选择与比赛性练习相等的阻力进行练习，也有可能会选择多于比赛性练习阻力的 10% ~ 30% 的重量。在开展静力性练习的过程中，在对用力大小进行选择时一般会选择每一个具体项目练习中能够完成力量的 70% ~ 100%。

（三）完成各种形式练习的速度分析

我们这里所说的完成各种各样形式专项训练练习活动的速度一般指的是能够将练习与比赛性练习保持一致的主要时间特点，所以，这个速度一般是需要同比赛性练习的速度相接近的。

在对一般性负重练习与辅助性练习完成的过程中，主要的动作速度也需要与比赛性练习的速度是一样的。并且，还能够做一些相对大一点的变化，也就是能够处于中等速度和近似比赛性练习的速度。

五、力量训练时采用不同形式阻力及各自的特点

力量训练一般都通过克服不同形式的阻力来进行，不同形式的阻力有不同的特点。

（一）克服外部阻力的练习

1. 对物体重量进行克服的练习

在开展对物体重量进行克服的相关练习活动时，一般会使用到一些辅助的练习设备，比较常用的有沙袋、杠铃和壶铃，等等。这些辅助的练习设备能够在有肌体最小的肌肉群或者最大的肌肉群中发挥作用。同时，这些辅助练习设备的重量是相对容易掌握的。然而，在开展这些练习活动的过程中，通常需要将预备姿势紧密结合静力握住物体。若是物体存在较大的重量，那么想要使用正确的预备姿势是不容易实现的，同时，不容易集中力量在动作的决定性阶段去完成，当把辅助练习器械放下的时候也通常会出现紧张的情绪，产生更多的精神负担。

2. 对对手对抗阻力进行克服的练习

在开展对双人阻力或者多人阻力进行克服的对抗性练习过程中，能够对实战的需要进行模拟，能够对重量性物体不能够解决的阻力进行解决。如果相互配合良好，那么很难不会取得理想的效果。然而，这也是存在一定不足之处的，主要是不能够很好地掌握阻力增加的程度，如果开展练习的时间太长,那么运动员在心理上容易出现很大的负担,进而容易出现运动性损伤。

3. 对弹性物体阻力进行克服的练习

对弹性物体阻力进行克服的练习时也会用到一些辅助性的练习设备,比较常见的有橡皮筋、弹簧拉力器,等等。此种练习活动的显著特点就是当阻力增加的时候就是动作结束的时候,并且通常会在动作结束的时候产生最大的阻力。这主要是因为按照胡克定律的说法,存在弹性的物质,其形变大小和作用力大小之间存在正比的关系。例如,如果想要在整个动作的过程中将大致相等的阻力表现出来,就需要使用具有较长弹性或者弹力很强的物体。反之,如果想要将力集中用在动作的结束阶段表现出来,在选择物体时要考虑到它们的弹性、长短和柔软程度。通常具有较好弹力的物体不能够将动作用力阶段需要的阻力提供出来。

4. 对外部环境进行利用的阻力的练习

我们这里所说的外部环境所带来的阻力,主要指的是山地、较深的雪地、山地或者锯末跑道等等,这一类由外部环境产生的阻力能够促进有肌体下肢部位的力量发展,特别是小肌肉群的力量大战。然而,这一类外部环境产生的阻力存在有限的作用部位。

(二)对自身体重进行克服的练习

对自身体重进行克服的相关练习,它的完成离不开有肌体四肢的远端支撑。在这样的情况下,有肌体的肌肉通常会处于不宜用力的状态。然而,对自身体重进行克服的相关练习完成起来是比较容易的,并且教学组织起来也很简单,田径运动员也不会有多余心理负担的产生。

第二节 速度素质训练方法

一、简单反应速度的训练

我们这里所说的简单反应就是指运用那些早就已经熟悉的动作来对那些早就已经熟悉、但是猛然出现的信号做出应答,例如,田径运动员在起跑过程中对鸣枪做出的反应。

(一)简单反应速度训练的原理分析

(1)简单反应速度包含转移的现象,也就是说如果一个人对一些情况存在较快的反应，那么他也会对另外的一些情况反应较快，各式各样的动作速度练习都能够对简单反应速度逐步地进行提高。但是这种转移属于不能够逆转的转移，也就是说反应速度的练习并不会对动作速度产生影响。

（2）简单反应速度的提升通常是由运动员对信号做出应答过程中反应动作的熟练程度所决定的。这主要是因为如果动作达到熟练程度之后，那么一旦信号出现，中枢神经无须再花费较多时间去沟通与运动器官之间的反射联系。

（3）简单动作反应与心理训练因素有关，与运动员集中注意力的能力、辨别信号的能力、准确辨别细微时间间隙的感觉能力有关。训练中对运动员的这些能力都应进行训练，一方面从直接的身体训练中采用有效的手段；另一方面可把身体训练与心理训练结合起来。

一般来说，视觉—动作反应的时间，非运动员平均为 0.25 秒（0.2 ~ 0.35 秒之间），而运动员较短，为 0.15 ~ 0.2 秒，部分运动员可达到 0.1 ~ 0.12 秒。听觉动作反应时间较短，非运动员平均为 0.17 ~ 0.27 秒，多年训练的运动员大约为 0.10 ~ 0.15 秒，国际上优秀短跑运动员可达到 0.05 ~ 0.07 秒。如果说，运动员未进行过简单动作反应速度的专门训练，那么对他们进行一般性的速度练习，如采用各种各样的游戏和球类活动，就可以发展简单动作反应速度，而且可达到良好的效果。

（二）在运动实践中，决定简单反应速度表现好坏的因素

在运动实践中，简单反应速度表现的好坏取决于下列因素：中枢神经系统的兴奋程度、集中注意力的能力、肌肉组织的准备状态、学习和掌握技术的能力、对特定反应和一般反应的区别能力、遗传因素（如肌肉组织中白肌纤维的比例）等。如果要把专项的简单动作反应速度提高到一定程度，就必须针对上述因素采用相应的、专门的方法和手段。

（三）常用的培养简单动作反应速度的方法

1. 完整练习法

完整练习法即让运动员用早已掌握的完整的各种简单的动作或复杂的动作（组合），尽可能快地对突然出现的信号或突然改变的环境反复做出反应。如反复完成蹲踞式起跑，根据教练员发出的信号改变动作方向，对对方的各种动作做出预定的反应动作等。这种训练对刚参加专项训练的人来说效

果是明显的。再往后，如仍用这种方法来巩固和提高反应速度就越困难。

2. 分解法

简单动作反应的实现主要是利用有目的的、具体的运动动作及其组合来实现的，所以，可以对分解法充分利用，使动作速度转向简单的动作反应速度。我们这里所说的分解法指的就是对回答性的动作做出分解，使它们能够变得更加容易完成，利用动作的分解能够对局部动作的完成速度进行提高，进而使反应速度得到提高。例如，田径运动员采用蹲踞式低姿起跑的反应时间较长的原因主要是因为运动员的手臂支撑着较大的重量，要较快地离开支撑点是困难的。因此，可用分解法将其分为两步进行，先单独练习对起跑信号的反应速度（如用高姿起跑或手扶其他物体），而后不用起跑信号单独练习第一个动作的速度。这样做最终可取得良好的效果。

3. 变换法

让运动员在变化的情况下去完成练习，即按照具有时间变化特点的信号刺激与动作的强度，通过对练习形式与环境的明显改变来对简单动作的反应速度进行提高。在与比赛接近的情况下可以使用变换法，同时与专门的心理训练相结合，来开展简单动作反应速度的提高练习。这样才能促使运动员不断对多变的环境进行适应，对存在的能够对简单动作反应产生妨碍作用的多余紧张进行消除，对不必要的兴奋扩散进行避免。

4. 运动感觉法

我们这里所说的运动感觉法主要是指一种将身体训练和心理训练互相结合在一起的训练方法。运动感觉训练方法主要分为三个练习阶段，在第一个阶段，对于信号，运动员对用最快的速度做出反应，例如，开展5米起跑的练习，在完成每一次的练习之后，将本次反应练习的具体时间从教练员那里获取到；在第二个阶段，运动员对反应的时间进行自我判断，同时立刻同教练员所测的实际时间展开比较；在第三节阶段，在大多数情况下这些刺激能够达到吻合状态的时候，运动员就能够对反应时间的变化做出准确地确定。按所要求的速度去完成练习，逐步自由地掌握反应速度，使反应速度得到提高。这种方法的基础是基于这样的一个原理：辨别时间差的能力越强，越精细，如达到0.1秒，那么运动员就可把这种准确差的感觉转移到反应速度上来。

提高简单反应速度的方法还有许多，如培养运动员把注意力放在将要进行的动作上，比运动员把注意点集中在信号上的反应速度要快一些。又如，由于反应动作的完成与动作开始前肌肉的紧张程度有关，肌肉紧张反应速度就快，因此更要做好完成动作的准备。如让运动员起跑前把脚贴紧起跑器，使小腿肌肉预先紧张起来，做好完成动作的准备。

四、怎样提高复杂反应的速度

（一）复杂反应的含义

复杂动作反应是指对瞬间的变化做出相应动作的回答。在那些突然变换动作情况的项目中，如球类项目、一对一的对抗项目，对复杂动作反应速度有极高的要求。

复杂动作反应在运动中大部分属于"选择"反应。选择反应包含有两种反应：一种是对移动目标的反应，对移动目标的反应过程，主要是指对"运动客体"的变化做出反应；另一种是选择动作的反应，这主要是指根据对手动作变化做出相应动作的反应。

严格来说，复杂动作反应的训练应属于专项训练的范畴，属于运动技术和战术训练的组成部分。特别是在球类运动和一对一对抗项目里，由于复杂动作反应具有这种特点，因此，复杂动作反应就有很强的"专项"性。因此，复杂动作反应的提高，最主要、最有效的方法就是要在训练中模拟整个比赛的情况，以及有系统地参加比赛。由于对方所产生的变化只有在比赛中才能充分地显露出来，而自己所选择的反应动作是否有效也只有在比赛中才能得到检验，所以比赛法是提高复杂动作反应的主要方法。

（二）培养复杂反应常用的和其他专门性手段、方法

（1）对移动目标产生反应并做出选择，一般要经历四个阶段。一是如对球类运动中的"运动客体"球的反应，首先要看见球；二是判断球的速度和方向；三是选择自己动作的方案；四是实现这个方案。这四个阶段组成了反射的潜伏期。这四个阶段整个过程时间一般为 0.25～1 秒。实践证明，前两个阶段的时间大约要耗费整个反应时间的一半以上。而这个时间的主要部分又都用在第一阶段，用于第二个阶段的时间不多，约为 0.05 秒。因而在培养运动员对运动客体的反应速度时，特别要注意缩短反应开始的这两个阶段的时间，可采用两个主要方法：

①培养在视野中预先"观察到"和"盯住"客体以及预计客体可能移动的方向的本领，也就是说需要对"预料"能力的培养进行加强。对于这种本领的培养可以通过专项训练的练习或者是在提高技术动作与战术动作的过程中来实现。

②在开展练习的过程中对于外部刺激有意识地进行增加、引入。例如，在开展练习的过程中可以对辅助器材的数量进行增加，运用多器材的游戏法；对练习场地进行缩小；对一对二的训练练习进行安排，等等。在开展练习的过程中还可以利用具备程序设计装置的练习器或者其他的专门性设备。

选择反应来自实用心理学，它取决于"必择其一"的背景所含的数量。如果在一对一项目中，运动员已判断出对手只能用一种方式进攻，那么选择反击的方式的不准确性将非常小。如预测对手发生一定的困难，相应时间增加，选择反击的不准确性也就会增大。

考虑到这些，在培养选择反应速度时，首先要努力教会运动员巧妙地利用对手可能做出动作的"潜伏信息"。这种潜伏信息可从观察对手的姿态、面部表情、准备动作、总体的风度等得来。实践证明，一旦能准确意识到对手可能采用的进攻方式，就可能准确地选择相应回答动作来缩短反应时间。

（2）为了能够使选择反应时间得到提高。在专项训练的练习过程中，可以将需要进行选择的情况做更加复杂化的处理。例如，使训练的同伴将更多需要做出反应的动作展现出来，同时使运动员对那些可供选择、具有回答性质的动作数量尽可能地进行掌握。想要实现这一目的，需要在对复杂动作反应速度进行提高的同时，对运动技术进行提高，对掌握技术动作的总量进行增加，对良好的协调能力进行培养，对战术方案进行增加。此外，还能够设计专门的练习装置和器材，如拳击、击剑的电子靶。

五、动作速度的训练

动作速度训练的主要方法有重复法、比赛法和游戏法。

（一）规定最高速度指标和变化练习程序的重复法

在对此种方法进行应用的过程中，需要在练习时使运动员将动作速度最大限度地表现出来，同时在专门化的情况下，利用变换的练习程序，最大可能地转移各种速度，对于技术动作定型对提高速度所产生的影响进行减少。练习程序的变换可采用下述一些措施：

1.降低速度练习的外部条件，利用辅助的、能使动作产生加速度力量

在负重练习中，减少重量的多少能在普通的条件下促使动作速度不断提高，因为在同一练习中，如动作结构相同，速度转移是良好的。在克服自身体重的练习中，可采用助力来减轻运动员的体重。如在体操等项目中可由教练员、同伴使用保护带进行直接的体力上的帮助。在周期性项目的练习中，可采用专门的设备给予运动员向上的牵引力（如高架的牵引输送装置）。可限制自然环境的阻力，如自行车项目可由摩托车带着挡板领骑、顺风跑、顺水游泳、在海水池中游泳等。还可以利用帮助运动员把自身动作惯性转移到速度上去的外部条件，如下坡跑、下坡骑自行车等。也可在移动中引入可控制大小的外部力量，如牵引跑就可给运动员身体重量提供附加加速度。

2.利用动作加速后的后效作用以及器械重量变化后的后效作用

实践和实验证明，在完成上一次动作的影响下或在上一次类似重量的负重动作影响下，可以使动作速度暂时得到提高。

3.采用领跑和声响、灯光信号发出速度感觉指令

领跑的方法主要是努力建立达到必要动作速度的实物方向标，同时可以努力减少动作速度的障碍（空气的迎面阻力）。利用声响、灯光信号发出速度感觉指令可以提供必要的动作节奏或控制动作速度的变化。

4.利用"疾跑"效果，把加速阶段引入主要动作练习

大多数速度练习都包含有从静止到最大速度的"疾跑"阶段，如在短跑练习开始时的加速度，田径跳跃项目、技巧和体操支撑跳跃中的助跑，投掷中的预备动作等。"疾跑"是在练习的主要阶段提高速度的最重要前提。因此，在一定的情况下要采用合理的辅助加速动作，并把它引入练习的最后阶段。例如，推铅球最后出手前附加转体；在体操支撑跳跃中，采用起跳后触悬挂物体来增加蹬地的动作加速度。

5.缩小练习完成的空间、时间界限

在运动活动中，能够影响到速度表现平均水平的因素就是专项活动的持续时间，所以，在对动作速度进行培养的过程中，如果想要以最大的速度对动作进行完成，可以通常对练习的总时间进行限制或者对练习完成的空间条件进行制约来实现，进而使训练的效果得到提高。例如，在周期性项目练习中，可以缩短练习距离，只安排近似于比赛距离的练习。在球类和一对一

对抗的项目中，限制活动的时间、场地，从而使运动员能加速移动。

（二）比赛法

比赛法是进行速度训练经常使用的方法。由于速度练习时间短，经常使用比赛法是可能的。由于经常比赛训练，就使动员有肌体表现出最大速度的可能性增加。

（三）游戏法

游戏法与比赛法的作用一样，能够对运动员高涨的情绪进行激发。此外，在游戏过程中，由于各种各样的动作变化都能够引起，还能够对由于经常安排表现最大速度的相关练习而导致形成的"速度障碍"进行避免。

六、对于"速度障碍"的预防和克服

我们这里所说的"速度障碍"主要指的是当到达一定的速度水平之后，运动员会出现长时间的停滞不前，严重的还有可能会出现速度不再提高的现象。在各种需要表现出速度的动作中速度障碍都会存在一些表现，而且不仅仅会在跑的速度方面表现出来，还有可能会在投掷时的出手速度或者是跳高时的起跳速度等中表现出来。

对于速度障碍的形成和速度的训练手段和方法存在的矛盾之间存在一定的联系。如果想要对某一动作的速度进行提高，那么就需要不断地进行反复练习，但是如果重复多次的话，很有可能会使动作的动力定型形成，进而促进动作反映的各种指标都能够相对稳定地发展。

这一种稳定不仅仅会在动作的空间性特征上反映出来，例如，动作的方向、幅度，等等，还可以在动作的时间性特征上反映出来，进而促进动作的频率与速度之间较为牢固稳定状态的产生，进而促进所谓的"速度障碍"的形成，对速度能力的进一步提升起到一定的妨碍作用。

对于"速度障碍"，如果运动员的训练水平不同，那么就应该对不同的做法进行采用。

对于刚刚参加训练的运动员来讲，对"速度障碍"进行预防的主要手段就是，对于过细的"速度"专项化训练不能急于求成地开展，需要在近几年内首先开展全面的身体训练，做出预备性的准备。主要对速度力量的训练进行突出，对各种各样的手段进行应用，例如，球类、游戏和跳跃，等等，还可以采用不同的形式开展练习，而且即便是专门的速度练习，也应该考虑采用多种变化的方式。例如，100米跑达到11秒的成绩，既可以通过专门短跑训练来达到，也可以通过全面身体训练把重点放在速度力量的练习上来达到。虽然这两种训练手段达到的成绩是一样的，但用专门的短跑训练以最高速度进行反复练习的做法，会导致动作时间特征的稳定，形成"速度障碍"。与之相反，后一种情况就不会形成类似的动力定型。

一旦形成了"速度障碍"就必须采用有目的的专门性手段来破坏并削弱它。

破坏"速度障碍"的主要方法就是要对一定的补充条件进行创造，进而对已经牢固形成的最高速度进行突破。例如，使用领跑、下坡跑、加速跑、投掷轻器械、牵引、对不同轻重的器械交替使用训练，等等。然而，在对这一类的手段进行应用的过程中，不能够对条件过分地降低，同时还要注意，在对条件进行降低之后运动员达到的速度与其未来在正常条件下能够达到的速度应该是相等的。不然的话，如果条件与专项的要求过分偏离，那么必要的专项动作的空间性特征也有可能会遭受破坏，进而延长了日后向正常训练恢复的时间，导致不良后果的产生。

削弱和破坏速度障碍的依据是相对于动力定型的时间性特征，其空间性特征处于稳定的状态。如果不在一段时间中对主要的速度练习进行开展，那么很有可能出现的情况就是"速度障碍"会逐渐消失，但是保留下来的将是动作技术的空间性特征。若是在这一阶段，在其他手段的帮助下对速度力量等素质进行了提高，那么在一段时间过后，成绩也有可能会有所提高。例如，在一个这样的试验中，水平比较高级的跳高运动员连续几个月没有开展专项练习，但是结果他的技术并没有受到副作用的干扰。在这一段时间中，主要是对他的速度力量素质进行发展。之后，当他再次开展跳高的专项练习之后，其成绩也获得了提高。

对于速度障碍，我们要做的就是有效预防，避免它的出现。在训练的初始阶段，不能太过着急。需要将专项训练的比例和专项的强度定位在适宜的位置。一味地想要对运动员的成绩进行提升，而对于他们的长远发展忽略对待是不明智的。

第三节　耐力素质训练方法

一、耐力素质的含义及分类

所谓耐力素质是指运动员克服疲劳的能力。20世纪80年代初，国际运动医学联合会对"疲劳"做出下述定义，即"不能维持预定的工作强度"则称为"疲劳"。从这一定义出发理解"疲劳"，应当认识到，以任何一种强度进行工作都必然会产生疲劳。也就是说，不仅在低强度、长时间的工作时存在着疲劳，而且在高强度、短时间的工作时，同样也存在着疲劳。运动员无论进行何种强度的工作，在工作进行中都可能会出现不能再坚持该种强度的时候，或因各种因素的相互不协调而产生强度波动的状态。实际上，这种不协调本身就是由某些因素疲劳而产生的反应。因此，相对于任何一种工作强度来说，都存在着耐力的问题。根据工作特征的不同，疲劳可分为智力上的疲劳、感觉方面的疲劳、感情上的疲劳及体力上的疲劳。在运动训练过程中较有意义的是由肌肉活动引起的体力上的疲劳。这里的耐力素质主要是指克服运动活动过程中体力上疲劳的能力。

从上述论述可见，通常人们把耐力只是理解为长时间工作中才有的机能状态变化，这种理解是局限和片面的。如果只从长时间工作的需要考虑耐力的训练，就会忽略高强度工作状态时必要能力的训练工作。高强度工作中的耐力是达到这类项目高水平成绩必不可少的重要因素之一。

在运动实践中，往往要对耐力素质进行分类，以便在训练中有针对性地安排训练内容。

从运动员运动时能量供应系统角度分，可把耐力分为无氧耐力与有氧耐力。从运动训练的角度分，可分为一般耐力与专项耐力。这两种分类，在实践中都是经常用到的，但是绝不能就把一般耐力等同于有氧耐力。

实践中体力上的耐力可区分为无氧耐力和有氧耐力。无氧耐力又可分为磷酸肌酸供能体系的耐力和乳酸能供能体系的耐力。这是从能量供应体系的工作能力状况来划分的耐力类型。如果把耐力仅仅看作是在长时间工作中才起作用的观点是错误的。其实，凡有疲劳产生的情况，就有耐力问题。从供能情况看，百米跑就存在提高耐力的问题。百米跑可分成四个阶段，第一是反应阶段，第二是加速阶段，第三是最大速度的保持阶段，第四是减速阶段。第四阶段就属于磷酸能消耗殆尽，产生乳酸性无氧供能的状况。如何提高磷酸能供能储备就成为百米跑的耐力问题。

实践中从专项角度考虑也可分为一般耐力和专项耐力。在任何一个项目中，耐力都是一个多因素的能力，因此，运动员的一般耐力是相对于专项耐力而言的，是运动员有肌体各种机能特征的综合。这里指的"各种机能特征"，并不是指对某一专门活动所特需的部分。一般来说，它具有下列特点：

（1）工作持续时间长；

（2）工作不间断；

（3）强度相对不大；

（4）大肌肉群参加工作；

（5）心血管体系能给予较良好的保证。

在实践中不能把一般耐力简单地与有氧耐力等同起来，只有把它看作是一种专项耐力的基础且有多方面的表现才对。专项耐力是指在专项负荷的条件下，为了专项成绩而最大限度动员有肌体机能能力，用以抵抗疲劳能力。

二、影响耐力素质的因素

耐力与运动员其他方面的素质有最紧密的联系，它是一个多因素的能力。影响它的因素除先天性的身体组织结构，如红白肌纤维的组成比例和神经特征外，还有如下因素：

（一）运动员的心理个性特点

运动员的心理个性特点会对耐力素质产生一定的影响。这些心理个性特点主要有，例如，运动员的体育运动兴趣和动机、努力程度、自持力、运动过程中心理稳定性，其他的意志品质，等等。

（二）有肌体活动过程中交换能量与机能获得的能力

有肌体开展活动的过程中能量供应—交换能量—能量获得这一体系的相关机能能力也影响着耐力素质。这里面主要包括运动员有肌体对各种各样能量的储备，交换能量过程的进行与动员，等等。

（三）有肌体机能存在的稳定性

有肌体机能存在的稳定性能够在疲劳发展或者内环境发生改变的过程

中，使有肌体的各个系统能够将机能积极性保持在必要的水平。

（四）有肌体的机能节省化，协调的完善，力量合理的分配

我们这里所说的有肌体机能节省化主要表现：在一个单位时间中，伴随训练水平的不断增长，能量逐渐减少消耗；我们这里所说的协调的完善能够对能量的不必要消耗进行减少；而我们这里所说的力量的合理分配能够对能量的效率与能量的利用程度进行提升。而上述的这些对于有肌体能量储备的利用率都存在直接性的决定作用。

现今，上述因素中的许多指标不仅在质量上，而且在数量上都已能标志出来，并能够对它们在各种项目所需耐力中的"比重"做出一定的评价。例如，可用有肌体无氧和有氧能力的许多指标来判别能量供应的组成及其机能特征，如工作时的最大需氧量、达到最大需氧量时的极限时间、无氧阈、在工作进行时血乳酸的浓度等。

三、不同的运动项目的专项耐力特点

由于运动项目的不同，其专项耐力表现具有不同的特点。

（一）长距离、超长距离的耐力特点

长距离、超长距离项目（如马拉松跑、竞走、30～50千米的滑雪，100千米以上的自行车等）的耐力在相当大的程度上是由运动员的有氧能力所决定的。他们的成绩与运动员有肌体的最大需氧量水平以及其他有氧代谢指标有关。这类项目的耐力较之其他类项目的耐力更取决于机能节省化的程度和合理分配体力的能力。从心理角度分析，这类耐力的特点是需要最长时间的、稳定的、连续的意志紧张。

对那些中等距离的项目和比赛强度又区别于那些次极限强度项目（如200～400米游泳、1千米划船等）的其他项目来说，一个重要的特点是，比赛时它们的无氧过程比重（主要是糖酵解过程）可能超过有氧过程或与之相近。这类项目的耐力与运动员的速度、力量能力的联系更紧密。但速度、力量的绝对指标并不能保障这类项目的专项耐力和运动成绩的提高。只有针对这类项目耐力的生理特点做专项性的耐力训练才能取得成效。

（二）短距离类项目（田径的短跑、短距离自行车赛及其他类似项目）的耐力特点

这类项目耐力的特点首先是要有达到动员最大工作强度的能力，以及

力争能在最短时间内保持这种最大工作强度通过比赛距离。这类项目的耐力取决于无氧过程（包括两个阶段——非乳酸供能和糖酵解过程）对能量转化、利用能力的可能程度和效率。

这类项目在练习过程中要求意志高度集中，神经系统状态稳定，并在复杂条件下控制动作协调，保证相应神经冲动的能力。而且在练习中会产生有肌体与之相联系其他变化，在恢复时期内对植物性系统有相当高的要求。

第四节 灵敏素质训练方法

一、灵敏素质的概念及意义

（一）灵敏素质的概念

我们这里所说的灵敏素质主要指的是在各种各样突然变化的情况下，人体准确地、快速地、敏捷地、协调地对动作进行完成的一种能力。灵敏素质是一种综合性的表现，能够反映出人的神经反应、运动技能、各种身体素质，由于每一种运动项目中的每一个动作都对力量素质、耐力素质、速度素质和柔韧素质等不同程度地进行了反映。例如，利用力量素质，尤其是爆发性质的力量，对身体的加速或者减速进行控制；利用速度素质，对身体的躲闪、身体的移动和方向变换的快慢等进行控制；利用柔韧素质，对速度素质和力量素质的发挥做出保证；利用耐力素质对持久工作能力的保持做出保证。上述的这些身体素质，只有将它们综合性地应用才能够对动作的熟练程度做出保证，而且只有在中枢神经系统的支配下才能够保证动作的熟练程度，才能够使动作运用自如。

通常情况下，灵敏素质是通过动作的熟练程度来显示灵敏素质的高低。

（二）在对灵敏素质的发展水平进行评价的过程中主要从以下三个方面考虑

（1）是不是具备能够快速地做出判断、反应、转身、闪躲、翻转、平衡位置、随机应变的一系列的能力。

（2）在对相关动作进行完成的过程中，能不能对自己的身体进行自如地操纵，能够将动作在不同的情况下熟练地、准确地完成。

（3）能不能利用熟练的动作综合地表现出力量素质（爆发力）、耐力素质、节奏感、速度素质（反应速度）、协调性素质，等等。诸多的客观实践表明，通常灵敏素质较高的人，能够对自身的运动器官随心所欲地进行控制，对动作能够准确地、熟练地完成。

（三）对专项灵敏素质进行发展意义分析

灵敏素质是一项重要的条件，主要是对发挥各种类型身体素质的能力进行协调，对技术动作的质量进行提高，对优异的运动成绩进行创造。在运动项目中灵敏素质主要存在以下两点作用。

（1）能够对运动员完成动作的熟练性、准确性和协调性做出保证，进而促进优异运动成绩的获得。

（2）能够将对手巧妙地、灵活地战胜，进而促进比赛胜利的获得。

二、灵敏素质练习的方法和手段

灵敏素质是人体综合能力的反映，受遗传因素影响很大。教练员应尽可能采取逐渐增加复杂程度的练习方式，也可以通过改变条件、器械、器材等方式增加技术动作的复杂性和难度，来提高运动员的灵敏素质。同时，还应着重培养和提高运动员掌握动作的能力、反应能力、平衡能力、观察能力、节奏感等。

（一）灵敏素质练习的主要手段

（1）在跑、跳中做迅速改变方向的各种躲闪、突然起动以及各种快速急停和迅速转体练习等。

（2）做各种调整身体方位的练习。

（3)做专门设计的各种复杂多变的练习,如用"'之'字跑""躲闪跑""穿梭跑"和"立卧撑"四项组成的综合性练习。

（4）以非常规姿势完成的练习，如侧向或倒退跳远、跳深等。

（5）限制完成动作的空间练习，如在缩小的球类运动场地进行练习。

（6）改变完成动作的速度或速率的练习，如变换动作频率或逐步增加动作的频率。

（7）做各种变换方向的追逐性游戏和对各种信号做出应答反应游戏等。

（二）灵敏素质练习的方法

发展灵敏素质的途径主要包括徒手练习、器械练习、组合练习和游戏等。

1. 徒手练习

（1）单人练习：弓箭步转体、立卧撑跳转体、前后滑跳、屈体跳、腾空飞脚、跳起转体、快速后退跑、快速折回跑等练习。

（2）双人练习：躲闪摸肩、手触膝、过人、模仿跑、撞拐、巧用力等双人练习。

2. 器械练习

（1）单人练习：各种形式的个人运球、传球、顶球、颠球、托球等练习，单杠悬垂摆动、双杠转体跳下、挂撑前滚翻、翻越肋木、钻栏架、钻山羊以及各种球类运动、技巧运动、体操运动的专项技术动作练习等。

（2）双人练习：各种形式的传球、接球、抢球，双杠杠端支撑跳下换位追逐、肋木穿越追逐等练习。

3. 组合练习

（1）两个动作组合练习：主要有交叉步—后退跑、后踢腿跑—圆圈跑、侧手翻—前滚翻、转体俯卧—膝触胸，变换跳转髋—交叉步跑、立卧撑—原地高抬腿跑等练习。

（2）3个动作组合练习：主要有交叉步侧跨步—滑步—障碍跑、旋风脚—侧手翻—前滚翻、弹腿—腾空飞脚—鱼跃前滚翻、滑跳—交叉步跑—转身滑步跑等练习。

（3）动作组合练习：主要有倒立前滚翻—单肩后滚翻—侧滚—跪跳起、悬垂摆动—双杠跳下—钻山羊—走平衡木、跨栏—钻栏—跳栏—滚翻、摆。

① 用手扶住体操棒，然后松手转身击掌再扶住体操棒使其不倒。

② 向上抛球转体 2～3 周再接住球。

③ 跳转 360° 后，保持直线运行。

④ 闭目原地连续转 5～8 周，然后闭目沿直线走 10 米，再睁眼看自己走的方向是否准确。

⑤ 绕障碍曲线转体跑。

⑥ 原地跳传 180°、360°、720° 落地站稳。

（三）发展协调能力的练习

（1）一对一背向互挽臂蹲跳进、跳转。

（2）模仿动作练习。

（3）各种徒手操练习。

（4）双人头上拉手向同方向连续转。

（5）脚步移动练习。例如，前后、左右、交叉的快速移动，单脚为轴的前后、转体的移动。左右侧滑步、跨跳步的移动。

（6）做小腿里盘外拐的练习。

（7）跳起体前屈摸脚。

（8）选用武术中的"二踢脚""旋风脚"动作进行练习。

（9）双人跳绳。

（10）做不习惯方向的动作。

（11）改变动作的连接方式。

（12）选用健美操、体育舞蹈中的一些动作。

（13）简单动作组合练习。例如，原地跳转 360° 接跳远，前滚翻交叉转体接后滚翻，跪跳起接挺身跳等。

（14）双人一手扶对方肩，一手互握对方脚腕，各用单脚左右跳、前后跳、跳转。

（四）选用体操中的一些动作

（1）前滚翻、后滚翻、侧滚翻。

（2）连续前滚翻或后滚翻。

（3）双人前滚翻，即一人仰卧，另一人分腿站在仰卧人的头两侧，双方互握对方的两脚踝，然后做连续的双人前滚翻或后滚翻。

（4）连续侧手翻。

（5）鱼跃前滚翻（可越过一定高度的障碍物）。

（6）一人仰卧，两人各抓一只脚，同时用力上提，使其翻转站立。

（7）前手翻、头手翻、后手翻，团身后空翻。

（8）跳马、跳上、挺身跳下、分腿或屈腿腾越，直接跳越器械，跳起在马上做前滚翻。

（9）在低单杠上做翻上、支撑腹回环、支撑后摆跳下、支撑摆动向前侧跳下等简单动作。

（10）在低双杠上做肩倒立、前滚翻成分腿坐、向前支撑摆动越杠下，向后摆动越杠下等简单动作。

（五）利用跳绳进行的一些练习方法

（1）"扫地"跳跃。运动员将绳握成多段，从下蹲姿势开始，将绳子做扫地动作，两脚不停顿地做跳跃练习。

（2）前摇两次或三次，双足跳一次。

（3）后摇两次，双足跳一次，俗称"后双飞"。

（4）交叉摇绳。运动员两手交叉摇绳，每摇 1 ~ 2 次，单足或双足跳长绳一次。

（5）集体跳绳，即两名运动员摇长绳子，其他运动员连续不断地跳过绳子，每人应在绳子摇到最高点时迅速跟进，跳过绳子，并快速跑出。

（6）双人跳绳，即同集体跳绳，要求两名运动员手拉手跳 3 ~ 5 次后快速跑出。

（7）走矮子步，即教练与一名队员将绳拉直，并把高度适当降低，队员在绳子下走矮子步和滑步动作。

（8）跳波浪绳，即教练与一名队员双手握一根长绳，并把绳子上下抖动成波浪形，队员必须敏捷地从上跳过，谁碰到绳子，与摇绳者交换。

（9）跳蛇形绳，即教练与一名队员双手握一根长绳，并把绳子左右抖动，使绳子像一条蛇在地上爬行，数个队员在中间跳来跳去，1 分钟内触及绳子最少者为胜。

（10）跳粗绳（或竹竿），即教练双手握一根粗绳或竹竿，队员围成一个圆圈站立，当教练握绳或竿做扫圆动作时，队员立即跳起，触及绳索或竹竿者为败。

（六）灵敏性游戏

在灵敏性游戏的设计、选择、运用中，要注意把思维判断、快速反应、协调动作、节奏感等内容有机地结合起来。进行游戏时，要严格执行规则，防止投机取巧，注意安全。

（1）形影不离，即两人一组，并肩站立。右侧的人自由变换位置和方向，站在左侧的人必须及时跟进仍站到他的右侧位置。要求随机应变，快速移动。

（2）照着样子做，即两人一组，其中一人做站立或活动中的各种动作，并不断更换花样，另一人必须照着他的样子做，要求领做者随意发挥，照做者模仿逼真。

（3）水、火、雷、电，即运动员在直径为15米的圆圈内快跑，教练员接连喊已商定的口令，所有人必须做出与之相适应的动作。要求想象力丰富，变换动作快。

（4）互相拍肩，即两人相对1米左右站立，既要设法拍到对方的肩膀，又要防止对方拍到自己的肩膀。要求伺机而动，身手敏捷。

（5）单、双数互追，即运动员按单、双数分成两组迎面相距1～2米坐下，当教练喊"单数"时，单数追双数，双数转身向后跑开20米；当教练喊"双数"时，双数追单数，单数转身向后跑开。要求判断准确，起动迅速。

（6）抓"替身"，即成对前后站立围成圈，指定一人抓，另一人逃，逃者通过站到一对人的前面来逃脱被抓，后面的人立即逃开。当抓人者拍打着被抓者时，两人交换继续抓"替身"，要求反应快、躲闪灵。

（7）双脚离地，即运动员分散在指定的地方任意活动，指定其中几个为抓人者，听到教练的哨音后，谁的双脚离地就不抓他，抓人者勿缠住一人不放。要求快速悬垂、倒立、举腿等。

（8）听号接球，即运动员围圈报数后向着一个方向跑动，教练持球站在圈中心，将球向空中抛起喊号，被喊号者应声前去接球。要求根据时间和空间采取应急行动。

（9）老鹰抓小鸡，即"小鸡"跟在"母鸡"背后，用手扶住前面人的髋，排成纵队。"老鹰"站在"母鸡"前面要抓后面的"小鸡"，"母鸡"伸开双臂设法阻止。要求斗智斗勇，巧用心计。

（10）围圈打猴，即指定几个人当"猴"在圈中活动，余者作为"猎人"手持2～3个皮球围在圈外，掷球打圈中的"猴"（只准打腿部），被击中的"猴子"与掷球的"猎人"互换。要求眼观六路，耳听八方，掷球准确，躲闪机灵。

（11）跋山涉水，即用各种器械和物体设置山、水、沟、洞等，运动员采取相应运动越过去，山要攀登，水要划行，沟要跳跃，洞要匍匐前进，看谁跋山涉水快。此游戏可分成两组计时比赛。要求协调灵活，可以及时改变动作。

（12）传球触人，即队员分散站在篮球场内。两个引导人利用传球不断移动，追逐场上队员并以球触及场内闪躲逃跑的队员，凡被球触及者参加传球，直到场上队员全部被触及为止。要求传球者不得运球或走步违例，闪逃者不准踩线或跑出界外。

（13）追逐拍、救人，即队员分散站在场内，指定4名引导人为追逐者，其他队员闪躲逃跑。当有人被追到时，需马上原地站立。两手侧平举。此时，同伴者可去拍肩救他，使之复活逃脱。由于在救人时可能被追拍，因此，该游戏可以培养自我牺牲的精神。要求判断准确，闪躲敏捷，救人机智。

（14）"活动篮圈"，即队员分两组,每组设活动篮圈一个（两人双手伸直，互相握手）。教练抛球，两组跳球开始比赛，设法将球投入对方的活动篮圈中去，比哪组投中次数多。要求按篮球规则进行比赛，活动篮圈可以跑动，但不能缩小，防守队员可以在篮圈附近防守。

（15）"火中取栗"，即运动员分成两个小组，一个小组的人手挽手面向外围成一个圈子，以保护圈子中的几只球，另一个小组的人则设法钻进去把球取出来。要求动作灵巧，合理对抗。

四、发展灵敏素质的注意事项

（一）练习方法、手段应多样化并经常改变

有肌体灵敏素质的发展同运动器官机能与各种分析器的改善存在紧密的联系。一旦人体能够对某一个动作机能达到自动化的熟练程度的时候，那么在对灵敏素质进行发展的过程中应用这一动作就没有多大的意义了。因而，对有肌体灵敏素质进行发展时可以对各种各样的练习方法进行使用，同时要不断地进行改变。这样的话不但能够促进运动员对多种多样的运动技能进行掌握，而且还能够对人体内各种分析器的功能进行提高，这样能够在运动中使人展现出准确定向和定时的能力。

（二）对本专项一定数量的基本动作进行掌握

从本质上来讲，运动技能是一种条件反射，如果这种建立在大脑皮层中的条件反应存在数量较多的暂时联系，那么在临场状态下就能够更加准确地、快速地对动作进行及时的变换。在对运动技能已经掌握的前提下，能够促进全新应答性动作的快速形成，以便于对突如其来的情况做出应对。

（三）将灵敏素质发展的最佳时期把握住

灵敏素质是各种能力在中枢神经系统的指挥下的综合性展现。人体发育最快、最早的系统是少年儿童的神经系统，在这一时期，他们有着发展潜力较好的动作速度、反应能力、节奏感与平衡能力等多个方面的能力，上述这些都为灵敏素质的发展创造了便利的条件。所以，应该在这一阶段抓紧时间开展灵敏素质训练。

（四）对训练时间合理地安排

在训练的整个过程中，应该对灵敏素质训练进行合理地安排，同时使整个训练过程系统化地发展。然而，需要注意的是不应该安排太长的灵敏素质训练，同时也不应该安排太多的重复练习次数。当有肌体处于疲劳状态的时候开展灵敏素质练习是不太适宜的。一些经验丰富的教练员通常会按照训练过程的不同特征来对灵敏素质的相关训练进行安排。例如，伴随比赛时间的不断靠近，会增加技术训练的比重，同时还应该要相应地加强协调能力的训练；当处于准备期的时候，主要进行一般的灵敏素质训练，当处于比赛期的时候，主要开展专项灵敏性训练。同时还需要注意的是，应该将灵敏素质训练尽量安排在一次训练课中的前半部分。

（五）灵敏素质的练习中应该安排足够的间歇时间

在灵敏素质练习中，如果能够安排足够的间歇时间，就能够对氧债的偿还与肌肉中 ATP 能量物质的合成做出保证。然而，这个灵敏素质练习中间歇的休息时间不能够太长，这主要是因为有肌体中枢神经系统所具有的兴奋性会因为休息时间过长而呈现出大幅度的下降趋势，如果出现这样的情况，那么在开展下一次练习时，中枢神经系统对运动器官的指挥能力就会有所减弱，进而导致动作的速度减慢、动作的反应迟钝、动作的协调性下降，这样一定会对灵敏素质的练习效果产生一定的影响。通常来讲，灵敏素质的练习时间与休息时间的比例应该控制在 1∶3。

第五节 柔韧素质训练方法

一、柔韧素质练习的方法和手段

对柔韧素质进行发展的主要目的在于对跨骨关节的肌腱、韧带和肌肉等多个软组织的伸展性进行提高。有肌体胯骨关节之所以能够提高自身伸展能力，是因为力存在的拉力作用。通常柔韧素质的练习会有两种方法，也就是主动的静力拉伸法或者被动的静力拉伸法和主动的动力拉伸法或者被动的动力拉伸法。这两种柔韧素质练习方法的特点是，两者都是在拉伸力的作用下，对同一动作多次重复或者逐渐有节奏地对动作幅度加大，这样能够使软组织持续地或者逐渐地遭受被拉长的刺激。

（一）开展柔韧素质练习的主要方法

1.主动的静力拉伸法或被动的静力拉伸法

把韧带、肌肉和肌腱等缓慢地拉伸到一定位置，这个位置会有胀、酸、痛的感觉出现，并且可以稍微超过这个位置，之后在这个位置停留一段时间的练习方法，称为主动或被动的静力拉伸法。这种方法可以使超过关节伸展能力的危险性进行减少或者消除，对可能出现的拉伤进行避免，同时还不会使牵张反射受到激发。通常在感觉胀、酸、痛的位置要求停留时间保持在 6 ~ 8 秒，且重复的次数应该保持在 6 ~ 8 次。

2.主动的动力性拉伸法或被动的动力性拉伸法

对一个动作多次速度较快地、有节奏地、逐渐加大幅度地进行重复，这一种柔韧素质的练习方法通常叫作主动或被动的动力性拉伸方法。在运用该方法时，用力不能过猛，幅度一定要由小到大，对拉伤的情况进行避免。对于每一次练习而言，其重复次数应该控制在 5 ~ 10 次，值得注意的是这个重复次数是能够按照专项技术的需要而不断增加的。我们这里所说的主动的动力性拉伸法只能是依靠自己的力量去进行拉伸，而被动的动力性拉伸方法主要是需要对外力进行借助的拉伸，通常会使用同伴帮忙或者自身负重的方式，然而，有一点是需要特别注意的，那就是运动员被拉伸的部分，其伸展能力应当同外力互相适应。

上述的这些方法在运用的过程中，可以是单独使用，也可以是混合使用，通常在对练习时间进行确定时需要按照实际需要的情况来进行。

（二）对柔韧素质进行发展可以使用的手段

1.在器械上开展柔韧素质练习

在器械上开展柔韧素质练习的过程中，可以利用的器械有很多，例如，平衡木、把杆、肋木、跳马、吊环和单杠，等等。

2.对轻器械进行利用开展柔韧素质练习

对轻器械进行利用开展柔韧素质练习的过程中，能够利用到的轻器械有很多，例如，绳子、橡皮筋和木棍，等等。

3.对外部阻力进行利用开展柔韧素质练习

我们这里所说的对外部阻力进行利用开展柔韧素质练习，主要指的是自身负重或者借助同伴的力量，等等。

4.对自身力量或者自身体重进行利用开展柔韧素质练习

在做压腿动作时，运动员要将双手用力地压，并且使上体向前振，或者是在单杠上或者吊环上做出悬垂动作，等等。

5.在对各关节的柔韧素质进行发展时可能会使用的动作

在对各关节的柔韧素质进行发展的过程中，可能会使用到的动作有很多，例如，摆、劈、压、搬、踢、吊、转、前屈、绕环、后仰，等等。

（三）对各关节柔韧性进行发展时比较常用的练习方法

1.对肩关节柔韧性进行发展的方法

肩关节是一种球窝关节，主要是由肩胛骨的关节盂与半球形的肱骨头构建而成，因此，肩关节是所有关节中灵活度最好，存在最大活动幅度的关节。对肩关节柔韧性进行发展的练习方法有多种方式，例如，主动的拉肩、压肩、转肩、吊肩或者被动的拉肩、压肩、转肩、吊肩，等等，练习主要包括了背对肋木上握双手向前的拉肩、手扶肋木的肢体前倾的压肩、在吊环或者单杠上做出各种各样握法的悬垂、对木棍或者绳子加以利用进行转肩等。

2.对肘关节柔韧性进行发展的方法

肘关节通常由三个部分构成，分别是肱桡关节、肱尺关节和桡尺关节。除此之外，还需要外侧副韧带、内侧副韧带、桡骨环状韧带等对其进行加固处理。在运动过程中，肘关节会做出较多的屈伸动作，因此，在开展屈肌力量发展的相关练习过程中，应该还要加入屈肌的伸展性练习作为辅助。通常使用别的练习方式有旋外、旋内、绕环、压肘，等等。

3.对腕关节柔韧性进行发展的方法

腕关节主要由两个部分构成，分别是桡腕关节与腕间关节，前者促使手部做出屈伸、内收外展的动作，而后者主要使手部做出旋转的动作。体操运动员一般在对自身背屈能力进行发展的过程中主要应用倒立爬行、俯卧撑推手等多种方式进行练习。排球、篮球、手球、网球、乒乓球等运动项目对运动员的手腕灵活性存在较高的要求，因而，他们不仅仅需要对手腕屈伸、内收外展的能力进行发展，还需要对手腕旋转的能力进行发展，在这一过程中比较常用的方式就是对各种各样的基本技术与基本动作充分利用。在田径运动项目中，除了投掷、举重等项目外，不会对腕关节的柔韧性提出过多的要求。

4. 发展膝关节和髋关节柔韧性的方法

（1）膝关节柔韧性进行发展的方法

膝关节有三个主要的构成部分，分别是胫骨近端与髌骨后的关节面、股骨远端、半月板，同时还需要交叉韧带、内侧副韧带、外侧副韧带、髌骨韧带等进行加固。对膝关节的伸膝能力进行发展，归根结底就是对有肌体腿部后群的肌肉伸展性进行发展，而我们这里所说的腿部后群肌肉主要包括半膜肌、半腱肌、股二头肌、胫骨后肌、小腿三头肌。而对膝关节屈膝的能力进行发展，归根结底就是对腿部前群肌肉的伸展性进行发展，我们这里所说的腿部前群肌肉主要包括缝匠肌、股四头肌、拇长伸肌、胫骨前肌。

（2）髋关节柔韧性进行发展的方法

髋关节主要有两个构成部分，分别是球形的股骨头和髋骨的髋臼。因为髋臼是相对较深的，同时股骨头的紧屈需要与关节盂的加大相适应，我们这里所说的关节盂主要是软骨形成的，尽管它属于球窝关节，但是在运动幅度上仍旧会受到一定的限制。髋关节通常需要利用股圆韧带与髌骨韧带来进行加固处理，如果想要对髋关节的柔韧性进行发展，那么就需要对前、后、左、右的开髋能力进行发展。

5. 对踝关节柔韧性进行发展的方法

踝关节通常由四个主要部分构成，分别是胫骨下关节面、距骨上关节面、腓骨外踝关节面、胫骨内踝关节面。有肌体踝关节的韧带，前后部分相对薄弱，而两侧的外侧副韧带与内侧副韧带则相对强一些。对踝关节柔韧性进行发展，归根到底是对踝部关节内翻、外翻、背伸、背屈等能力进行发展。通常来讲，体操运动员主要是对自身足背的绷脚面能力进行发展，因而需要开展各种各样足背伸的相关练习；足球运动员主要是对自身踝部关节外翻或者外翻的能力进行发展；而举重运动员则是主要对自身踝部关节的背屈能力进行发展。

6. 对脊柱柔韧性进行发展的方法

脊柱通常是由 26 块椎骨组成的，依靠椎间盘将椎骨与椎骨连接在一起，其中拥有椎间盘的椎体有 23 块，因为椎间盘弹性的存在，促使椎骨与椎骨之间能够进行少量的转动。当椎骨被肌肉牵动的时候，脊柱较大运动幅度的产生主要是由于每一个椎骨少量转动综合在一起的结果。所以，脊柱能够做出向左侧屈、向右侧屈、前屈、后倾、转动等动作。脊柱的柔韧主要由胸椎柔韧、颈椎柔韧、腰椎柔韧等构建而成。

（1）在对颈椎柔韧性进行发展的过程中，常用的练习方式有头部左右侧屈、头前后屈、头部左右转动及绕环等。

（2）发展胸椎和腰椎柔韧性，主要采用下腰、甩腰、体前屈等练习方法进行练习。

五、发展柔韧素质的练习方法

在对柔韧素质进行发展的过程中，应当按照各个项目的独有特点出发充分考虑，进而有选择地、有目的地开展。

（一）对手指手腕柔韧性进行发展的练习

（1）反复地练习握拳伸展的动作。

（2）将两只手的五个指头相互接触，同时互相用力内压，使指根和手掌背向之间能够呈现出直角角度或者小于直角角度的练习。

（3）将两只手的五个指头进行交叉，伸直手臂在头部上方翻转手腕，同时掌心向上。

（4）使手腕做出伸屈、绕环的动作。

（5）做垫高手指的俯卧撑练习。

（6）用手握住杠铃，并放置在胸前，利用手指将杠铃杆托住。

（7）使用左手的掌心向右手四指按压，同时进行连续推压。

（8）运动员对着墙面站立，对手指推撑动作反复练习。

（9）使用左手手指和右手手指相互交替地对下落的小铅球或者棒球进行抓握。

（10）运动员依靠墙面进行双手倒立。

（二）对肩关节柔韧性进行发展的练习

1.压肩

（1）对具有一定高度的物体进行手扶，身体向前弯曲做压肩动作。

（2）两个运动员一起进行练习，彼此扶住对方的肩部，保持直臂身体前倾的动作，同时压肩。

（3）运动员面对墙面保持与墙之间一脚的距离站立。手、大小臂、胸与墙面接触，做出压肩动作，同时不断将运动员脚部与墙面之间的距离加大。

（4）两名运动员互相用手部搭上对方的肩部，保持身体前屈状态，同时做有节奏的压肩动作。

2. 拉肩

（1）两名运动员相互背靠背站立，同时将双头在头部上方拉住，做出弓箭步向前拉伸。

（2）一名运动员保持站立，在头部上面将手握住，另外一名运动员利用一只手将该名运动员的手进行握住，另外一只手顶住他的背，并向后拉伸。

（3）一名运动员保持俯卧状态，同时在头部上方将双手握住上举或者双手握住辅助的木棍，另外一名运动员坐在该名运动员身上，用一只手拉住木棍，同时用另外一只手顶住他的背部帮助他用力拉木棍。

（4）运动员背对着肋木坐下，在头部上方用双手握住肋木，将脚部作为支点，挺起胸部和腹部，向前拉起呈现反弓姿态。

（5）运动员背向着肋木站立，用双手将肋木反握住，采用下蹲的姿态进行拉肩。

（6）运动员背向着肋木保持屈膝姿势站在肋木上，在头部上方用双手握住肋木，然后将双腿向前蹬直，用力前挺胸腹，同时拉肩。

（7）运动员侧向肋木，用一只手进行上握，用另外一只手下 握肋木向侧拉。

（8）一名运动员身体体前屈坐垫下，后举双手，另外一名运动员将其两手握住向前上推帮助用力拉。

3. 吊肩

（1）利用正、反、反正、翻等多种握法进行悬垂摆动。

（2）运动员利用单杠负重保持静力悬垂。

（3）运动员利用单杠杠悬垂或者加转体。

（4）后吊：运动员利用单杠悬垂，从两手间穿过两腿下翻成后吊。

4. 转肩

运动员用双手握住绳、木棍或橡皮筋保持直臂向前或者向后的转肩，同时不断缩小握住的距离。

（三）对腰腹部柔韧性进行发展练习

（1）运动员做出弓箭步转动腰做压腿。

（2）运动员两脚前后错开站立，来回转腰，也就是腰部向左后转，向右后转。

（3）运动员保持身体前屈，用手握住脚踝，将头部、胸部、腹部与腿部尽量相贴。

（4）运动员在一定高度上站立做身体前屈动作，用手与地面接触。

（5）运动员双腿分开站立，身体前屈，从腿中间将双手向后伸。

（6）一名运动员分腿坐下，脚高位体前屈，另外一名运动员压其背部适当用力帮助下压。

（7）后桥练习，运动员需要将手与脚之间的距离逐渐缩小。

（8）运动员将腰部向后甩的练习。

（9）运动员做俯卧撑同时将后腿交替上举，尽量将上体后抬成反弓形。

（10）两名运动员背靠背站立，在头部上方双手握住或者互相挽住手臂、互相背对方。

（11）运动员肩肘倒立下落保持屈体肩肘撑的姿势。

（四）对胸部柔韧性进行发展的练习

（1）运动员保持俯卧姿势背部屈伸。同时保持腿部姿势，积极做出抬上体、挺胸的动作。

（2）虎伸腰。运动员保持跪立姿势，于地下前放手臂，向下压胸部。动作要求是主动伸臂，挺胸下压。

（3）运动员面对墙面站立，上举两臂扶住墙面，抬头挺胸压胸。动作要求是：运动员胸部要尽量贴墙，由小到大增大幅度。

（4）运动员并腿坐在垫子上，上举双臂，另外一名运动员在其背后在向后拉其双手的同时，用脚蹬其肩背部，向后拉肩振胸。

（五）运动员下肢的柔软性发展练习

（1）前后劈腿。

（2）左右劈腿。

想要提高韧带、肌肉等软组织的伸展性，并不是一朝一夕就能够实现的，因此，运动员应该将要求逐渐地提高，坚持循序渐进的原则，不能盲目追求结果。按照如果柔韧练习停止一个时期，那么已经取得的柔韧效果会出现减退的特征，需要在开展柔韧性练习的过程中，做到经常化、系统化。尤其是由于损伤而导致运动员某一部位的练习停止之后，那么这个部位之前所取得的柔韧效果就会出现消退的现象，那么也就相对地延长了恢复期。所以，一旦某一个部位出现损伤，那么应该在其他部位坚持练习，不然的话，就可能会因为练习的停止而导致已有的柔韧性减退。

（六）对踝关节和足背部柔韧性发展的练习

（1）运动员将与腰部同高的肋木用手扶住，最下边的肋木杠上用前脚掌站立，在自身重力作用下向下压动，当踝关节出现最大弯曲角度的时候，要做出片刻停留，这样能够对肌肉和韧带进行拉长。

（2）运动员跪在垫子上，对体重利用前后移动压足背，还可以用足尖部垫高，悬空足背做下压动作，使练习难度得到增加。

（3）对脚掌着地的各种各样跳绳练习进行开展。

（4）做各种方向、各种速度的、前脚掌着地的行走练习。

第六章 走、跑类项目的教学与训练

第一节 走、跑类项目技术教学

一、走、跑项目技术教学重点与难点

正确分析各运动技术教学重点与难点，是提高教学效果，保证教学质量的前提；是合理安排教学进度、选择有效的教学方法和有针对性的练习手段的重要依据；也是在规定的教学时数内，较好地完成教学任务不可缺少的条件。

重点：教学重点就是指学生在做完整技术动作时，对完整技术效果产生很大影响的关键技术环节。

难点：教学难点就是学生在学习完整技术动作过程中，比较难学习和掌握的技术动作部分或技术环节。

（一）竞走技术教学重点与难点

技术重点：竞走技术教学重点是骨盆围绕垂直轴的转动和围绕前后轴的转动。

竞走的技术特点是骨盆的明显转动，围绕垂直轴的转动能够增加步长，有利于身体重心向前移动，围绕前后轴的转动有利于支撑腿的伸直，有利于摆动腿的快速前摆，因此，骨盆围绕垂直轴的转动和围绕前后轴的转动技术是竞走的教学重点。

技术难点：竞走技术教学难点是前腿着地到垂直部位技术。

根据"竞走定义"要求，竞走技术做到前腿着地到垂直部位膝关节必须伸直这一技术动作，是竞走技术的难点，由前腿"扒地式"全脚着地技术必须改为"滚动式"足跟着地技术，必须做到前腿着地瞬间有42毫秒以上

膝关节伸直，使人的肉眼才能看到，脚触地瞬间膝关节伸直的动作形象，成为最佳的前腿在垂直部位的时间与空间特征。

（二）短跑技术教学重点与难点

技术重点：短距离跑技术教学重点是途中跑技术。

短跑技术在教学中，要充分利用每个人所具备的自然跑的能力，始终强调自然、放松和富有弹性的大步幅跑的技术，使跑的技术更加符合运动生物力学和解剖学的原理，表现出更明显的经济性和实效性。

技术难点：短距离跑技术教学难点是蹬摆结合技术。

在新的短跑技术观念上更突出摆动技术的重要性，教学中应抓好高步频、大幅度、自然平衡、重心上下起伏小，上下肢动作配合协调，有明显节奏感，"以摆促蹬，摆蹬结合"，在高速跑中掌握自然放松跑进技术。

（三）中长跑的技术教学重点与难点

技术重点：中长跑技术教学重点是途中跑技术。

中长跑是中距离跑和长距离跑的合称。中跑属于极限下强度的项目，运动员必须具备用高速度跑完全程的能力。中跑运动员的速度水平要求很高，速度好，速度储备就有余地。速度储备是影响专项耐力的重要因素。长跑属于大强度的运动项目。长跑的有氧代谢占绝对优势，长跑运动员必须具备很强的心血管系统和呼吸系统的机能。

技术难点：中长跑技术教学难点是后蹬与前摆技术。

提高跑的经济性，减少能量的消耗，要掌握正确的技术，后蹬与前摆协调配合，技术上要轻松自如，重心平稳，节奏轻快，讲究动作实效。

（四）跨栏跑技术教学重点与难点

技术重点：跨栏跑技术教学重点是跨栏步技术。

当今跨栏跑技术发展趋势是快速、实用、简化技术特征。教学重点应突出现代跨栏跑意识，注重跑速和跨栏跑的正确节奏，强调教学的整体性和系统性。

技术难点：跨栏跑技术教学难点是"跑跨"和"跨跑"结合技术。

"跑跨"和"跨跑"衔接技术较难掌握，如果衔接不连贯，会出现动作停顿现象。这样也使栏间跑技术受到影响，对完成全程跨栏技术比较困难，要以跑的概念去完成全程栏技术。

二、走、跑项目的技术要点

（一）竞走技术要点

（1）应依据"竞走"定义完善技术动作结构，充分利用肉眼观察不到的腾空时间来增大步长或加快步频。

（2）应充分利用着地前直腿勾脚尖、足踵着地的准备动作，采用足踵"滚动式"着地，尽量减小着地时制动作用，充分利用直腿足踵着地来增加步长。

（3）竞走技术的空间特征是人眼不可见腾空和人眼可见前脚着地至垂直部位膝关节伸直的动作形象，保证肉眼观察清楚。

（4）竞走技术动作都应在符合竞走定义的条件下增大步长和加快步频，或在稳定步长的前提条件下加快步频，或在稳定步频的前提条件下加大步长。在步长与步频相对稳定的前提条件下，提高稳定步长步频的持续时间的耐久性。

（二）短跑技术要点（途中跑技术）

（1）头与躯干动作：两眼平视、颈肩放松，上体稍前倾或正直。手腕放松两臂弯曲，上、前臂约90°，以肩关节为轴前后平行有力摆动。摆臂动作要与腿部动作相适应，向前摆的动作要快，幅度要大，不同程度地带动肩部沿脊柱做前后扭转。

（2）摆腿动作：随着跑动惯性，摆动腿以髋关节发力带动同侧腿放松折叠，快速向前摆动。这是当代短跑技术的主要特点。大腿抬的高度应与上体倾斜线接近垂直。摆动大腿积极下压，足前掌积极扒地，脚掌迅速有力地落在身体重心投影点前适当位置。着地瞬间，小腿与地面垂直，膝关节稍弯曲，足踵距地面有一定高度，脚着地后，膝、踝关节继续弯曲，足踵下沉，有利于身体重心迅速前移和进入后蹬动作。

（3）后蹬动作：后蹬是获得前移的主要动力，蹬地动作由伸展髋、膝、踝三个关节组成，蹬地动作包括蹬伸速度，蹬伸程度和蹬伸方向。在短跑中蹬伸速度最为重要，是当代短跑技术的主要特点，并充分发挥踝关节最后蹬地力量。

（4）跑时动作：要轻快、蹬摆配合协调，强调向前摆臂、摆腿的速度，要求放松、大步幅、高频率、动作向前效果好（长步7～8脚，步频每秒4.5步以上）。

（三）中长跑技术要点

（1）下肢动作：后蹬，当重心移过支撑点垂直面后，积极向前送髋，快速伸蹬髋、膝、踝关节。摆腿：后蹬结束后进入摆动阶段，摆动腿以大腿用力向前上方摆出，膝部放松，大小腿自然折叠着地。摆动腿摆到一定高度，大腿积极下压，小腿自然摆动，用前脚掌（有时也用全脚）着地。着地点约在重心垂线前一脚左右，着地后，膝、踝关节稍弯曲，快速转入后蹬阶段。

（2）臂的动作：上、前臂屈约成直角，两手半握拳，肩部放松，以肩为轴前后摆动，前摆稍向内但不超过胸部中线，手不高于下颌。后摆稍向外，臂摆至最低点时，上、前臂夹角稍大于直角。

（3）上体姿势：上体自然正直或稍前倾。头部与躯干成一直线。颈部自然放松，两眼平视。

（4）弯道跑：整个身体自然向里倾斜，左膝及左脚稍向外转，右膝及右脚稍向里转，摆臂时左臂摆幅较小而偏后，右臂摆幅较大而偏前。

（5）呼吸：配合腿部动作，用口鼻同时呼吸，并保持呼吸节奏。

（6）整个动作节奏：整个动作协调配合，跑程中在保持适当步长的前提下用较快的频率跑。

（四）跨栏跑技术要点（110米栏技术）

1.起跑至第一栏技术

（1）起跑至第一栏的技术基本同短跑技术，但起跑后疾跑段身体与地面之夹角比短跑稍大。加速跑身体重心位置较高。

（2）起跑至第一栏一般采用8步跑，在合适的步长下达到最大步频，迅速发挥速度。

（3）起跑后各步步长均有增长，唯有栏前最后一步，靠加快两腿剪绞和起跨腿的积极着地而缩短步长，准备加快起跨。

（4）当起跑的步长得到稳定后，缩短各步支撑时间，加快步频，是提高跑速的关键。

2.跨栏步技术

上栏：

（1）起跨则最后一步比前一步小10～20厘米，起跨点2.00～2.20米。

（2）起跨腿脚前掌积极迅速着地。

（3）摆动腿大小腿充分折叠，足跟靠近臀部，以髋为轴，膝领先，积极向前，有适宜的蹬地角。

（4）起跨结束瞬间，髋、膝、踝三关节充分伸展，与躯干、头基本上成一直线。起跨腿与地面形成较小的锐角，有积极的攻栏意识。起跨腿离地后，摆动腿前摆，摆动腿异侧臂带肩前伸，使肘超过膝，并与摆动腿基本平行，另一臂积极向后摆动，身体前倾，目视前方。

下栏：

（1）身体保持前倾，摆动腿积极下压，起跨腿大小腿折叠后收。以膝领先向前迅速提拉。两腿做快速前绞，尽可能缩短腾空时间，同时两臂要做积极配合，摆动腿异侧臂与起跨腿做相向运动，肘膝靠近，当臂摆过肩轴时，提肘内收，摆动腿同侧臂在体侧屈肘后提，维持身体平衡。

（2）摆动腿积极着地，着地点接近身体重心投影点或稍前处。下栏点1.5米左右，上体保持前倾，下栏时保持较高的支撑姿势，起跨腿提拉到身体正前方，带动重心迅速前移。

3.栏间跑技术

（1）下栏后重心迅速前移，积极跑出第一步，第一步要适宜。

（2）栏间跑重心高，频率快，用前脚掌积极着地，富有弹性。

（3）栏间跑时，两臂快速有力地前后摆动，上体微前倾，两眼平视，注意直线性。

三、走、跑项目主要技术教学手段

（一）竞走技术教学手段

1.建立竞走技术概念

（1）讲解竞走技术特点。

（2）看教师做竞走技术示范，观看竞走技术连续动作图片或录像。

2.学习竞走时髋绕前后轴转动

（1）自然站立，将身体重心轮流由一腿移至另一腿，两臂不动。

（2）自然站立，将身体重心移至一腿，另一腿脚掌离地，离地腿同侧髋下沉、上提，交替重复。

3.学习竞走时髋绕垂直轴转动

（1）自然站立，将身体重心移至一腿时，另一腿协同侧髋向前方屈膝、提踵前摆。

（2）强调两髋绕垂直轴转动的大步走。

（3）沿直线走，髋绕垂直轴稍转动后再向前提腿迈步。

4.学习竞走时腿的正确动作

（1）慢速直腿着地走，直腿从着地瞬间保持到垂直瞬间。

（2）快速直腿着地走，直腿从着地保持到垂直部位。

5.学习竞走两臂和肩的正确动作

（1）原地摆臂模仿练习。

（2）两臂放在背后肩转动的竞走。

（3）两臂和肩积极配合的竞走。

6.学习完整竞走技术

（1）慢、中、快各种速度的竞走。

（2）在弯道上、坡道上（上坡、下坡）和公路上竞走。

（二）短跑技术教学手段

1.使学生了解短跑技术和知识

（1）讲解短跑项目的技术特点、裁判法、规则和发展概况。

（2）技术示范。做60米的短跑完整技术示范。

（3）观看优秀运动员技术图片、电影、录像等，使学生了解短跑的基本技术。

2.学习直道途中跑技术

（1）学习摆臂技术。原地成弓步做前后摆臂练习。练习时讲清摆臂的动作要领：以肩为轴，前后自然摆动，臂前摆时肘关节角逐渐减小，臂后摆时肘关节角逐渐加大，两手成半握拳或自然伸直手掌姿势，摆动有力。

（2）学习用脚前掌着地的富有弹性的慢跑。要求用脚前掌着地，做脚跟离地较高、富有弹性的慢跑，以后逐渐加大大腿摆动幅度并要求大小腿折叠前摆。

（3）学习中等速度的反复跑60～100米。要求跑速中等，跑的动作放松、协调、步幅开阔。同时，强调动作的大幅度和大小腿折叠技术，使足跟直接靠拢臀部。

（4）两人并列，中速反复跑，60～100米。体会摆臂和摆动腿着地前的技术要领。要求以肩为轴，前后摆臂。着地腿技术动作富有弹性，切忌前抛小腿的错误动作。

（5）学习大步幅的反复跑60～100米。体会摆动腿前摆充分带髋前送技术。要求摆腿与摆臂协调配合。

（6）学习从慢到快跑，以均匀加速的技术跑60～80米。体会完整的途中跑技术。要求速度逐渐加快，大步幅富有弹性的快跑。强调蹬地和摆动结合，上下肢协调配合。

（7）学习变换节奏的加速跑80～100米。如，加速跑30米、最大速度跑30米、自然放松惯性跑20米。强调变换节奏跑时衔接要连贯。

（8）学习行进间跑。要求跑的动作完整和放松。

3. 学习蹲踞式起跑和起跑后加速跑技术

（1）学习安装起跑器方法。让学生按普通式起跑器安装进行练习。

（2）学习"各就位""预备"技术。体会起跑动作的要领。学生成组进行练习。

（3）学习起跑和起跑后加速跑的技术。

① 模仿蹬离起跑器技术练习。要求两腿前后站立，然后屈膝并前倾上体，两臂自然下垂，按"跑"的口令，迅速完成蹬摆动作，并强调以身体前倾姿势跑出。

② 按"跑"的口令，从起跑器上蹬离，跑出20～40米。

（4）学习起跑、起跑后加速跑接途中跑技术。

按口令起跑出发后，快跑50～60米。体会在加速跑后自然跑1～2步进入途中跑。

（5）学习弯道起跑器安装技术和学习弯道起跑、起跑后加速跑技术。

① 让学生根据弯道起跑器安装方法进行练习。

② 按"跑"的口令要求，完成弯道起跑和起跑后加速跑练习。

4. 学习终点跑技术

（1）学习终点撞线技术。

① 在慢跑中做上体前倾动作，做用胸部或肩部撞线的练习。

② 用中等速度跑做胸部或肩撞线练习。完成撞线动作后不要立即停步，要求顺势向前跑过几步。

③ 双人或成组练习撞线技术。

（2）学习终点跑技术。

① 快速跑 40 ~ 50 米，直接跑过终点，不做撞线动作要求跑至离终点 20 米处尽量增大身体前倾程度，并加快摆臂，迅速跑过终点。

② 快速跑 40 ~ 50 米，在离终点线前 1 米左右做用胸部或肩撞线动作，迅速跑过终点。

5. 学习弯道跑技术

（1）沿一个半径 10 ~ 15 米的圆圈跑。依次按慢跑、中速跑、快跑的要求，体会随跑速的增加身体内倾程度的变化。

（2）学习进弯道跑技术。先在直道上跑 15 ~ 20 米，接着跑进弯道 30 ~ 40 米。要求在进入弯道前 2 ~ 3 步，应有意识地加大右腿和右臂的力量和摆动幅度。

（3）学习出弯道跑技术。

① 在弯道上跑 30 ~ 40 米，接着跑进直道。在跑出弯道前 2 ~ 3 步，身体应有意识地直起，体会顺惯性自然跑出弯道。

② 在弯道上跑 60 ~ 80 米，接着跑进直道。

（4）学习全弯道跑技术。让学生进行 120 ~ 150 米的全弯道跑，体会上弯道、弯道和下弯道跑的衔接技术。

6. 改进和提高全程跑技术

（1）用 60 米全程跑，让学生反复完成直道全程跑的各部分技术。要求全程跑各部分技术的衔接连贯、自然。

（2）改进 100 米和 200 米全程跑技术。

（3）进行技术评定和达标测验。

（三）中长跑技术教学手段

1. 学习直道途中跑技术

（1）80 ~ 100 米的慢速跑。

（2）80 ~ 100 米的加速跑。

（3）60 米加速跑—20 米的惯性跑—60 米的加速跑—20 米的惯性跑。

（4）变速跑（或走跑交替）。100 米中速跑（直道）+100 米慢跑或走（在弯道上）。

2.学习弯道途中跑技术

（1）沿半径 10 ~ 15 米的圆圈跑。

（2）在弯道上进行 80 ~ 100 米的加速跑。

（3）由直道进入弯道跑，在直道上跑 20 米，接着跑入弯道。

（4）由弯道进入直道跑，在弯道上跑 20 米，接着跑入直道。

（5）变速跑（或走跑交替）。120 米中速跑（弯道）+80 米慢跑或走（在直道）。

3.学习起跑和起跑后的加速跑

（1）学习站立式或半蹲式起跑。

（2）原地站立，身体前倾。顺势跑出，保持前倾姿势，加速跑 20 ~ 30 米；个人在直道或弯道上起跑，跑 60 ~ 80 米。

（3）集体在直道或弯道上起跑，跑 60 ~ 80 米。

4.掌握中长跑的完整技术

（1）根据学生掌握中长跑技术的情况，反复进行以上教学内容的练习，使学生掌握正确的技术。

（2）认真纠正学生的错误动作。

（3）进行 200 ~ 600 米的反复跑，最后 50 ~ 150 米进行加速，开始冲刺，到终点做撞线动作。

（4）变速跑。200 ~ 300 米的中速跑 +100 米的慢跑。

5.提高中长跑技术

（1）按学生水平分组，进行 600 米（女生）和 1200 米（男生）的速跑，在最后 100 ~ 200 米开始加速，全速跑过终点。

（2）按个人速度分配计划跑。男生 1200 ~ 1500 米，女生 600 ~ 800 米。

（3）进行技评和测验。男生 1500 米，女生 800 米。

（四）跨栏跑技术教学手段

1.建立跨栏跑正确的技术概念

（1）观看高水平跨栏跑比赛的电影和录像，讲解现代跨栏跑的整体技术特点。

（2）通过教师的示范和讲解，使学生进一步了解现代跨栏跑技术的实质，并形成正确的动作表象。

（3）采用启发式或开放式教学，引导学生积极思考和讨论，使学生在头脑中建立起正确、清晰、牢固的跨栏跑技术概念。

2. 学习跨栏跑的正确节奏

（1）60～80米距离高重心大步快速跑。

（2）6～8个跨栏板的节奏练习，两栏板间距离为8～8.3米，强调摆动腿跨栏板时屈膝高抬。

（3）6～8个跨低栏架或放倒栏架，距离为8～8.3米。

（4）8～10个跨低栏架练习，栏高76.2厘米，栏间距8～8.3米。强调摆动腿高抬动作和起跨腿折叠外翻提拉动作。

（5）全程栏节奏练习，栏架较低（40～69厘米，或后几栏放栏板），栏间距8～8.3米，体会全程栏节奏，提高学习自信心。

3. 改进跨栏步技术

（1）原地或走或慢跑中做摆动腿模仿练习。

（2）走或慢跑中做摆动腿屈膝高抬攻栏和"鞭打"着地动作。

（3）慢跑或高抬腿跑中做起跨腿从栏侧过栏动作的练习。

（4）慢跑或高抬腿跑中做栏侧或栏中过栏练习。

（5）各种跨栏跑的专门性练习或辅助性练习。

4. 改进跑跨和跨跑相结合技术

（1）站立式起跑7～8步过第1栏（栏高76.2～91.4厘米）+15米快跑。

（2）站立式起跑过3～5个栏+15米快跑。

（3）跨不同栏高、栏距的练习。栏高要求：前几栏较高（84～91.4厘米），后几栏较低（76.2～84厘米）。

（4）下坡跑跨栏练习（6～7个栏架）。

（5）增减栏高、栏距练习，前几栏较低（76.2～84厘米），中间几栏升高（84～91.4厘米），后几栏降低（76.2～84厘米）。栏距也采用相同方式增减距离。

5. 学习和掌握蹲踞式起跑过栏技术

（1）站立式和蹲踞式起跑过第1栏+15米快跑。

（2）蹲踞式起跑过1、2、3或4个架栏。

（3）听信号成组起跑过第1栏+15米快跑。

（4）听信号成组起跑过 3 ~ 5 个栏。

6.改进和提高跨栏跑完整技术

（1）蹲踞式起跑 5 ~ 8 栏 +10 ~ 15 米。用稍稍缩短的栏间距离进行练习，栏高亦可适当降低。

（2）不同栏高、栏距的组合练习，如前 3 栏较高，中间 2 栏较低，后 2 ~ 3 栏较高；或前 2 栏较低，中间 3 栏较高，后 2 ~ 3 栏较低。栏距亦可做相应调整。

（3）下坡跨栏练习（8 ~ 12 栏）。

（4）跨低栏架节奏跑练习栏栏高 76.2 厘米以下，栏间距离 8.3 ~ 8.5 米。

（5）全程栏或超全程栏练习。

第二节 走、跑项目的训练

一、走、跑项目不同年龄段的训练特点与要求

（一）竞走项目不同年龄段训练特点与要求

1.基础训练阶段（13 ~ 15 岁）

（1）训练要求

① 以全面身体训练为主，结合专项进行训练。

② 突出以有氧代谢为主的训练，重视发展柔韧性、协调性、灵活性、小肌肉群的力量，注重动作的速率。素质训练力求方法多样，注重实效性。

③ 建立正确的竞走技术概念，逐步掌握完整的竞走技术。

（2）训练特点

① 训练时间。每周训练 5 ~ 8 次，每次课训练 1.5 ~ 2 小时。全年训练 220 ~ 350 次，全年比赛主项 4 ~ 6 次，副项 3 ~ 5 次。

② 训练负荷。各种训练所占百分比：全面身体训练占 60%，专项身体训练占 10%，技术训练占 30%。各种负荷分配量：全年总负荷量，男 3000 ~ 4000 千米、女 2000 ~ 3000 千米；大强度负荷量（心率 170 次 / 分以上），男 300 ~ 500 千米、女 200 ~ 400 千米；中等强度负荷量（心率 140 ~ 170 次 / 分），男 1100 ~ 1400 千米、女 700 ~ 1100 千米；小强度负荷量（心率 140 次 / 分以下），男 1600 ~ 2100 千米、女 1100 ~ 1500 千

米。走、跑百分比：走 45% ~ 55%，跑 55% ~ 45%。

2. 初级专项训练阶段（16 ~ 18 岁）

（1）训练要求

① 全面身体训练紧密结合专项身体训练，有计划地增加专项训练比例，继续提高有氧代谢能力，并向专项诱导。

② 培养速度感与节奏感，发展合理步长和步频，并注意两者间的合理比例。

③ 注意上肢、下肢、躯干各环节伸肌群的发展。

④ 学习竞走技术的基础理论。

（2）训练特点

① 训练时间。每周训练 10 ~ 12 次；每次课训练时间，男 2 ~ 2.5 小时，女 1.5 ~ 2 小时；全年训练 450 ~ 540 次；全年比赛主项 6 ~ 8 次。

② 训练负荷。各种训练所占百分比：全面身体训练 40%，专项身体训练 30%，技术训练 30%。

各种负荷分配量：全年总负荷量，男 4500 ~ 5500 千米，女 3500 ~ 4500 千米；大强度负荷量（心率在 170 次 / 分），男 700 ~ 900 千米，女 500 ~ 700 千米；中等强度负荷量（心率在 140 ~ 170 次 / 分），男 1800 ~ 2200 千米，女 1400 ~ 1800 千米；小强度负荷量（心率 140 次 / 分以下），男 2000 ~ 2400 千米，女 1600 ~ 2000 千米。走、跑百分比：走 60% ~ 65%，跑 40% ~ 35%。

3. 专项提高训练阶段（19 ~ 21 岁）

（1）训练要求

① 以专项训练为主，多项训练为辅，进一步提高专项训练水平和心理训练水平。

② 进一步完善竞走技术，建立正确技术动力定型。

③ 不断丰富比赛经验，加强战术和心理素质的训练。

④ 加强专项理论知识学习。

（2）训练特点

① 训练时间。每周训练 10 ~ 13 次；每次课训练时间，男 2 ~ 2.5 小时，女 1.5 ~ 2 小时；全年训练 460 ~ 600 次；全年比赛主项 8 ~ 10 次。

② 训练负荷。各种训练所占百分比：全面身体训练占 30%，专项身体训练、技术训练各占 20%。各种负荷分配量：全年总负荷量，男 5000 ～ 7000 千米，女 4500 ～ 5500 千米；大强度负荷量（心率 170 次 / 分以上），男 1000 ～ 1400 千米，女 900 ～ 1100 千米；中等强度负荷量（心率 140 ～ 170 次 / 分），男 2200 ～ 3100 千米，女 2000 ～ 2500 千米；小强度负荷量（心率 140 次 / 分以下），男 1800 ～ 2500 千米，女 1600 ～ 1900 千米。走、跑百分比：走 70% ～ 75%，跑 30% ～ 25%。

4. 高级训练阶段（22 岁以上）

（1）训练要求

① 突出专项训练，科学地控制训练负荷。

② 不断完善竞走技术。

③ 延长运动寿命，充分挖掘运动员潜力，不断创造优异成绩。

（2）训练特点

① 训练时间。每周训练 10 ～ 13 次；每次课训练时间，男 2 ～ 3 小时，女 1.5 ～ 2 小时；全年训练 470 ～ 620 次；全年比赛主项 8 ～ 10 次。

② 训练负荷。各种训练所占百分比：全面身体训练占 20%，专项身体训练 70%，技术训练 10%。各种负荷分配量：全年总负荷量，男 6000 ～ 7000 千米以上，女 4500 ～ 5500 千米以上；大强度负荷量（心率 170 次 / 分以上），男 1500 ～ 1700 千米以上，女 1100 ～ 1400 千米以上；中等强度负荷量（心率 140 ～ 170 次 / 分），男 3000 ～ 3500 千米以上，女 2300 ～ 2700 千米以上；小强度负荷量（心率 140 次 / 分以下），男 1500 ～ 1700 千米以上，女 1100 ～ 1400 千米。走、跑百分比：走 80% ～ 90%，跑 20% ～ 10%。

（二）短跑项目不同年龄段训练特点与要求

1. 基础训练阶段

这个阶段从 13 ～ 15 岁，为期 3 年。每周训练 4 ～ 6 次，每次为 1.5 小时。

（1）基础训练阶段要求

① 始终要以跑、跳、投田径多项和体操、球类活动或比赛性质的游戏活动为主要训练内容，以达到发展速度、耐力、力量、柔韧、协调、灵敏等素质和一般技能的目的。在上述各种练习中，要特别注意培养运动员动作的

快节奏感，以利于动作速率和爆发性力量的发展。

② 力量练习应以克服自身体重的跳跃练习为主，切忌采用大重量器械练习。器械性的力量练习主要以轻杠铃（体重的 30% ~ 50%）、实心球、胶带等器械来发展身体各部分力量。

③ 技术教学和训练的比例约为 4.5 ： 5.5，在训练安排中，一般身体训练与专项身体训练比例约为 3 ： 2。

④ 教学和训练，要控制住活动量，以利于少年运动员的健康和发育。对于未来 400 米跑的运动员，在本阶段训练与 100 米、200 米运动员的区别不大，不同的是必须在训练的第三年注意发展一般耐力。

（2）训练特点

全年训练课次数 150 ~ 240 次；80 米以内段落跑（90% ~ 100%）3 ~ 5 千米；80 米以内段落跑（90% 以下）6 ~ 8 千米；80 米以上段落跑（80% 以上）10 ~ 15 千米；跑的练习 18 ~ 25 千米；起跑练习 25 ~ 30 次；球类活动与活动性游戏 120 ~ 160 小时；越野跑 100 ~ 150 千米；跳跃 1000 ~ 1500 级；一般身体训练练习 90 ~ 120 小时；其他田径项目练习 40 ~ 60 小时；比赛次数（60 米、100 米、300 米、接力）10 ~ 15 次。

2. 初级专项训练阶段

这个阶段从 16 ~ 18 岁，为期三年，每周训练 6 ~ 8 次，每次为 1.5 ~ 2 小时。

（1）训练要求

① 仍以多项练习为基本内容来进一步巩固发展各种素质和体能。但要注意随年龄增大逐步增加专项训练的内容与手段，以利于速度，速度耐力，速度力量等专项素质的发展与提高。此阶段要特别注意运动员的上下肢、大小、前后等肌群的协调发展。

② 注意要求运动员在快跑中体会和发展协调放松技术，并逐步建立正确的短跑技术形态。

③ 随年龄增大逐步增加训练负荷，但仍要注意严格控制极限强度快跑手段的运用。

（2）训练特点

① 力量训练。采用体重的 40% ~ 60% 重量的杠铃练习 6 ~ 8 次。动

作要快速，以发展肌肉收缩时的速度力量。采用较少次数、较大负重的练习（体重80%），次数4～5次。

② 跳跃练习。要求跳跃动作快速连贯。如立定跳远、立定单足跳远、立定三级跳远至十级跳远，连续双腿伸展跳跃和蛙跳、连续单足跳或跑、蛇形跨跳、跳过不同高度的栏架、跳深、跳台阶、原地并腿触胸跳和分腿跳等。长跳练习如长段落跨跳（距离100～200米）、快节奏计时跨跳（距离60～100米）、长段落单足跳（60～100米）、长段落弹性跳（距离300～500米）。

③ 速度练习。主要采用80米以内段落的反复跑、冲刺跑、行进间跑，练习强度在90%～100%发展运动员的速率，是提高位移速度的重要途径。

本阶段的比赛训练具有全面多项的特点。训练的准备期较长，可以有更多的时间用于技术训练和一般专项素质训练。

3.专项提高训练阶段

男子从19～21岁，女子从19～20岁。每周训练7～9次，每次为2小时左右。

（1）训练要求

① 应以专项训练内容与手段为主，使与主项密切相关的各项素质向高水平发展。

② 技术训练的重点是结合个人特点，改进主项全程跑的技术与节奏。

③ 训练负荷总量要超过前一个阶段，但要根据运动员的不同情况与特点，采用适于个人情况的最佳负荷量，以促使专项训练水平和专项成绩有较大幅度的提高。

④ 要根据运动员不同情况有计划地安排心理训练。

⑤ 加强对运动员训练过程和恢复过程的监督。特别要处理好训练、比赛、休息之间的关系。

（2）训练特点

本阶段的训练过程具有明显的专项化特点。专项技术、素质和心理训练的比重显著增加，而训练手段，量和强度的增加主要是增加专项训练和比赛次数。80米以内段落跑（96%～100%，13～16千米）、80米以内段落跑（90%～95%，16～18千米）、80米以上段落跑（91%～100%，

21～23千米），80米以上段落跑（81%～90%，45～50千米）；负重练习（100～200吨）；起跑练习（700～800次）；越野跑（200～22千米）；跳跃（7500～8500级）；一般身体训练练习（80～120小时）；比赛次数（28～32次）。

4.高级训练阶段

男子从22岁、女子从21岁开始。每周训练7～9次，每次为2～2.5小时。

（1）训练要求

① 专项技术训练要以逐步完善符合个人特点的主项技术与节奏为主。

② 根据重大比赛任务、运动员竞技状态形成与保持的特点，合理制定训练结构、内容，使其更具有个体特点。

③ 根据不同比赛任务与规模、个人特点，安排采用不同的心理训练内容与手段。

④ 加强医务监督和现代科学恢复手段的运用，以便对训练过程实施最有效的控制。

（2）训练特点

① 训练过程的专项化更加突出。短跑运动成绩的提高在很大程度上取决于训练过程的专项素质能力和技术完善以及发展状况。

② 增加比赛次数和控制比赛强度。训练负荷量和强度的交替发展是促进短跑成绩提高的主要原因，其中以提高负荷强度作为高级训练阶段的重要手段。短跑运动员水平越高，训练负荷越应与比赛负荷相一致。现代高水平短跑运动员每年参加30～50次的比赛。

③ 训练手段分类更加明确，训练效果明显提高。在训练过程中，按短跑专项化要求和肌肉活动的功能特点，安排短跑运动员的专项训练手段，规定训练强度、持续时间、休息方式和间歇时间等。根据不同的训练时期和阶段任务，采用不同的负荷强度和练习内容。

（三）中长跑项目不同年龄段训练特点与要求

1.基础训练阶段（13～16岁）

（1）训练要求

① 训练内容以体育游戏、其他体育项目、全面身体素质训练和包括部分跑、跳、投项目组成的田径多项练习为主。

② 技术练习必须在各种跑的练习中加以贯彻。

③ 技术练习必须抓好以下几点：第一，掌握动作的用力顺序、方向和路线；第二，抓好动作的速率和"高频跑"的技术；第三，整个动作自然放松、协调配合。

④15 ～ 16岁可初步确定中长跑、长跑项目。

（2）训练特点

① 这个阶段的训练内容主要是进行全面身体素质训练。采取体育游戏、其他体育项目和包括部分跑、跳、投项目组成的多项训练等手段。

② 要积极改善有肌体的有氧能力和提高最大需氧量水平，主要采用长时间的速跑和越野跑的方法进行训练。

③ 改善跑的技术，必须在各种跑的练习中加以贯彻。

2.初级专项训练阶段（17 ～ 19岁）

（1）训练要求

① 训练内容，以全面身体素质训练为主，逐步转向以专项训练为主。

② 技术练习同上阶段要求（即上阶段要求2、3）。

③ 在技术练习中着重抓好动作速率和"高频跑"技术，并在此基础上提出加大步幅的要求。

④ 最后确定专项和副项。

（2）训练特点

这个阶段的训练内容以全面身体素质训练为主，逐步转向以专项训练为主。在继续提高最大需氧量的基础上，提高保持接近临界速度的能力。在技术训练中，着重抓好动作速率和"高频跑"技术，并在这个基础上逐渐加大跑的步幅。

3.专项提高训练阶段（20 ～ 23岁）

（1）训练要求

① 在进行强化专项训练的过程中，应适当注意全面身体素质训练。

② 技术练习要求同上阶段。

③ 若发现改变专项更为有利和更适于运动员发挥能力，可以更换专项。

④ 安排必要的心理训练，加强医务监督和恢复措施，以适应高级训练和参加大型比赛的需要。

（2）训练特点

这个阶段要在进行强化专项训练的过程中，仍注意全面身体素质训练的安排。采取必要的心理训练，加强医务监督和恢复措施，以适应高级训练和参加大型比赛的需要。

4.高级训练阶段（24岁以上）

（1）训练要求

①训练内容以专项为主，其他为辅。

②技术要求同上阶段，并形成自己的技术风格。

③针对个人特点，采用不同的心理训练，加强医务监督、营养及恢复性医疗等措施，以保证训练及参加重大比赛。

④在训练安排上，应根据个人特点和具体任务进行不同形式训练安排。

（2）训练特点

这个阶段的训练内容，以专项训练为主。在技术上形成自己的技术风格。针对个人特点，采用不同的心理训练，加强医务监督、营养及恢复性措施，以保证训练及参加重大比赛。在训练安排上，应根据个人特点和具体任务进行不同形式的安排。

（四）跨栏跑项目不同年龄段训练特点与要求

1.基础训练阶段（13～15岁）

（1）训练要求

①全面发展速度、耐力、力量、柔韧、灵敏、协调等素质，应重视动作频率、反应速度的培养。素质训练方法力求多样、实效。

②除参加专项比赛外，参加100米、跳远、铅球、800米等项比赛；通过多项训练，提高跨栏运动员所必备的素质，为专项打下基础。

③遵循少年生长发育规律，逐渐加大运动负荷与难度，对基本技术和动作规范应严格要求。

（2）训练特点

这一阶段的训练特点是，既要求掌握动作，又要求全面提高身体素质，增强体质。采用的方法手段应多样，而且有趣味。因此在训练中主要应采用游戏的方法，并在练习中适当增加竞赛因素和智力反应的练习等。在进行跨栏跑的基本动作练习和训练时，应把难度降至最低。这一阶段的训练应结合小学的教学活动，例如，跳绳、跳皮筋、跳台阶、30 米跑、接力跑、球类游戏等。跑的专门练习在这一阶段应作为技术训练的内容，因为跑是跨栏跑的基础。

这一阶段的训练量相对较小，训练的负荷应平均分配到全年周期之中。本阶段结束后，应进行训练效果的检查评定。

2. 初级专项训练阶段（16 ～ 19 岁）

（1）训练要求

① 以发展专项素质为主，应突出速度素质，在发展力量时，要从小肌肉群着手，上下肢、前后肌肉群等均衡协调发展。

② 参加多项比赛，如直道栏：100 米、跳远等比赛。弯道栏：400 米和男 110 米中栏、女 100 米栏。

③ 逐步完善跨栏跑技术，建立技术与节奏。

④400 米跨栏运动员要逐渐加大训练负荷，提高平跑成绩。

（2）训练特点

这个阶段的训练为 16 ～ 19 岁，为青年初期。这一阶段的训练特点是在全面提高身体素质的前提下，着重发展力量、速度和灵敏性；在全面发展运动技能的基础上着重发展跨栏跑技能，尤其是这一时期要初步形成良好的跨栏跑节奏感。

3. 专项提高训练阶段（20 ～ 22 岁）

（1）训练要求

① 学习先进的理论，运用现代科学技术指导训练。

② 重点提高跨栏运动员的速度、速度耐力、力量等专项素质。

③ 跨栏跑全程技术训练中，应侧重全程跑的技术与节奏。

④ 针对个人特点，安排心理训练，以适应训练的需要。

⑤ 参加直道栏 100 米、110 米栏、弯道栏 400 米比赛，努力提高成绩。

（2）训练特点

训练特点是着重发展快速力量素质、改进技术、确定专项。训练要求提高短跑能力，尤其发展具有跨栏跑特征的短跑能力；发展快速力量训练水平；发展运动员的跨栏跑节奏感和栏感，根据个人特点，改进跨栏跑技术；发展专项能力和专项素质水平，尤其应注意发展专项耐力。

4.专项高级训练阶段（23岁以上）

（1）训练要求

① 突出专项训练，应从量、强度、密度、技术、训练时间等方面进行科学的综合控制训练。

② 训练负荷应以"提高训练质量"进行安排。

③ 完善跨栏跑技术，发挥个人特点，在跑跨衔接的技术上有新的突破。

④ 加强医务监督和恢复措施，保证运动员的训练与比赛。

（2）训练特点

训练特点是大运动量和大强度训练，技术训练强调运动员的个人特点以及提高专项能力。

全年训练计划的制订应继续贯彻多年训练计划的设计方案，保持整个训练过程的系统性，使运动员按预期方案取得其最佳成就。

随着训练过程的纵深发展，对运动员创造优异成绩的要求越来越高，运动员参加高水平的田径比赛的次数越来越多。因此，全年训练计划各阶段的任务、一般身体和专项身体训练的比重、技术训练、身体训练、参赛能力的培养等，都应根据参加全年比赛的安排进行适宜调整。

二、走、跑项目训练内容与方法

（一）竞走训练的内容与方法

1.专项素质训练

（1）一般耐力训练

竞走运动员必须以提高一般耐力和专项耐力为主，加强有氧代谢的训练。一般耐力是提高专项耐力的基础。

一般耐力训练是发展有氧代谢的主要方法，一般常采用在野外或公路上进行越野跑，长时间的慢、中速走，走跑交替等练习。长时间的球类活动、骑自行车、滑冰、滑雪、游泳也都是发展一般耐力的有效方法。

在全年训练中，各个阶段都应不间断地进行耐力训练，根据任务的不同，应有所侧重。准备时期一般耐力的训练比重较大。发展一般耐力可以从增加量开始，也可在早操、准备活动中增加一般耐力的练习时间和练习量。如，准备活动可安排 40 ~ 50 分钟的球类活动；早操进行一定时间（30 ~ 40 分钟）的越野跑；一定距离（8 ~ 10 千米）的走或跑练习。

根据不同训练水平运动员，在走或跑的一般耐力练习中，应控制速度，如，男子每千米跑速 4 分 ~ 4 分 30 秒，女子 5 分 ~ 6 分；男子每千米走速 6 分 ~ 6 分 30 秒，女子 6 分 30 秒 ~ 7 分 30 秒。防止速度快，强度大，完不成练习量，影响一般耐力练习的效果。一般耐力训练首先要完成负荷量，在逐渐增加负荷量的基础上，逐步使运动员的耐力水平超过原有水平。

（2）专项耐力训练

竞走运动要在规则允许的情况下，具有适当步幅，努力提高步频。但是，提高竞走专项成绩应当以发展速度耐力为主。竞走运动员应有良好的速度感，能够在训练中、比赛中控制速度，掌握节奏。这些能力需要在平时的专项练习中加以提高。提高专项耐力常采用重复训练、间歇训练、变速训练及测验、比赛等方法。

重复训练是提高专项耐力的有效方法，根据项目的不同，1 ~ 4 千米或 1 ~ 5 千米的重复走，要求有一定的强度、重复次数及间歇时间，以提高专项耐力和培养节奏感。

间歇训练可提高专项速度的能力，常采用有一定强度要求的 300 ~ 1000 米快速走，强度控制在 85% ~ 90%，或者高于比赛的平均速度进行练习，以提高专项能力和运动成绩。间歇时间控制在 60 ~ 80 秒，也可以使心率控制在 120 ~ 140 次 / 分，再开始下一次练习，间歇可以慢走、慢跑或自由走动。

变速训练也是提高专项耐力常采用的方法，练习时，快走与慢走交替变换，快走与慢走可以不同时间相同距离，如 800 米快走（3 分 40 秒）+800 米慢走（4 分 20 秒 ~ 4 分 30 秒）；也可以快走与慢走不同距离，如 300 米快走（1 分 20 秒）+100 米慢走（40 秒）；也可采用两者都不同的不等距离变速走，可以有规律地循环，也可自由组合，以提高专项耐力、应变能力和战术意识。

测验和比赛是赛前训练的一个重要手段，可以提高专项能力，培养竞技状态及比赛经验。可以测验专项距离，也可以测验接近或略超过专项距离。

（3）专项身体训练

竞走运动员要在不断提高身体全面发展水平上，使一般身体训练和专项身体训练结合起来。这不仅能充分利用运动员的运动能力，又能改善为达到高水平的竞走成绩所必需的专项素质。专项身体训练主要是发展下肢肌肉力量，提高髋、膝、踝关节的柔韧性和灵活性；适当增大身体围绕垂直轴转动的幅度；提高肌肉紧张和放松的协调能力。

可以利用负重、轻杠铃、实心球、沙袋、哑铃、壶铃、各种跳跃练习以发展上、下肢力量；通过各种腹肌、背肌、负重的体前、侧屈等练习发展躯干、髋及臀部肌肉力量；在草地、雪地、沙地、锯末道、上下坡做脚尖跳、纵跳等练习发展小腿、膝、踝部肌肉力量。竞走运动员发展力量素质，应当以徒手或持轻、小器械做克服自身体重的练习为主，要适当发展大肌肉群力量，还应重视发展小肌肉群的力量。

髋关节、踝关节的柔韧性、灵活性是很重要的。在发展这些部位力量素质的基础上，发展柔韧性及灵活性。可采用支撑送膝转髋、双脚开立左右转髋、交叉步走、侧向前后交叉步走以及在草地、垫上做髋关节、踝关节练习等，并应经常进行练习。

竞走运动员的身体训练要适应专项特点，应把多种练习组合起来，循环进行。在身体各部位分别交替练习中，要交错安排上下肢和躯干的练习，使肌体有运动部分又有相对休息部分，而耐力性项目最重要的内脏功能却始终保持运动状态。

根据运动员身体素质水平的不同，还需加强薄弱环节练习的比重，使身体全面发展水平均衡提高，以便充分发挥运动员的运动能力。

2. 技术训练

竞走运动是技术性很强的项目，竞走的技术训练在全年训练中都应安排。竞走训练的新手应掌握好竞走的基本技术，要严格按照规则中竞走的定义加强技术训练。在多年和年度训练中，应始终坚持技术训练，随着运动成绩的不断提高，技术还应不断地改进和完善，只有扎实地掌握基本技术，才能在高速度的竞赛中具有良好的心理状态，控制技术不变形。

竞走技术训练的方法：

（1）利用电化教学手段，拍摄电影和电视录像进行分析，改进技术。

（2）播映优秀运动员的电影、电视录像和幻灯，建立优秀运动员的技术表象。观摩优秀运动员的训练、比赛时的技术，进行学习。

（3）进行竞走的专门练习，如支撑送髋，转髋，脚跟先着地的大步送髋走，交叉步走等。

（4）通过慢速走改进技术，由于速度慢，运动员有思考分析的时间，能够有意识地控制身体各部位动作，建立正确的动力定型。

（5）短距离加速度，如400～1000米中等速度走，着重改进技术。

（6）二人并列同步走（步长与步频基本一致）。

（7）以10～15米为半径画两个圆圈，形成"8"字形，沿"8"字形进行既有逆时针又有顺时针的竞走联系，而且距离可以无限延长，以改进脚着地、后蹬送髋和弯道走的技术。

（8）正误对比，分析技术，建立正确的技术概念。

（9）改进摆臂技术，注意臂与腰、髋、腿部动作的协调配合。

3. 战术训练

竞走运动员必须具有坚毅顽强的意志品质和良好的心理素质，才能在比赛中有效地实施战术。竞走比赛的战术一般有速走、领先走、跟随走、变速走等。

速走，一般是运动员按事先制订好的速度分配方案。凭借自己日常训练中培养出的速度感，按预定计划走，以创造优异成绩。

领先走，常常是水平高、一般耐力好的运动员采用，以落下对手，或不受对手的影响，按自己节奏走，争取好的名次和成绩。

跟随走，一般是速度好的常采用，力争最后超越对手。也有些缺乏比赛经验的新手采用此方法较多，以便提高成绩和丰富比赛经验。

变速走，主要是在比赛中为了甩开跟随对手而采用。但采用变速走的运动员必须有较高的训练水平和变速走能力，否则会破坏自己的呼吸和比赛节奏。

战术的运用关键在于平时的严格训练。不论采用何种战术必须从实际出发，诸如对手情况、场地、气候、比赛路线和竞赛气氛等。每种战术都不是孤立的，应根据比赛实际灵活运用，或者混合使用。

有的竞走比赛项目是在公路上进行的，运动员要多在公路上和野外进行练习，特别是在赛前熟悉比赛路线，了解环境，在比赛路线上进行战术训练更为重要。

4. 心理训练

在高水平的比赛中，心理因素起着重要的作用，没有良好的心理素质，难以完成艰苦的训练任务，比赛中也很难取得胜利。应根据年龄、训练水平、性格等特点进行竞走运动员的心理训练。

教练员对运动员应制定长远的规划和目标，经常向运动员提示训练目的、比赛指标，教育运动员要热爱体育事业和竞走项目，训练中要讲解训练计划的意图，采用手段的作用，使运动员以良好的心理状态，充满信心、有目的地投入训练。

意志品质是竞走运动员的重要心理素质，教练员要能够用语言、信号鼓舞运动员完成高强度训练计划。要利用苦难环境和条件，增强运动员自觉克服困难的意志。

要通过记忆、想象、思维、识记、语言等方法，提高对正确技术的认识和对世界优秀运动员的技术分析能力，以便在训练中改进自己的技术。要培养运动员自我控制和调节情绪的能力，以最佳心理状态参加训练和比赛。在比赛前要根据比赛场地、道路状况、周围环境、参赛对手，进行有针对性的训练或模拟训练，做好赛前的心理准备。

心理训练是十分复杂的，要深入细致地了解运动员，通过循序渐进，适当的形式、方法和手段培养良好的心理素质。

5. 恢复训练

恢复训练的基本内容和方法主要有以下几种。

（1）在训练过程中，根据运动员的训练水平和能力，把恢复训练作为训练内容的一部分进行恰当地安排，使训练负荷有计划、有节奏，防止出现过度疲劳。大负荷训练后，特别是大负荷高强度和重大比赛后，都要进行调整，使运动器官和中枢神经系统机能得以恢复。

（2）每次训练的结束部分要有计划有目的地进行恢复，充分做好放松和整理活动，采用慢跑、慢走、普通走、轻松的徒手体操，相互按摩，抖动放松肌肉等方法，使身体逐渐恢复到课前相对安静状态。

（3）加强医务监督和自我医务监督，常采用的简便方法是测量脉搏、体重。了解食欲、脸色、睡眠、情绪、训练欲望等，有条件时也可定期进行血色素、尿、血乳酸、心电图、脑电图及全面体检，根据身体状况安排训练或积极性休息，以恢复身心机能的稳定性，保证训练计划的顺利实施。

（4）运动员应有合理的生活制度，要有一定的营养标准，夏季或出汗多时，应适当喝点淡盐水及含碱电解质饮料，多吃新鲜蔬菜、水果和含维生素丰富的食物，可有助于恢复。

（二）短跑训练内容和方法

1. 专项素质训练

（1）力量训练

短跑的力量训练要根据短跑的肌肉用力特点进行安排。短跑全程的速度曲线变化大致可以分为三个区域，第一区域从起跑到 30 ~ 40 米，主要取决于最大的肌肉力量和爆发力，以迅速改变静止状态的惯性，获得加速跑的速度；第二区域 40 ~ 70 米，主要取决于快速力量，使运动员获得全程跑的最高跑速；第三区域 70 ~ 100 米，主要取决于肌肉的力量耐力，能够保持更长距离的高速度跑，减少速度下降。

力量训练采用的主要练习如下。

① 负（举）重练习。

② 抗阻力练习。

③ 跳跃练习。

提高肌肉的最大力量，主要通过负重练习和抗阻力练习，一般以递增负荷重量的方法实现。开始练习时采用最大负荷量的 70% ~ 80% 进行，逐渐增加到 100% 的重量，完成 5 ~ 7 组，每组 4 ~ 5 次。

提高爆发力，主要采用负重练习、抗阻力练习和跳跃练习。练习量为最大负荷量的 60% ~ 75%，动作速度要快，完成 5 ~ 7 组，每组 10 次左右。采用跳跃练习时，选择距离在 60 ~ 100 米负重或不负重的快速跳跃练习。发展力量耐力，可采用负重量轻的、跳跃距离长的练习。练习量为最大负荷量的 40% ~ 50%，要求强度小，重复次数在 10 ~ 20 次以上。跳跃练习可选择 100 ~ 200 米距离的负重或不负重练习。

负重和抗阻训练的主要练习如下。

① 负杠铃练习（全蹲、半蹲、1/3 蹲）。从最大负荷量的 70% ~ 80% 开始，逐渐增大到 100%。完成 5 ~ 7 组，每组 4 ~ 5 次。

② 负重弓步走。最大负重量的 40%，距离为 40 ~ 60 米，完成 5 ~ 7 组。

③负重半蹲。最大负荷量的70%～80%，完成5～7组，每组5～7次。

④负重弓步交换腿跳。为最大负荷量的50%，完成5～7组，每组20～30次。

⑤负重高抬腿跑。为最大负荷量的20%～30%，完成5～7组，每组40～60次。

⑥持哑铃跳。重量15～25千克，完成5～7组，每组10～20次。

⑦负重直腿跳。以最大负荷量的20%～30%，完成5～7组，每组40～50米。

⑧拖重物跑或拖重物跳。重量5～10千克，完成5～6组，距离为30米、60米、100米。

⑨卧举、挺举、抓举及持器械摆臂等练习。

⑩胶带牵引发展腰后肌群、小腿肌群、髂腰肌力量练习，完成5～6组。

跳跃力量训练在短跑力量训练中占有很大的比重。

跳跃练习分为两类：一类为垂直方向跳跃，另一类是水平方向跳跃。

①垂直方向跳跃练习。可用原地纵跳、原地团身跳、原地分腿跳、原地单足跳、跳深、跳栏架等。

②水平方向跳跃练习。按距离分为短距离跳跃和长距离跳跃。短距离跳跃：立定跳远、立定三级至十级跳远、立定10～20级蛙跳、4～6步助跑三级跳、台阶跳跃、30～60米单足跳、60米计时跳。

长距离跳跃：100～300米跨步跳、跑与跳的结合，50米跑+100米跨跳，60米单足跳+30米加速跑。

在完成垂直方向跳跃和短距离跳跃练习时，必须用最大力量完成。在长距离跳跃练习时，即用80%～90%的力量完成。

垂直方向跳跃和短距离跳跃，能迅速提高起动速度、加速跑能力和爆发力素质。长距离跳跃能提高力量耐力和速度耐力。

（2）速度练习

速度素质在短跑项目中是起主导作用的专门素质。速度训练包括提高反应速度、动作速度和位移速度。发展速度素质是一个复杂的综合发展过程，其中主要是肌肉力量和肌肉收缩速率的发展。

速度训练采用的主要练习如下。

① 提高反应速度和起动速度。

② 提高肌肉收缩速率和力量。

③ 提高运动过程的协调与放松能力。

提倡最大速度跑能力的练习如下。

① 行进间跑30～60米，3～4次×2～3组。

② 短距离接力跑2人×50米或4人×50米，3～4次×2～3组。

③ 短距离的追赶跑60～100米，3～5次×3组。

④ 短距离组合跑（20米+40米+60米+80米+100米）×2～3组，或（30米+60米+100米+60米+30米）×2～3组。

⑤ 顺风跑或下坡跑30～60米，3～4次×2～3组。

⑥ 短距离变速跑100～150米（30米快跑+20米惯性跑+30米快跑+20米惯性跑）3次×2～3组。

⑦ 胶带牵引跑（30米+60米+100米），3次×2～3组。

⑧ 反复跑30～60米，4～5次×2～3组。

提高反应速度和加速跑能力的练习如下。

① 半蹲踞式姿势，听到枪声迅速向上跳起并触及高物。

② 直立姿势开始，逐渐向前倾斜接着快速跑出。

③ 在2°～3°的斜坡跑道上，快速完成上坡或下坡加速跑练习，距离40～50米。

④ 双手推滚球，接着起跑追赶滚动着的球的练习。

⑤ 双手向前上抛出球，接着跑出去追赶并接住球的练习。

（3）速度耐力的练习

短跑能够保持较高速度跑完全程，取决于速度耐力水平的发展。由于大强度跑时整个肌体处在紧张状态中，中枢神经系统兴奋与抑制频繁的转换并不断地接受来自骨骼肌的大量传入冲动，使皮质细胞较快出现疲劳，同时由于无氧糖酵解过程，使体内的血乳酸的含量明显上升，造成后程跑速降低。因此，不断提高无氧糖酵解代谢能力和肌体抗酸能力以及加强神经系统抗疲劳能力的训练，是提高速度耐力能力的基础。

速度耐力的练习如下。

① 各种距离的不同强度间歇跑。

②短距离变速跑（60米快+60米慢）或者（100米快+400米慢）×8～10次，2组；或（100米快+100米慢+200米快+200米慢+300米快+200米慢）×3～4组。

③不同距离组合跑（100米+200米+300米+400米+500米）×2组。

④递减间歇跑200米×10次，间歇5分、4分、3分。

⑤接近比赛期，安排模拟跑，要求两项成绩之和接近或超过专项成绩。如400米组合方案为（200米+200米）（100米+300米）（250米+150米）等。每组间歇时间为走100米距离。

⑥较长距离跨跳（负重或不负重）100～300米×5～6次。

⑦超主项距离跑（300米+400米+500米+600米）×1～2组。

⑧不同距离变速跑（200米快跑+100米慢跑+100米冲跑）×3～4次；（300米快跑+100米慢跑+100米冲跑）×2～3次；（500米快跑+200米慢跑+60米冲跑）×2～3次。

⑨连续接力跑，5人400米×8～10次，1～2组。

（4）柔韧性练习

柔韧性训练主要是在活动中拉长肌肉和韧带，在定位静力活动中拉长肌肉和韧带。

①有支撑的前后左右大腿振摆练习。

②行进中做正踢腿、侧踢腿、向内、外绕腿、正压腿等。

③前后劈腿，左右劈腿。

④半背弓桥，全背弓桥。

⑤跪撑慢后倒，跪撑坐。

2. 短跑技术训练

短跑运动成绩不仅建立在身体素质全面发展的基础上，而且与掌握合理的短跑技术有密切关系。因此，改进短跑技术是短跑训练的重要任务。

短跑技术训练应贯穿在全年训练的各个阶段。除了对完整技术和各环节技术要反复练习外，还要对技术的关键部分，如蹬地与摆动协调配合技术、着地缓冲技术、后蹬结束时脚掌末节用力技术以及送髋、摆臂技术等，都应着重进行训练。

在短跑技术中，完整技术练习应着重对起跑、起跑后加速跑、途中跑、终点冲刺跑各环节的衔接，上下肢协调配合以及调整合适的步幅和步频等方面进行技术训练。

短跑速度取决于步长和步频两个因素。当代国内外优秀运动员都具有较大的步长和较快的步频能力。步长和步频的关系是相辅相成的。在短跑训练中，试图超出自身能力范围，无限制地提高步长或步频无助于速度的提高。因此，发展步幅和步频时，只能通过科学的训练提高身体素质能力和改善短跑技术。

技术训练主要采用以下练习。

（1）直腿跑或直腿跳，要求只用脚掌蹬地，充分伸展踝关节。

（2）从高抬腿跑过渡到跑和从小步跑过渡到跑。

（3）交换腿蹬摆跳，要求快速向前摆腿。

（4）原地摆臂和弓步换腿跳结合摆臂。

（5）胶带牵引做起跑和起跑后加速跑练习。

（6）半弯道跑、全弯道跑技术练习。

（7）在跑道上画白线，做大步幅跑或快步频跑。

（8）扶撑肋木架单腿做跑的模仿动作练习。

（9）成组按口令做起跑练习 30 ~ 60 米。

（10）成组以快跑速度跑过终点并做撞线技术。

3. 短跑的心理训练

短跑的特点是距离短、强度大，竞赛胜负往往决定于百分之一秒。因此，只有充满信心，坚决果断，才能在激烈竞争中获胜。

自信心是勇敢果断的基础，而且自信心又必须建立在良好的技术和优异的运动成绩上，所以，在短跑训练中，逐渐增大训练和比赛的负荷量与负荷强度，使技术和身体素质达到很高的水平，是心理训练的物质基础。

在短跑的训练和比赛中，运动员的心理活动是多种多样的，教练员和运动员都必须研究和掌握在不同情况下训练和比赛的心理学规律，解决好心理障碍，取得优异成绩。

（1）短跑的心理训练目的

① 在训练和竞赛过程中，不受外界干扰，沉着冷静，注意力高度集中，从容地进行训练和比赛。

②通过心理训练，加速专项技术的完善和提高。

③通过心理训练，培养赛前最佳心理状态。

④通过心理训练，迅速提高专项运动成绩。

（2）短跑心理训练的主要方法

①模拟训练法：模拟训练是使训练过程尽量接近短跑比赛实际，它是赛前心理训练的主要方法。通过模拟训练排除运动员参加比赛时产生不良心理状态，为了达到这个目的，教练员必须针对即将参加比赛的对手、赛次、气候等条件了解得十分清楚，才能做到有目的的模拟。

模拟有诱导形象模拟和实际模拟两种。诱导模拟是利用语言描绘未来竞赛时的情景，对手可能采用的战术和与之对应的战术。实际模拟是尽可能创造与比赛实际相类似的条件进行训练，培养适合比赛的能力。

②自我暗示训练法：自我暗示是通过语言暗示、默念等方法，排除各种杂念，如急躁、紧张、怕强手、轻敌、考虑个人得失等，从而进入自我境界，达到调整情绪和集中注意力的效果。临赛时还可以通过加深呼吸完成自我调节，达到减轻紧张情绪的目的。

③想象训练法和运动表象重现法：要求按短跑某些环节技术练习的顺序，想象或表象重现技术动作过程，或对某一关键技术动作，达到想象与肌肉感觉"完成"动作练习的目的，提高动作效果。例如想象正在起跑，当鸣枪时把注意力集中于腿与臂的第一个动作上，有助于迅速掌握技术，较好地完成起跑技术。

（三）中、长跑训练的内容与方法

1.专项素质训练

（1）一般耐力训练

一般耐力是发展中长跑专项耐力的基础。一般耐力在中长跑项目上占有重要的位置，它可以有效地提高呼吸系统、心血管系统的工作能力。在全年训练中，根据不同的任务应有所侧重地不间断地进行耐力训练。准备期比重较大，比赛期及比赛前也应有所安排。

一般耐力是通过强度小、时间长的越野跑、骑自行车、游泳、滑冰、滑雪、爬山、各种球类练习进行训练。

发展一般耐力要从增加量开始，循序渐进，波浪式前进，随着训练水平的不断提高，适当增加跑量和强度。中长跑运动员的一般耐力训练，除训练课安排外，常常利用早操时间进行 30 ～ 45 分钟的持续跑或各种形式的越野跑。

一般耐力不仅可以提高内脏功能，提高有氧代谢能力，还可以培养运动员的意志品质，改进跑的技术和提高身体素质。

（2）专项耐力训练

中长跑运动员的专项耐力，实质就是专项能力，或速度耐力。在全年训练中，根据任务的不同应有计划、有目的地进行。

发展专项耐力一般采用间歇跑、重复跑、变速跑、接近专项距离、专项距离或超过专项距离的计时跑，以及专项检查跑、测验、比赛等。

间歇跑时，使心率保持在 120 ～ 180 次 / 分的范围内，使心输出量处在最佳水平上，在间歇时肌肉得到休息，而心脏仍处在很高的活动水平，使整个训练对心脏功能的增强都有显著效果。一般在 200 ～ 600 米的距离上采用间歇跑。在全年各阶段的训练中均可采用间歇训练，准备期采用较多。

重复跑的训练是反复跑几个段落，休息时间较充分，跑的距离、重复次数、要求的强度应根据专项特点、训练任务而定，可采用 100 ～ 300 米，400 ～ 600 米，1 000 ～ 1 600 米，2 000 ～ 4 000 米，甚至 8 000 米的距离。

在进行短于专项比赛距离的重复跑时，速度应高于比赛平均速度。与比赛距离相同的重复跑训练应适当减少，以免身心的负担太重。

重复跑是发展速度和专项耐力的重要手段，还可以培养跑的速度感和节奏。比赛期采用较多。

随着重大比赛的到来，检查跑、测验和适当的比赛不可少，以培养竞技状态，提高专项能力和比赛能力。

（3）速度训练

速度训练对中长跑运动员不可忽视，速度是提高中长跑成绩的重要条件。中长跑运动员根据各个项目的特点，衡量速度的标准也不相同。中跑运动员常以 100 米成绩来衡量速度，长跑则以 400 米来衡量速度。中长跑运动员发展速度素质，要根据各个项目的需要来发展速度。在耐力水平相同的情况下，速度往往是取胜的关键。因此，中长跑运动员在少年时期的基础训练过程中，应努力发展速度，使之达到一定的水平。速度发展到一定程度，再提高就需要花费相当大的精力，这时应着重在提高专项耐力上下功夫。速度训练仅能起到保持原有水平的作用。

发展速度多采用加速跑、短距离反复跑、行进间跑、下坡跑、顺风跑等，以及 60 ~ 200 米之内的变速跑。中跑运动员速度练习比重大些，而且还需要增加力量、弹跳力的练习。

中长跑项目在全年训练中速度占的比重大致如下：5000 米约占 10%，1500 米约占 20%，800 米占 30% ~ 40%。

（4）身体训练

随着中长跑技术的不断提高，运动员的身体训练水平必须与成绩的提高相适应，中长跑运动员身体训练的关键问题，是将一般身体训练与专项身体训练结合好。

在进行力量练习时，采用较长时间的跳跃，投实心球、沙袋、轻杠铃，也可采用加大困难条件的跑、跳练习。如上坡跑、沙滩跑、草地跑、松软土地和雪地上跑、跳练习。发展力量练习时还需考虑到上、下肢，腰、腹肌的协调发展。长跑运动员更应突出耐力和力量耐力为主的身体训练。

中长跑运动员还要通过球类、体操、武术、游泳、滑冰及其他田径项目进行全面身体训练。

身体循环训练已被实践证明是中长跑运动员行之有效的身体训练方法，它不仅可以发展身体各部肌肉，还可以改善和提高运动员的内脏器官功能。身体循环训练的内容、次数、组数和时间应根据训练任务、运动项目的特点、运动员个人的习惯进行组合和安排。

（5）有氧训练与无氧训练

中长跑运动员的一个特点是具有良好的耐乳酸能力。提高有氧与无氧训练水平是中长跑运动员努力的方向。中长跑各个项目有氧训练与无氧训练的比重是不同的，跑的距离越长，有氧训练比例就越大，无氧训练比例则越小。从某种意义上讲，一般耐力、长跑是有氧训练。

现代医学、生理学、生物化学研究证明，氧债占 70% 时为无氧代谢；氧债占 30% 时为有氧代谢。

中长跑虽然以发展乳酸供能为主，但也要相应发展磷酸供能，特别像 800 米和 1500 米这样的项目，发展磷酸供能就更为重要。磷酸能是提高速度的关键，发展磷酸能不仅使其在中跑运动中有相当一部分能量可以供给，而且对于胜负的最后冲刺，它的作用就更为明显了。

中长跑运动员在进行各自专项训练时，必须考虑到有氧训练的比重，以保证专项能力的提高。

2. 技术训练

从事中长跑训练的运动员，要学会在跑的途中尽量节省体力，适宜地发挥身体素质的作用，合理的技术是关键。

中长跑的技术训练主要是在大量跑的练习中进行。还可针对运动员的技术情况，利用各种跑的专门性练习改进技术。小步跑、高抬腿跑、后蹬跑都是改进腿部技术、发展腿部力量和灵敏协调性的好方法。此外，如加速跑、支撑高抬腿跑、二人并列同步跑、跨步跑、多级跳、原地摆臂等练习，也是改进技术的有效方法。

步幅与步频，腾空与支撑之比，呼吸与跑的节奏，上、下肢的配合，跑的距离与步长的关系等，都是中长跑技术训练不应忽视的。只有处理好这些关系，才能节省体力的消耗，使中长跑技术合理。

3. 战术训练

中长跑的战术非常重要，在水平相当的条件下，正确地实施战术是取胜的关键。

运动员在比赛中要根据本人的实际和习惯确定战术方案，对手情况、场地、气候、风向、环境等条件进行分析研究，要知己知彼，掌握比赛的主动权。

合理地分配体力是取得理想成绩的主要战术。速跑一般能取得好成绩。一般耐力好的运动员常采用领先跑。速度好的多采用跟随跑，为了摆脱对手还可采用变速跑。

战术训练也要在困难条件下进行训练，以培养意志品质。平时训练还要培养速度感和跑的节奏，以便在比赛中掌握速度、节奏，灵活运用战术。战术训练还需要在测验、比赛中进行，通过参加测验、比赛逐步提高应变能力、实战能力和临场经验，通过测验、比赛，总结经验教训，以提高自己战术水平。

4.心理训练

中长跑运动员的训练和比赛不仅体力消耗大，心理能量消耗也很大，在艰苦训练中，在实力相当的激烈比赛中，心理训练水平的高低起着重要的作用。心理训练就是通过各种有效的方法，培养运动员坚毅顽强的意志品质，使其在困难条件下充分发挥运动能力。

要培养中长跑运动员具有强烈的事业心，对训练和比赛充满信心和激情；能承受大负荷的训练；不畏强手，敢于拼搏，有必胜的信念。

培养意志品质要从小抓起，从易到难，逐步提高，要利用困难条件，变换困难环境，提高在任何困难条件下都能较好地完成训练任务的能力。遇见气候的变化，教练员不要轻易改变计划，以培养意志和信心，提高心理素质的稳定性。在训练中还可以模拟比赛环境和对手进行训练，以增强比赛时的信心。

中长跑运动员要学会调节自己的情绪和感情，比赛之前可通过意念、思维、表象重现加深技术和战术的概念。通过轻松地散步，合理地安排学习、文化生活、休息，调节神经系统和运动器官的疲劳。

5.恢复训练

恢复训练是中长跑运动员重要训练内容之一。训练负荷离不开恢复，恢复训练有助于完成新的训练和比赛。

在多年训练中，参加重大比赛之前，要进行恢复和调整；一般采用球类活动，野外、公园轻松跑和其他体育项目的练习。

轻松和小强度的活动较好。中长跑运动员在大负荷的训练下，在比赛后，绕场或在草地上做轻松的跑步，各种徒手放松体操能够加速恢复。研究表明，中长跑运动员用小强度做一些练习，比完全静止休息恢复得更快。

加强医务监督和自我医务监督也是恢复的一个方面。分析训练资料和医务监督资料，做到心中有数，合理安排训练负荷。常采用的简便方法是早、晚、训练前、训练间歇、训练结束后测量脉搏，掌握心率的变化，了解体重、食欲、睡眠、身体状况、训练欲望、训练中自我感觉等，在有条件的情况下，可定期进行心电图、脑电图、血、尿蛋白、血乳酸及全面体检，根据所掌握的情况综合分析，安排训练和积极性休息，恢复身心机能的稳定性。

（四）跨栏跑训练的内容与方法

1.专项素质训练

（1）速度训练

速度在跨栏跑训练中占有重要地位。它是跨栏跑的重要基础，平跑速度和在跑进中完成过栏动作的速度是决定全程跑速度的基本因素。跨栏速度训练的基本任务在于如何把短跑速度运用于跨栏跑中去，提高跨栏跑运动员专项速度能力。

①提高平跑速度。采用的方法与短跑基本相同。根据跨栏跑的技术特点，在练习平跑时要注意提高身体重心，跑得有弹性、节奏好、动作放松、省力。在保证适宜步长的前提下加快步频。

②提高过栏动作速率。连续快速做摆动腿攻栏和起跨腿提拉以及两腿配合过栏换步的专门练习。

侧面向栏架站立，伸直摆动腿绕越栏架，每次绕过后用脚尖点地，10秒钟做20次以上。

扶肋木或墙壁做支撑高抬腿跑10～15秒钟，计抬腿次数。走或慢跑连续快速做摆动腿（或起跨腿）栏侧过栏练习。

在栏侧一步过栏，栏间距离男3.8～4.2米，女3.2～3.8米，连续跨5～8个91.4厘米或76.2厘米高的栏架。

栏侧、栏中的抬腿跑过栏练习。

跨低栏，强调摆动腿的摆动速度。将起跑至第1栏的距离延长2步，以提高起跑至第1栏的加速能力和过栏速度。

下坡跨栏跑。

跨不同高度的栏架（一个栏比一个栏高）。跨低栏强调摆动腿的迅速摆动，跨高栏是加强起跨腿的蹬地力量和攻栏能力。做跨栏练习时，要求快速起跨和加速两腿剪绞下栏提高过栏速度，不是靠栏前加速跑速度的冲力过栏，在完成上述练习时既要加快动作速率，还要保持一定的动作幅度，既要加快肌肉收缩力，又要注意动作放松协调。

③提高栏间跑速度与过栏速度相结合的练习

为了把平跑速度与过栏技术结合好，应采取多种跑跨结合的练习。

缩短栏间距离，做高抬腿跨栏跑，步频要快、抬膝要高。

降低栏架高度，不缩短栏间距离的跨栏跑。

递减栏距跨栏跑。第 3 栏后每个栏间依次递减栏距，提高和保持栏间速度和节奏，跨过 6 ~ 8 个栏架。

加长栏间距离，增加栏间跑步数，提高过栏和栏间跑速度。栏间距离男生 12.50 ~ 13.00 米、女生 11.60 ~ 12.00 米，跑 5 步。

不同栏间距离、不同栏架高度、变换栏间步数和步长的高速重复跨栏跑。

下坡跑过栏。在 3° 左右的斜坡道下端跑 12 ~ 16 米（8 ~ 10 步），到达平道上顺惯性跑两步过栏，栏间距离可适当缩短，连续跨 3 ~ 5 个栏。

行进间跨栏跑（计时）计取从下第 3 栏到下第 4 栏或下第 5 栏的时间。检查和发展最高速度。

变换栏间步。第 1 ~ 3 栏栏间跑 2 步；第 4 ~ 6 栏栏间跑 5 步。

（2）力量训练

跨栏跑成绩与运动员力量训练水平有密切联系，除要求很强的腿部力量外，对腰、腹、背部肌肉力量也有较高的要求。足掌屈肌、躯干和大腿屈肌的静力指标最能说明问题。

跨栏跑属于肌肉爆发式用力的项目。跨栏跑运动员力量训练的主要任务是发展速度力量（爆发力、快速力量）。

① 发展爆发力和弹跳力的练习。

② 跳跃练习。

采用立定跳远、立定三级跳、十级跨跳、跨步跳、蛙跳、连续跳栏架（6 ~ 10 栏）摆动腿原地二级跳、15 米助跑跳远。

③ 负重练习。

发展下肢力量练习的方法有肩负杠铃或沙袋弓箭步走、跨跳、弓箭步换腿跳或原地负重跳。

④ 负轻重量或增加对抗力做跨栏专门练习。小腿负沙袋或绑橡皮条（一端固定）做提拉起跨腿和摆动腿屈腿攻栏等练习。小腿负重连续走步过栏，带沙护腿上坡跳、跳台阶等。

⑤ 发展下肢大肌肉群力量。负较大重量的杠铃全蹲、半蹲；负中等重量杠铃半蹲跳、持壶铃蹲跳等。

⑥ 发展小腿、踝关节、脚掌、脚趾等小肌肉群力量。肩负杠铃原地提踵、

沙坑内直膝跳、跑道上提踵快走，脚尖套胶带做踝关节屈伸等。

⑦ 发展髂腰肌、阔筋膜张肌肉群力量（做前摆及侧提拉动作时需要）。直立，一腿抬起，膝部上方放杠铃片或沙袋的静力性耗一定时间的练习。扶肋木、踝部套胶皮带，背后一人拉住，或把胶皮带横压在膝盖上方，左右拉紧，做支撑高抬腿跑。扶肋木、脚腕套胶皮带，另一人在身后拉住，做连续提拉动作等。

⑧ 发展腰、背肌和上肢力量。负中等重量杠铃体前屈。胸前套胶皮带，另一人在身后拉住做体前屈。俯卧垫上，两手抱头，一人按住下肢，做向后上方挺身起动作。持哑铃摆臂。持轻杠铃做连续快速抓举、挺举、卧推等动作。

负重力量练习应该和快速力量练习配合进行，练习力量时要考虑到发展速度、柔韧性和灵敏性等素质的配合，也要注意放松肌肉和改善动作的协调性。

⑨ 力量耐力练习。

30 ～ 100 米单足跳、换腿跳。

可用本人体重 50% 的重量进行负重下蹲。每次训练做 4 ～ 6 组，每组在规定时间内做 10 ～ 15 次。平均速率为 1 秒钟下蹲 1 次。

不管采用哪种力量训练，都要遵循负重渐增的原则，才可能逐步提高力量素质。

力量训练应在全年进行。每周两次力量训练较为合理。比赛时期可适当减少力量训练的负荷。

（3）速度耐力训练

在掌握运动技能的初级阶段，发挥运动员的潜在能力主要靠专项速度。对高水平运动员来说，专项耐力达到了与专项速度相同作用的地步，专项耐力对提高运动成绩起着重要的作用。

① 发展速度耐力练习。110 米栏和 100 米栏运动员发展速度耐力与短跑基本相同。400 米栏主要采用 200 ～ 300 米不同强度的重复跑和 400 米、500 米、600 米重复跑，以及 200 米或 300 米为快跑段的变速跑。

② 发展专项耐力的练习。

反复跨栏跑。效果最好是跨 12 个栏。每次训练跨 2 ～ 3 组，每组间歇 10 ～ 15 分钟。

"穿梭"跨栏跑。在两条跑道上迎面摆上栏架，每道 5～7 栏，运动员跑完一道栏后，立即跨返回的另一道栏。训练水平高的运动员可跨 3 道栏。4～5 组，每组间歇约 10 分钟。

平跑与跨栏交替。

100 米平跑 +200 米跨栏跑（过 5 个栏）；

200 米平跑 +200 米跨栏跑（过 5 个栏）；

200 米平跑 +300 米跨栏跑（过 8 个栏）。

目的是使运动员在疲劳状态下，继续保持栏间跑的节奏和过栏技术，发展专项耐力。

（4）柔韧性训练

柔韧性对跨栏运动员有着特殊的意义，特别是下肢、髋关节的灵活性尤其重要。跨栏运动员特别需要向一侧引腿，前后分腿（劈腿）以及上体前屈的柔韧性，应针对项目特点，选择在动作结构上相似的柔韧性练习。

①结合力量练习改善肌肉伸展性。前后抛实心球，提壶铃前屈直身起，负沙袋大幅度弓箭步换腿跳等。

②结合过栏技术发展柔韧性。跨栏坐、跨栏坐向侧向后倒体，纵向横向劈叉，垫上肩肘倒立做跨栏步剪绞换腿，走步中连续栏侧过栏，强调加大动作幅度等练习。

③双手支撑大幅度摆腿、劈叉、支撑压腿。

④采用武术基本功中各种耗腿、踢腿、下腰、涮腰等练习。

⑤肩负杠铃弓箭步走，轻杠铃连续弓箭步抓举，小腿负沙袋连续在栏侧做拉提跨腿等练习。

（5）灵敏性训练

灵敏性对提高速度和技巧有着重要的影响。反应能力、适应能力、平衡能力、目测能力、节奏感、辨别能力等都是跨栏运动员必不可少的能力。

提高力量素质，提高肌肉收缩速度、训练肌肉放松本领，体操、各种球类、各种跳跃、技巧运动、障碍跑等对培养灵敏性都有良好效果。

2. 技术训练

跨栏跑技术训练可分为基本技术和完整技术训练两部分。基本技术是完整技术的基础。在训练中一定要认真、细致、严格要求。基本技术训练包括起跨攻栏、过栏、下栏后衔接栏间跑以及每个跨栏周期的节奏、起跑至第一栏等技术环节的训练。完整技术训练应培养运动员在全程跑中所表现出的综合能力。它包括起跑后发挥速度的能力、跑跨、跨跑结合的能力、连续快速过栏的能力以及全程跑的节奏等。

学习和改进技术，要以大中小强度的训练相结合。采用降低栏架高度、缩短栏间距离或加长栏间距离，增加栏间步数等降低难度的训练方法是必要的，中小强度训练易于掌握技术，但为了提高跨栏跑的成绩，还必须从难、从严、从比赛实际出发，在大强度训练中学习、检验和改进技术。

（1）提高跨栏基本技术的专门练习。

（2）改变条件练习跨栏跑。

① 在沙坑前放置一栏架,快速起跑后过栏,摆动腿落在沙坑内迅速跑出。

② 跨越双重栏架。摆动腿从第一栏上越过，起跨腿要跨过相距 40 ~ 60 厘米的两个栏架，第二个栏与第一个栏错开 30 ~ 40 厘米，以增大下栏第一步的长度和起跨腿提拉过栏的动作幅度。

③ 加强快速过栏意识的培养。观看优秀运动员比赛、录像、电影等。

④ 增加起跑至第一栏的距离，然后跨3 ~ 4个栏。如男子起跑至第一栏增加到18米跑10步，女子21米跑12步。

⑤ 栏间跑一步连续跨4 ~ 5个栏，栏距：男子3.5 ~ 4米，女子3 ~ 3.5米。

⑥ 站立式起跑8步后连续跨4 ~ 5个栏。栏距：男子17米，女子16米，均跑7步。

⑦ 起跑到第一栏按标准距离，第1、2栏间11 ~ 13米，跑5步；第2、3栏间8 ~ 9米，跑3步；第3、4栏间同1、2栏间；第4、5栏间同2、3栏间。

⑧ 站立式起跑，栏间跑第5步过栏，栏间跑提高身体重心，速度不快，但加强起跨、快速过栏，栏距：男子10米，女子9米。

⑨ 高抬腿栏中过栏，栏间3.5 ~ 5米跑3步。尽量减小身体重心的起伏，缩短过栏和抬高腿跑各步的时间差。

（3）用标准栏高栏距练习跨栏跑。

① 站立式起跑，跨1 ~ 10个栏架，并记下各栏的时间。

② 蹲踞式起跑，跨过1 ~ 3个栏。

③成组按起跑信号起跑，跨半程栏，并计取时间。

④蹲踞式起跑后，跨8个栏架，或跨全程栏。

⑤参加跨栏跑测验或比赛，把测验或比赛视为一次技术训练，从中发现问题。

（4）改善跨栏跑节奏和目测能力的练习。

①400米栏运动员按预先规定的强度，反复练习起跑过第一栏技术，要求所跑时间不能超过预定时间0.2秒。

②随栏间距离的变换，增减栏间跑步数，掌握步长准确起跨。如女子400米栏，第1、2栏间相差16米，跑7步；第2、3栏栏间距23.50米，跑11步，以后各栏栏间增至31.50米，跑15步。

3.战术训练

跨栏跑战术训练主要是合理分配跑的速度和体力。它对提高跨栏跑成绩有直接影响，就全程而言，运动员的速度感、节奏感都是重要的，运动员具备了这方面的能力，才能顺利地参加比赛。

战术训练必须建立在良好的身体素质，熟练而巩固的技术和勇敢、顽强、克服困难的意志品质基础上，以及对客观情况的了解和适应能力。

战术训练主要在竞赛时期进行，在接近专项比赛的条件下训练、争取多参加比赛或测验，培养战术意识，锻炼意志品质，积累比赛经验，不断改进和提高战术水平。

中等水平运动员一般在前半程采取适宜速度跑，保存一定实力，在后半程根据对手的位置和战术作出相应的反应，加快自己的速度，跑完全程。

优秀运动员一般采用起跑后加速快跑到3~4栏，然后保持跑速到7~8栏，最后2~3栏用最大力量跑向终点。

在保持合理的栏间跑节奏和顺利过栏的前提下，全程采用"速跑"对提高成绩比较有利，一般后半程慢于前半程2~3秒为宜（指400米栏）。

运动员根据个人训练水平，在比赛前拟定速度和体力分配计划。在平时训练中反复练习分段跑：如过100米栏（两个栏加20米）、200米栏（5个栏加15米）、300米栏（8个栏加10米）以及全程跑计时来培养控制速度和体力分配的能力，这样，在比赛时才能合理使用体力，取得优异成绩。

4.心理训练

跨栏跑是技术复杂的项目。它要求运动员在高速跑中，连续克服空间障碍。这不仅对运动员的身体素质、技术有较高的要求，而且对勇敢、顽强、果断地克服和战胜困难的意志品质和心理能力方面也有很高的要求。

心理训练在准备比赛阶段有着特殊的地位。信心不足、担心失败、过分兴奋等通常使运动员在比赛前就遭到心理上的失败。因此，在赛前对运动员进行合理的心理调节，从而保证达到高涨的情绪，敢于拼搏、勇于比赛的心理状态，并把注意力集中在比赛中充分发挥技术、战术水平和机能能力的关键细节上。通过心理调节，增强运动员的信心、诱发为胜利而拼搏的积极愿望。

心理训练的内容：

（1）注意力、意志力、自信心等心理品质的训练。比赛时造成运动员注意力分散的因素很多，如疲劳、对场地不适应、对栏架不适应，没有抽到预想的道次，强手在自己的邻道等，都会分散比赛的注意力。因此，在平日训练中要注意养成注意力集中的习惯，要有意识地克制自己的情绪，不计较个人得失，集中精力克服不利因素，全力以赴参加训练和比赛。

通过在困难和复杂的条件下进行跨栏训练，可以培养运动员全神贯注和勇敢、顽强、果断及克服困难的意志品质。克服注意力不集中，怕栏、信心不足、不能坚持到底等心理障碍。

（2）培养跨栏跑的意识，克服心理障碍。采用不同速度和不同栏高、栏距进行训练或按照事先录制的最佳的跨栏跑节奏音频进行练习，不断加强运动员过栏的时间和空间知觉，培养运动员速度感、节奏感、肌肉用力感和目测能力，建立和强化"栏感"，并克服怕栏的心理障碍。

赛前训练中按比赛条件多次进行跨全程栏或超全程栏的练习，可使运动员对自己的技术和体力心中有数。

比赛前要对参赛的运动员有所了解，做到知己知彼，心理状态就会比较稳定，要充满信心，努力完成比赛任务。

第七章 跳跃类项目的教学与训练

第一节 跳跃类项目技术教学

一、跳跃技术教学重点与难点

跳跃的完整技术划分为助跑、起跳、腾空和落地四个部分。除撑竿跳高外，在整体教学中，跳跃项目都有各自的技术教学重点与难点，但在跳跃技术各个部分中，同样有各自的技术教学重点与难点。因此，教学中，除了重视整体教学重点与难点外，还应重视各技术部分的教学重点与难点。

（一）跳高技术教学重点与难点（背越式）

技术重点：背越式跳高技术教学重点是起跳技术。

起跳技术是跳高技术的关键环节。它的任务是改变人体运动方向。人体重心腾起的高度是实现跳高目的的基础，而起跳就是获得尽可能大的垂直速度的主要动力来源，因此，腾空高度的高低主要取决于起跳技术。

技术难点：背越式跳高技术教学难点是助跑与起跳的衔接技术。

跳高的项目特征是使身体越过尽可能高的高度的运动。人体起跳后身体重心腾起的高度是越过横杆的基本保证，没有良好的助跑与起跳相结合技术，人体重心就达不到预期的高度，也就不能实现越过横杆的目的。而人体想获得理想的腾起高度，必须是建立在良好助跑和起跳相结合技术基础上。

（二）撑竿跳高技术教学重点与难点

技术重点：撑竿跳高技术教学重点是插穴与起跳技术。

撑竿跳高的项目特征与跳高技术相似，是使人体越过尽可能高的高度的运动。持竿助跑获得的水平速度，是要通过插穴起跳动作才能获得最大限度的动量。所以，插穴起跳技术动作的好坏不仅影响助跑速度的发挥和利用，而且在很大程度上影响整个跳跃的质量与效果。

技术难点：助跑与举竿插穴动作技术。

在撑竿跳高技术教学中，助跑与举竿是撑竿跳高技术教学中学生比较难掌握的技术。因为助跑是获得动能的主要阶段，助跑速度是决定撑竿跳高成绩的基本因素。在高速跑进中不失时机地、协调准确地按顺序完成降竿、举竿、插竿等一系列动作是比较困难的，因此，助跑与举竿插穴技术动作，是撑竿跳高教学中的难点。

（三）跳远技术教学重点与难点

技术重点：跳远技术教学重点是起跳技术。

起跳技术是跳远技术的关键环节。它的任务是改变人体运动方向。因为人体要想获得一定的远度，必须要通过起跳技术才能获得。如果没有良好的起跳技术，人体就无法获得一定的远度和高度。所以，起跳技术是跳远技术的教学重点。

技术难点：跳远助跑技术教学难点是助跑与起跳相结合技术。

跳远助跑技术的特征是使人体跳过尽可能远的远度的运动。人体起跳后，跳跃的远度是实现跳远目的的关键，而快速的助跑速度与有力的起跳蹬伸的结合技术，则是人体跳跃远度的重要环节，也是人体获得理想的腾起远度的主要来源。

（四）三级跳远技术教学重点与难点

技术重点：三级跳远技术教学重点是助跑接第一跳的衔接技术。

三级跳远项目的特征与跳远技术相似，是使人体通过快速的助跑和有力的起跳，跳过尽可能远的远度的运动。没有快速的助跑和有力的起跳，人体运动就不会达到预想的远度。另外，如果第一跳完成不好，就无法进行后面两跳技术。所以，三级跳远技术教学重点是助跑接第一跳的衔接技术。

技术难点：三级跳远技术教学难点，是三跳过程中水平速度的保持率及各次起跳产生的垂直速度。三级跳远技术不同于跳远技术，借助助跑所获得的水平速度，通过一次起跳动作，获得最佳的跳跃远度，而是需要做三次起跳动作，由于助跑中获得的水平速度在三跳过程中不断降低，所以力求减少水平速度的损失而又能获得合理的垂直速度是三级跳远技术中要解决的重要问题。因此，在三个连跳的每一跳中，保持每一跳的水平速度是三级跳远技术的难点。

二、跳跃技术要点

（一）跳高技术要点（背越式跳高）

1.助跑技术要点

（1）助跑动作要轻松自如，富有节奏性，速度逐渐加快。直、弧线过渡要自然、连贯、平稳，身体重心较高，节奏明显。

（2）弧线助跑身体要向内倾斜，内侧肩要低于外侧肩。

（3）最后几步助跑节奏积极，步频加快，要为合理的起跳动作做好充分准备。

2.起跳技术要点

（1）强调摆动腿最后一步的积极蹬伸和快速有力地摆动，以及摆动臂摆动的协调配合，做到提肩拔腰，以提高起跳的效果。

（2）起跳脚放脚落地要快速，要沿弧线助跑的切线方向低、平、快放脚，脚后跟外侧先着地，迅速滚动到全脚掌，在起跳脚踏上起跳点时，身体应达到最大的内倾状态。

（3）起跳腿膝关节支撑缓冲要小，做到快速起跳与快速助跑衔接自然。

（4）起跳脚着地瞬间，身体应保持内倾状态，紧接着迅速蹬伸髋、膝、踝三关节，使身体沿着前上方腾起。

3.过杆与落地技术要点

（1）充分用力向上跳起，过杆时仰头、倒肩、挺胸、挺髋，收腿应连贯、自然，顺利完成。

（2）过杆时仰头倒肩的时机要适宜，过早或过晚都会碰落横杆。腰腹肌要主动控制空中姿势，使身体各部分成为一个整体，有利于过杆。

（3)仰头过杆后顺利收下颌，以肩背先着地,避免头部先落在海绵垫上,造成颈部受伤。

（二）撑竿跳高技术要点

1.持竿助跑技术要点

（1）持竿助跑速度逐渐加快，大腿高抬，身体重心较高，持竿助跑时动作要放松，步子富有弹性。

（2）助跑的最后阶段竿头下降时，要充分利用撑竿这种前翻拉力，把它转变为牵引力，加快助跑节奏，"追着竿子跑"。

（3）助跑的最后部分，应当尽量高抬大腿，做快速扒地式的着地，在步长保持不变的情况下加快步频，助跑节奏明显加快，并维持身体平衡。

（4）持竿助跑时应以肩为轴，两臂上、下轻松自然地颤动，两臂要配合助跑节奏，要保持竿子的稳定性。上体要保持正直，节奏要稳定，保证起跳点的准确性。

2.插穴起跳技术要点

（1）尽量使降竿、举竿、插穴在高速跑进中协调、准确地按顺序完成，避免做过多的复杂动作。

（2）要把助跑获得的水平速度，通过快速有力的起跳，最大限度地转化为竖竿和摆体的动量；举竿要及时，送竿要积极，起跳蹬伸要快速、有力，要把起跳的力量作用于撑竿上。

（3）为了加快起跳的速度，提高起跳效果，在助跑最后一步起跳腿前摆时，应注意小腿和大腿的折叠。大腿应积极下压，以全脚掌紧张地由上向下积极着地，达到快速起跳的目的。

（4）起跳举竿与踏跳同步进行，通过双手举竿和起跳腿蹬地的协调配合，使身体充分伸展，增大竿子和地面的夹角；起跳点、握竿点、插竿点，三点尽量在插斗中线同一垂直面上，以保证人体向正前方平稳而快速摆动。

3.悬垂摆体与后翻举腿技术要点

（1）竿上悬垂时应充分伸展，拉长体前肌群，使肩、胸、髋向前，形成最大背弓，并使起跳腿滞留在体后。身体充分伸展，短暂地保持起跳时反弓姿势。胸部靠拢撑竿。摆动腿下垂靠近起跳腿，右臂伸直，左臂自然微屈，人体借助撑竿的支撑，向前上方大幅度摆动。

（2）"长摆"结束时屈膝屈髋要积极，要敢于仰头，身体后倒；短摆时要尽量缩短摆动半径，身体后翻方向和撑竿反弹方向趋于一致并向上。

（3)向身后翻时身体要收紧,向后上方伸举腿;右臂不要过早屈肘拉臂。

4.拉引转体与推竿技术要点

（1）当竿子接近垂直时开始引体、转体，要充分利用竿子的反弹和展体的速度，及时准确做引体、转体动作，引体和转体几乎同时进行。

（2）双臂开始向竿子的纵轴方向做拉引动作，髋部置于手握竿处开始向左转体，转体时，两腿靠拢，膝伸直，髋部靠近竿子。整个拉引、转体动作要靠近撑竿，拉引动作要平稳、顺势、迅速，转体转入支撑动作应平稳，不要突然过于猛烈而影响竿子的伸直速度。

（3）推竿时应尽可能以垂直状态进入支撑，充分利用拉引和竿子伸展后剩余的能量，快速而平稳地把身体向上推起。

（4）整个动作都应保持两大腿并拢和伸直，随身体运动的惯性上升。

5.腾越横杆与落地技术要点

（1）完成推竿动作后，以短促的动作向横杆后面压腿，并利用骨盆的向上运动进行补偿低头含胸，身体成弯弓姿势，绕额状轴转动并继续腾起。

（2）推竿时尽可能以垂直状态进入支撑，快速平稳地把身体向上推起。

（3）推竿后，应保持两腿伸直向上姿势，当大腿越过横杆时，两腿下压，使人体绕额状轴转动，随着转动做低头、含胸、收腹顺势抬臂，团身举腿，柔和地以背部着垫。

（三）跳远技术要点

1.助跑技术要点

（1）无论采用何种助跑方式，都必须做到加快助跑速度，准确踏上起跳板。身体重心移动轨迹平稳，保持跑的直线性。

（2）助跑起动姿势、跑的技术、跑的距离、跑的步幅、步长、加速的方法及跑的节奏要稳定，特别是最后几步助跑节奏要积极。

（3）助跑速度要逐渐加快，特别是助跑最后几步准备起跳时，应达到较高的助跑速度。

2.起跳技术要点

（1）最后一步摆动腿蹬地送髋要积极，为了加快起跳脚上板的速度，起跳腿迈向起跳板时，大腿前摆不易过高，使迈步放脚迅速、积极。

（2）起跳时，蹬摆协调配合，摆动动作要积极快速地向前上方摆出，并以髋带动大腿，迅速、大幅度地前摆。身体保持正直或稍前倾的姿势，身体重心保持较高的位置，积极加速身体前移。

（3）起跳时抬头挺胸，上体正直，髋、膝、踝三个关节要充分蹬直、伸展，上下肢协调配合。

3. 腾空落地技术要点

（1）无论采用何种腾空姿势，都必须保持身体重心在空中的平衡，保持抬头、挺胸姿势。落地前要做到高抬大腿，前伸小腿，充分做好落地前的准备工作。

（2）挺身式跳远动作在腾起后，摆动腿积极下放，伴随有伸膝动作，使髋部前移，挺胸展髋。不能挺腹，两臂要协调配合。

（3）走步式交换动作是以髋为轴，带动两大腿在空中形成走步式姿势。摆动腿要积极下放，并向后摆动，起跳腿要及时屈膝向前摆动，两臂要协调配合腿的动作，做大幅度的绕环摆动。

（4）着地前，双臂快速向后方摆动，尽量减小双腿与地面的夹角，在双腿接触沙面的瞬间，及时屈膝缓冲，使身体迅速移过落地点。

（四）三级跳远技术要点

1. 助跑技术要点

（1）固定起跑姿势和稳定的加速方式，全程助跑动作要轻松、自然，节奏明显，特别是最后几步助跑节奏的稳定性。

（2）助跑的距离可根据运动员的加速能力来确定，助跑时身体重心平稳，跑得有弹性，在助跑最后一步时，要力争达到较高的水平速度。

（3）助跑最后几步，身体重心要高，上体正直或稍前倾，积极加快上板速度，摆动腿和两臂，配合起跳腿积极摆动。

（4）助跑最后一步，起跳腿不像前几步那样高抬，摆动腿和两臂的摆动方向更加向前。

2. 第一跳（单足跳）技术要点

（1）起跳腿积极、自然踏上起跳板，起跳脚落地扒地积极，尽量保持水平速度，身体保持正直或前倾状态。

（2）起跳脚着地后，迅速屈膝缓冲，接着进行爆发性的蹬伸，同时摆动腿大腿和两臂迅速向前上方做大幅度的摆动。

（3）起跳结束后，大小腿尽快折叠，以膝领先向前上方摆出，摆动腿自然协调向后摆动，接着摆动腿大腿带动小腿向下、向后摆动，同时起跳腿屈膝向前摆动，小腿自然下垂，完成换步动作，交换时要在身体重心下方交换，两腿交换要协调、有力，时机要适宜。

（4）无论采用哪种摆臂姿势，都应协调配合，摆臂的力量与躯干和腿的用力要一致。

3.第二跳（跨步跳）技术要点

（1）起跳腿积极下压，做有力的扒地动作，同时摆动腿和两臂有力地向前上方摆动，摆动幅度要大，蹬摆要协调配合。

（2）起跳后保持较长时间的腾空步姿势，摆动腿大腿继续向上高抬，起跳腿自然弯曲，加大两大腿的夹角。

（3）维持身体在空中的平衡。

4.第三跳（跳跃）技术要点

（1）起跳腿落地扒地要积极，要充分利用剩余水平速度，尽量提高垂直速度，向前上方跳起，以弥补水平速度的不足。

（2）抬头挺胸，上体保持正直，加大摆动幅度，上下肢协调配合。尽量增大适宜的腾起角，提高垂直速度。

（3）起跳结束瞬间，起跳腿髋、膝、踝三关节充分伸直，并与上体成一直线，起跳角和腾起角都稍大于前两跳。

三、跳跃技术教学主要教学手段

（一）背越式跳高技术教学手段

跳高是一项克服垂直障碍的跳跃项目，其动作环节是紧密相连不可分割的完整体。教学中要把教学重点放在各技术环节的结合上，特别是助跑与起跳的结合。因此，在跳高技术教学中一定要抓住这个技术环节，同时要重视助跑技术、起跳技术、过杆技术。这样选择合理的教学手段时，目的性才强，方法手段才有针对性，才能取得好的教学效果，使学生快速地掌握正确完整技术。

1.助跑技术

助跑是为了获得必要的水平速度，在起跳前及时调整动作结构和节奏，取得合理的身体位置，为顺利地进入起跳和过杆做好准备。一般采用各种变换方向的跑练习（圆圈跑、蛇形跑、8字形跑、马蹄形跑、螺旋形跑），直道进入弯道跑练习，在跳高场地上做助跑练习。

2.起跳技术

起跳是跳高技术的关键技术，其任务是迅速改变人体运动方向，创造尽可能大的垂直速度和合理的腾空角度，为过杆动作的顺利完成创造条件。一般采用摆动腿练习，模仿起跳练习，原地起跳练习，上一步起跳练习，行进间3、5步起跳练习，4步弧线助跑起跳练习，短助跑起跳摸高练习，在跳高场地上做助跑起跳头顶高物练习，全程助跑起跳坐高垫练习，全程助跑起跳等练习。

3.过杆落地技术

过杆是最终决定跳高成败的重要环节，因此，掌握合理过杆技术是教学中不可忽视的问题。一般采用挺髋模仿练习（原地下腰、两人对背），原地双脚、单足起跳背翻练习（可增加起跳点的高度），上一步起跳背翻练习，4步助跑跳高垫练习（要求两腿不上收），短助跑起跳过杆练习，正面助跑过杆练习，完整技术练习。

（二）撑竿跳高技术教学手段

撑竿跳高技术必须最大限度地利用助跑速度，使人和竿子快速向前上方摆动，并利用人体在竿上的摆动和竿子的弹性及快速的拉引和推竿动作，使身体获得最大的腾空高度。撑竿跳高技术比较复杂，不应过早地进行完整技术教学。

1.持竿助跑技术

持竿助跑是撑竿跳高中获得动量的主要技术环节，它是保证运动员在不影响快速、准确完成插穴起跳技术的前提下，获得尽可能高的水平速度。一般采用握持竿练习，持竿慢跑练习，持竿高抬腿跑练习，持竿加速跑练习，持竿慢跑过渡到加速跑练习，持竿加速跑结合降竿练习。

2，插穴起跳技术

插穴起跳是掌握撑竿跳高技术的关键，它是进一步掌握技术和提高运动成绩的基础。正确熟练的插穴起跳技术有利于助跑速度的发挥和利用，也有利于悬垂摆体等动作的正确完成。可采用模仿举竿时手的动作练习，在沙坑里做上一步起跳悬垂练习，走动或慢跑做插穴起跳练习，用硬竿做短助跑起跳接悬垂练习，短程助跑插穴起跳转入竿上悬垂练习。

3.悬垂摆体和后仰举腿技术

运动员利用悬垂动作姿势拉长的体前肌群做向上摆，使摆体动作尽可能完成得快速有力。一般采用4～6步助跑起跳悬垂练习，原地起跳握住吊绳做悬垂后仰举腿练习，2～4步助跑起跳握住插在沙坑内的撑竿做悬垂后仰举腿练习，持竿短程助跑将竿插入沙坑做悬垂后仰举腿练习，利用单杠做悬垂后仰举腿练习，撑竿跳高场地上做短程助跑悬垂后仰举腿练习，利用高架做悬垂后仰举腿练习。

4.引体、转体、推竿、过杆技术

引体是从短摆之后开始的转体、推竿和过杆等一系列动作，是运动员撑竿跳高技术中最后的关键技术部分。一般采用上一步插竿起跳摆体、引体、转体推竿练习，利用高架做引体、转体推竿练习，短程助跑撑竿跳远技术练习，短程助跑撑竿跳高技术练习，完整技术练习。

（三）跳远技术教学手段

跳远需要良好的速度和弹跳力作为基础。它不仅需要运动员具备快速助跑能力，同时还需要在高速运动状态下准确踏板和快速起跳的能力。跳远教学手段的选择与运用一定要强调各技术环节间的衔接和整个技术的完整性，使分解技术服务于完整技术的需要，也使完整技术教学注意各技术环节的准确性和实效性。

1.助跑技术

助跑主要是获得水平速度，为准确踏板和起跳做好准备。跳远的助跑速度对运动成绩起很重要的作用。跳远助跑教学一般采用不同距离的加速跑练习，不同距离的行进间跑练习，计时跑练习，固定助跑步数的高频率行进间跑练习，在跑道上做8～12步助跑练习，设立标志物的助跑练习，体会助跑节奏的练习，全程助跑练习。

2.起跳技术

起跳技术主要是改变身体重心向前运动方向，使它按着适宜的角度腾起。一般采用原地模仿起跳技术练习，行进间起跳练习，小步跑起跳练习，4～6步助跑"腾空步"练习，利用坡板做短助跑起跳练习，短程助跑"腾空步"练习，不同节奏的助跑接起跳练习。

3.空中与落地技术

腾空动作主要是利用身体的补偿动作，维持身体平衡。教学中一般采用原地模仿练习，利用双杠做空中动作模仿练习，增加起跳高度做空中技术模仿练习，短程助跑接空中技术练习，中程助跑起跳空中技术练习，模仿着地技术练习，全程助跑跳远练习。

（四）三级跳远技术教学手段

三级跳远主要取决于助跑获得的水平速度和三跳过程中水平速度的保持率及各次起跳产生的垂直速度。三级跳远的技术比较复杂，练习强度大，宜采用完整和分解技术相结合的方法。教学的前段主要简化练习手段，降低练习强度。

1. 助跑起跳技术

助跑起跳是决定三级跳远成绩优劣的最主要因素。在教学中既要注意技术的规范性和示范性，还要加强技术的竞技性和实效性。在教学中可以采用各种距离的加速跑练习，计时跑练习，行进间跑练习，原地模仿"扒地"动作练习，行进间起跳练习，短程助跑起跳练习，全程助跑起跳练习。

2. 第一、第二跳结合技术

三级跳远的第一跳是在水平速度很高的情况下进行，它既要争取一定的远度，又要力求减小水平速度的损失量，因此，教学中选择有效的教学手段是很有必要的。一般采用原地或行进间的单足跳练习，原地或行进间的单足跳—跨步跳练习，4～6步助跑的单足跳练习，短程助跑起跳第一、二跳练习。

3. 第二、第三跳结合技术

第二跳是在空中飞进一定远度和高度的条件下进行的。应以保持水平速度为主。一般采用各种距离的跨步跳练习，4～6步助跑起跳跨进沙坑练习，4～6步助跑单足跳—跨步跳练习，短程助跑起跳单足跳—跨步跳练习，短程助跑三级跳远练习，中程助跑三级跳远练习，完整技术练习。

第二节　跳跃项目的训练

一、跳跃项目不同年龄段训练的特点与要求

（一）跳高不同年龄段训练的特点与要求

1. 基础训练阶段（11～14岁）

少年儿童时期的训练是培养高水平运动员的重要组成部分，是多年规划事关成败的关键环节。在初级基础训练阶段，必须有长远打算，扎扎实实

地稳步前进。

（1）在这个年龄段，人的大脑皮质兴奋性较高，神经过程的灵活性强，反应速度快。训练中应以全面提高身体素质为先导，促进生长发育，采用科学有效的训练方法、手段。根据少年儿童生长发育规律特点及运动机能发展规律，在全面提高身体素质时要以提高速度为主，同时提高速度耐力、协调、柔韧等素质。

（2）训练应侧重于采用多项技术教学内容，学习掌握各种运动技能，重视专项基本技术的教学和各种身体训练手段的要领教学。采用与专项技术结合比较密切的专门手段或发展专项技术所必需的身体素质和专项技能，专项负荷强度较低，要使运动员运动成绩逐年有所提高，逐步培养其对跳高训练的兴趣爱好。

（3）此阶段在训练方法安排上，应考虑少年儿童的特点，可安排生动活泼一些，最好把练习方法和手段编排在一起，进行组合训练，并带有游戏性，这可使训练达到理想的效果。

（4）速度对跳高运动员来说非常重要，而此阶段是发展速度素质的最佳阶段。跳高运动员的速度训练有其专项特点，因为跳高运动各技术环节结构不同，要求的速度形式也不一样，所以，发展速度素质必须结合跳高特点进行。

2. 初级专项训练阶段（15 ~ 17 岁）

（1）此阶段运动员的身高增高逐渐缓慢，肌纤维日渐增粗，肌肉内蛋白质含量增高，心血管系统和呼吸系统的功能亦日趋完善，承担负荷的能力和恢复能力明显增强。

（2）要在全面发展一般运动素质的基础上，逐步提高专项运动素质的发展。但是专项运动素质训练比重分配要合理。初期要以全面提高身体素质为主，继续提高速度力量、协调、柔韧等素质，随着运动员年龄的增长，逐渐加大专项运动素质训练，除了发展一般身体素质外，更重要的是要发展助跑、起跳和过杆的速度，重视技术环节的衔接，特别是助跑与起跳技术的衔接。

（3）此阶段后期是掌握正确跳高技术的重要时期，也是初步形成跳高运动员个人特点及技术风格的时期，因此，在训练中要重视运动员技术训练，通过大量的技术专门练习和完整技术训练，使运动员跳高技术日趋合理、完善，逐渐形成个人特点和技术风格。

（4）要加强专项能力的培养，多参加各种类型的比赛，增强比赛意识，逐步积累比赛经验，提高心理素质，使运动成绩逐年提高。

3.专项提高训练阶段（18～20岁）

（1）从生理角度看，这个阶段的运动员趋于成熟，肌体各器官系统的机能逐渐完善，肌肉开始横向增长，骨骼更加坚硬，心血管系统、呼吸系统和神经系统机能不断完善，因此，此阶段应逐步进行大强度训练。大强度训练对运动员肌体的刺激强烈，神经冲动强，能提高运动员的兴奋性，同时强烈的神经冲动刺激肌肉，使之进行强有力的收缩，可取得良好的训练效果。在进行大强度训练中，要突出技术训练、专项身体训练，要在不断提高专项平均强度的基础上提高专项极限强度。

（2）身体训练是专项身体训练的基础，能促进有肌体各器官协调发展，所以，此阶段的身体素质训练必不可少，但一定要加大专项身体训练的比重，在手段选择上要符合跳高技术特点。如提高助跑与起跳速度是跳高发展方向，因此要求运动员必须具有较高的速度能力，训练要以速度为核心。

（3）掌握正确的跳高技术，必须要加大完整技术训练的力度，采用较大强度和量的完整技术练习，巩固合理的技术动作，形成具有个人特点和技术风格的跳高技术。

（4）多参加不同规模的比赛，通过比赛可以刺激强度，培养比赛意识，提高心理素质、积累丰富的比赛经验。

4.高级训练阶段（21岁以上）

（1）这个阶段生长发育过程已经全部结束，各肌体器官系统均达到完善成熟状态，身体形态机能、身体素质水平、技术掌握程度、心理素质、个人技术特点与风格基本处于良好的状态。这个时期是运动员创造优异成绩的最佳时期。

（2）大强度训练是提高专项能力、提高身体素质水平和迅速掌握先进技术动作的主要方法，也是锻炼运动员意志品质，培养比赛作风，丰富比赛经验，使之达到高水平运动员的主要途径。它可以发挥人体机能的潜力。因此，训练中所选择的方法与手段都要为大强度训练服务。

（3）要从实际出发，实事求是地分析主、客观因素，以多学科的理论为指导，有针对性地进行训练，要保持一般与专门身体训练，不可忽视基本技术训练，而且基本技术要经常练，这可以保持竞技能力，也可以进一步完善与熟练技术。

（4）随着运动员跳高水平的不断提高，其训练强度、运动量等越来越大，因而恢复训练也日益重要，它已经成为运动员训练过程中一个重要内容。因此，采用合理的恢复手段来加速消除运动员体力和精神上的疲劳，使肌体活动能力得到恢复和提高。另外，运动员到了一定的年龄后，恢复比较慢，所以运动量与强度应随着年龄的增长而逐渐略有减少，训练次数也适当减少，每次训练都要考虑运动员的恢复。

（二）撑竿跳高不同年龄段的训练特点与要求

1. 基础训练阶段（11～14岁）

（1）此阶段少年儿童处于生长发育阶段，骨骼内矿物质少，有机物和水分较多，骨骼弹性和可塑性大，肌肉中水分多，蛋白质含量较少，大脑皮层的兴奋和抑制过程不均衡。

（2）撑竿跳高技术很复杂，对运动员体能标准的要求很高，成为一名优秀运动员要经过多年系统、科学的训练。此阶段是打基础阶段，主要发展全面身体素质，要以发展速度素质为重点，以发展动作速率及灵敏、协调、柔韧等素质为辅，要掌握与专项相关的跑、跳等技能，要培养运动员的兴趣、爱好。

（3）学习与初步掌握正确的撑竿跳高基础技术。撑竿跳高技术属于很复杂难掌握的项目，所以，此阶段对运动员技术要求不宜过急，要扎扎实实，循序渐进地掌握各技术环节。

2. 初级专项训练阶段（15～17岁）

（1）此阶段运动员骨骼逐渐成熟，肌肉蛋白质含量随着年龄增长而增长，心血管系统、呼吸系统日趋完善，有承受中等运动量和强度的能力。

（2）撑竿跳高不同于其他跳跃项目，它对运动员的各项指标要求很高。因此，在这个阶段应继续提高、发展全面身体素质，高度发展以速度为中心的运动素质，加强体操训练，提高灵活、协调、柔韧性，逐渐加大专项运动素质训练。

（3）此阶段是掌握正确技术动作最主要时期，也是形成运动员个人特点与技术风格的时期。除了发展与提高一般和专项身体素质，学习、掌握与专项相关的器械体操技能和专项力量外，应完善撑竿跳高的完整技术，进一步发展和提高专项能力。

3.专项提高训练阶段（18～20岁）

（1）此阶段运动员骨骼、肌肉、心血管系统、呼吸系统、神经系统均趋于完善，特别是肌肉由纵向发展开始向横向发展，肌肉力量的增长十分明显。在这个阶段应继续提高、发展全面身体素质，加大专项素质与专项技术训练的比重，不断提高撑竿跳高所需要的运动技能。

（2）此阶段基本进入了高水平训练阶段，运动员的专项能力达到了一定程度，运动成绩在不断地提高。在这个阶段中应采用大强度训练，特别是完整技术训练的强度。训练中要有针对性地提高身体素质水平和专项能力，充分挖掘运动潜能。

（3）此阶段是运动员形成个人特点和技术风格的最佳时期，也是改进撑竿跳高技术、提高其专项素质的时机。在这个阶段应努力提高撑竿意识和腾越速度，使技术精益求精，形成自己的技术和训练特点。

（4）多参加国内外各级比赛，积累比赛经验，提高比赛意识和心理素质。

4.高级训练阶段（21岁以上）

（1）此阶段运动员已发育成熟，经过多年系统的训练，运动成绩、运动技能处于鼎盛时期。在这个阶段中运动员应尽量保持良好的竞技状态，延长运动寿命，不断地创造优异成绩。

（2）完善专项技术，提高身体与专项素质，进一步稳固自己的独立技术风格。

（3）减少训练次数，保证训练强度，保持、提高稳定的心理素质。

（4）积极参加比赛，不断提高比赛时心理素质水平。由于这个阶段的运动员具有丰富的实践经验和一定的理论知识，运动员可凭个人感觉和医务检测来掌握和控制训练过程。

（三）跳远不同年龄段的训练特点与要求

1.基础训练阶段（11～14岁）

（1）少年儿童在这一年龄段处于快速生长时期，身体主要是纵向生长，骨骼发育快于肌肉组织，身体各部位肌肉发展不平衡，大肌肉群、上肢肌群和屈肌发育较早，小肌肉群、下肢肌群及伸肌发育较迟，心肌发育未完善，收缩力量较弱，大脑皮质神经过程的兴奋和抑制不均衡，兴奋占优势，易扩散，注意力不集中，易疲劳。

（2）跳远运动成绩的好坏与跑的速度有很大关系。跳远是运动员通过高速度助跑和快速起跳创造尽可能远距离的水平跳跃项目，它对运动员的绝对速度、快速力量和运动协调性有很高的要求。由于这个时期少年儿童具有反应灵敏等生理特征，因此，在这个阶段应着重发展动作速度及跑的步频。

（3）身体素质是基础，基础不雄厚，难以在专项上有大的作为。因此，要全面提高身体素质，训练中要尽量利用自然条件和游戏方式来提高技能和跑跳能力，训练内容、方法和手段要多样化、趣味化，防止单调枯燥，避免过早突出专项。

（4）学习田径运动各种基本技术和技能，掌握正确基本技术动作，包括跑的技术和各种跳跃技术。

2. 初级专项训练阶段（15～17岁）

（1）加速生长期结束，身高增长速度逐渐减慢，肌肉开始横向增长。由于心血管和呼吸系统发育日趋完善，机能水平不断提高，可以承担较大负荷的训练。

（2）这一时期是速度、速度力量和绝对力量发展最佳期，除了继续进行全面身体训练外，应发展和提高专项素质。专项素质训练要以发展速度为核心，同时注意提高快速力量及专项弹跳能力。

（3）此阶段是掌握正确技术动作，形成个人特点与技术风格的主要时期。在这一阶段应着重提高运动员对跳远动作结构和动作节奏变化的适应能力和准确完成动作的能力。在掌握技术动作时，应在提高技术动作的速度和幅度及效率上下功夫，要在逐渐提高助跑速度的前提下，改进和完善助跑技术节奏，并使快速助跑与快速起跳紧密地衔接起来。

（4）加强跳远比赛意识，有目的地积极参加不同规模、形式的比赛，可将比赛作为一次高强度训练，使他们在比赛中积累经验，提高心理素质。

3. 专项提高阶段（18～20岁）

（1）生长发育过程基本完成，逐渐进入成年时期，肌体各器官系统的机能逐渐完善、成熟，骨骼更加坚硬，心血管系统、呼吸系统和神经系统机能不断提高。这一时期是运动成绩的"突长期"。

（2）此阶段运动员已进入高水平训练阶段，主要集中在与专项关系密切的内容上。速度训练仍是中心任务，并在继续不断提高绝对速度同时，努力提高在助跑中发挥利用速度能力。快速起跳能力必须与速度水平相适应。

（3）此阶段是运动员最重要的一个训练时期，要进一步强化专项训练，使运动员专项技术达到高度熟练、完善的程度。技术训练要以完整技术练习为主，要结合个人的特点与技术风格，深挖潜力，使专项运动素质不断提高。在进行身体训练与专项技术训练时，应根据运动员本身的具体情况，区别对待。另外，训练的负荷和强度明显增长。

（4）多参加比赛，并将比赛作为提高训练强度和训练水平的手段，通过比赛使运动员逐渐成熟起来，不断积累比赛经验，提高比赛意识与心理素质，为参加重大比赛创造条件。

4.高级训练阶段（21岁以上）

（1）此阶段生长发育过程已经全部结束，各肌体器官系统均达到完善成熟状态。经过多年系统训练，运动能力已达到较高水平。这一时期是运动员创造优异成绩的最佳时期。

（2）跳远技术趋于完善，专项力量和速度训练均达到很高水平。训练中，应在身体素质发展的基础上，使专项素质尤其是速度、力量素质达到更高水平。训练负荷和强度应接近或达到最高值，最大限度地发挥运动员运动能力。

（3）技术训练应强调速度再上一个台阶，克服速度障碍，努力提高运动器官的支撑缓冲能力、缓冲技巧和专项力量，减少速度损耗，提高助跑速度的使用率，使最后助跑与起跳形成自动化。

（4）此阶段必须特别重视训练量，保持良好的准备状态，以先进的科学技术为依据，充分发挥和最大限度地挖掘运动潜力。加强心理训练和恢复训练，突出专项练习强度。

（四）三级跳远不同年龄段的训练特点与要求

1.基础训练阶段（11～14岁）

（1）此段从生理角度看，与跳远运动基础训练阶段相同，处于生长发育时期，骨骼还没有完全发育成熟，大脑皮质和抑制不平衡，兴奋占优势，易扩散，注意力不集中，易疲劳。鉴于这些生理特点，在训练安排上应符合少年儿童生理特点，有针对性地安排训练。

（2）这个阶段属于运动员基础训练阶段，训练中应根据运动员的生理特征进行安排。三级跳远技术相对复杂，对运动员的身体素质要求很高，特别是对速度、力量、专项弹跳能力、协调和柔韧等素质要求很高，而此阶段是全面发展运动员身体素质的重要阶段。因此，训练中应重点发展运动员的身体素质。

（3）除掌握三级跳远基本技术外，应掌握多种田径项目的基本技术。训练中应多采用与专项技术结合比较密切的专门训练手段，训练手段要多样化，训练的量和强度要适度。不宜承受过大的训练负荷，因为长期进行大强度的刺激会引起少年儿童运动员生理和心理上的损害。所以，训练负荷必须严格遵循循序渐进的原则，不要进行大负荷训练。

（4）在这个阶段训练中，一定要防止片面追求运动成绩，要对少年儿童的身心成长有一个全面的认识。

2. 初级专项训练阶段（15～17岁）

（1）此阶段运动员加速生长期基本结束，各器官发育日趋完善。在经过基础训练阶段后，运动员的体能、运动素质和基本技术得到了发展，负荷能力有明显的提高。在此阶段中应在继续全面提高身体素质的基础上，开始发展专项素质。

（2）三级跳远成绩的高低，取决于专项技术和专项素质的发展水平，运动员在技术方面每迈出新的一步，都与身体素质水平的提高直接相关，而三级跳远项目对速度、力量、专项弹跳能力、协调和柔韧等素质要求很高，尤其是速度素质和速度力量素质。因此，在这个阶段应加大发展速度与速度力量素质训练的力度，不断提高肌体各器官系统的机能，积极发展专项素质。训练中应使全面身体训练与专项素质训练相结合。

（3）掌握正确的三级跳远技术，逐步形成个人特点与技术风格。这一阶段应重点掌握助跑、起跳及三跳的衔接技术，逐步形成比较合理三跳比例。

（4）发展专项负荷和比赛能力，多参加不同级别与规模的比赛，通过比赛来加大运动训练强度，积累丰富的比赛经验，为今后参加大型运动会打好基础。

3. 专项提高训练阶段（18 ~ 20岁）

（1）此阶段运动员已基本进入了成年时期，各器官机能均已完善，在经过几年的训练后，专项运动素质得到全面的发展，并达到较高水平。技术达到完善和熟练的程度，心理素质达到较高水平，竞技能力接近高峰。

（2）此阶段是运动员提高运动成绩的最佳时期。在这个阶段中应强化专项身体素质，逐步加大专项素质训练的比重，在手段运用上，应选择针对性强、密切结合专项技术的训练手段，技术训练应以完整技术练习为主，使运动员形成具有个人特点和技术风格的三级跳远技术。

（3）在保持一定训练量的基础上，提高训练强度，因为采用大强度训练，对运动员肌体会产生适应并出现各种机能节省化现象。另外，大强度训练对运动员肌体的刺激强烈，使肌肉产生强有力的收缩，可取得良好的训练效果。

（4）经常参加比赛，通过比赛来提高训练强度，同时在比赛中逐渐积累比赛经验，提高比赛意识与心理素质，为今后比赛打好基础。

4. 高级训练阶段（21岁以上）

（1）此阶段运动员从生理角度来看已完全成熟，运动成绩已达到较高水平，运动员应在原有水平的基础上，提高技术的稳定性和自动化水平。

（2）突出训练强度，打破已形成的素质、技术的平衡，在高一层次上建立起新的平衡。要重视完整和薄弱技术训练，提高自我控制能力。

（3）运动员度过最佳训练年龄后，体能呈下降状态。由于多年紧张训练与比赛，使之产生心理上的疲劳，加上伤病的影响及年轻队员的成长，对创造成绩开始缺乏或动摇信心，但运动员仍保持较高的竞技水平。所以，此阶段训练量应减少，训练次数也相应要减少，但仍保持较大的强度。此阶段重要的是保持和提高心理稳定性。

（4）积极参加比赛，尽量保持良好的竞技状态，不断提高比赛时心理适应水平。由于这个阶段的运动员具有丰富的实践经验和一定的理论知识，运动员可凭个人感觉和医务检测来掌握和控制训练过程。

二、跳跃项目训练内容与方法的选择

（一）跳高运动训练内容与方法的选择

跳高具有快速的技术特点，要求快速助跑、快速起跳和快速过杆，属于快速力量、动作幅度和动作速度的结合。特别是起跳时肌肉"爆发"性用力的功率越高，运动员的势能就越大，而"爆发"性用力的功率又取决于肌肉收缩的力量与速度的发展水平。因此，充分控制运动员速度素质的潜能，对提高跳高运动技术水平有着很重要的作用。在跳高训练中，应根据运动员不同的训练阶段来选择不同的训练内容与方法，但选择的内容与方法应以快速力量为基础，以速度为核心，抓好基本技术训练。

1. 身体训练

身体训练是跳高训练的重要内容之一。高度发展身体训练水平是掌握和提高运动技术的基础，是大负荷训练的物质保证，是不断提高运动成绩的先决条件。跳高运动员的身体训练包括一般身体训练和专项身体训练，一般身体训练的主要内容是速度、力量、灵敏与协调性。

青少年正处于青春发育阶段，应全面地发展各项身体素质和技能，促进运动员健康地发育成长。随着年龄的增长和训练水平的逐步提高，逐渐增加专项身体训练的比重，发展跳高运动员所必需的专项素质和专项能力，因此，在内容与方法的选择上，应着重围绕着运动员的生理特征、跳高技术特点等方面，扎扎实实打好基础。

（1）速度训练

速度素质是跳高运动员最基本的运动素质，尤其是背越式跳高技术，对速度提出了更高的要求，速度训练在跳高训练中占有很重要的地位，而此阶段是素质发展敏感期，13岁以前应抓紧发展动作频率，16～17岁着重提高跑的能力。因此，发展速度素质是背越式跳高运动员多年训练的一项重要任务。首先要发展完成各种动作的速度和反应速度，使之从小形成快速用力的意识。

发展跑的速度大多采用各种跑的练习，如加速跑、行进间跑、追逐跑、反复跑、变速跑、大步跑、计时跑、上下坡跑、拖重物跑、起跑、各种形式的接力跑和多种形式跑的游戏等。结合提高跳高助跑速度，采用不同半径的圆圈跑，在弯道上做加速跑、节奏跑、计时跑、跳高全程助跑和全程节奏跑等练习，也可做一些跨栏跑练习。另外，发展跑的速度必须与学习掌握正确的跑的技术结合起来，这对学习掌握跳高的助跑技术及其完整技术都具有很大的影响。发展跑的速度又必须与提高助跑速度结合起来，注意将一般跑的速度有效地运用到跳高助跑上，不断提高助跑速度。

发展动作速度应采用徒手或负轻重量的快速跑、跳跃、投掷等各种动作练习，做一些快速重复各种动作练习，如：快速摆臂与摆腿练习；快速仰卧收腹举腿练习；快速连续迈步练习；快速跳栏架练习；快速高抬腿等练习。

发展反应速度应与发展灵敏和协调素质很好地结合起来。采用各种活动性游戏、球类活动、多种练习手段组成的组合练习、听信号或看手势完成各种练习、体操练习、各种变换速度、变换方向与变换节奏的练习。

（2）力量训练

跳高运动员的力量可分为绝对力量和快速力量。绝对力量是为了提高专项力量所必备的最基本的力量素质，它可提高起跳腿的退让工作和克制性工作能力，并使身体各部分的力量得到均衡发展；快速力量是背越式跳高训练的基础。快速力量又称为"爆发力"或速度力量，其做功的特点是要求肌肉不仅收缩的力量要大，而且收缩的速度也快。快速力量是与起跳时肌肉用力过程相一致的力量素质，它不仅在肌肉用力的性质和整个活动方式上相似，而且在训练的动作形式上与跳高技术结构上也都相似，它属于综合能力。

少年儿童处于生长发育阶段，力量训练多以提高完成动作的速度练习来发展快速力量，可以采用徒手和负轻重量练习交替进行；负重的重量应以运动员能否较快地完成动作为前提。在这个阶段不可采用大重量的负重深蹲练习。随着运动员的年龄的增长，逐渐加大运动员的负重练习。

发展绝对力量时，应尽量避免采用增粗肌肉的练习，要循序渐进地逐步加大负荷重量，采用负重快速蹲起练习（全蹲和半蹲），抓举练习，高翻腕练习，快速挺举练习，前提杠铃练习，后提杠铃练习，负重坐蹲起练习，负重单腿上跳练习，负重半蹲跳练习，负重直膝足尖跳练习，负重弓步跳练习，负重交换跳练习，负重提踵练习，仰卧双腿蹬杠铃练习，负重体前屈、侧屈练习，跳绳练习，前后抛实心球练习，壶铃蹲跳练习，哑铃、沙袋、皮条等轻器械练习。

发展快速力量时，应尽量采用快速蹬伸三关节的伸展速度的练习，选择那些与跳高技术有密切关系的练习内容，来提高腿部肌肉收缩速度。可用负轻重量器械练习（杠铃、沙袋）或徒手练习，如单脚跳、双脚跳、蛙跳、纵跳、原地收膝跳、原地弓步跳、利用高台做交换跳、单腿连续跳上跳下、双腿连续跳上跳下、跳深、立定跳、立定多级跳、跨步跳、交换跳、跳栏架、障碍跳、跳台阶等练习。还可结合跳高技术特点做一些练习，如：各种距离跑的摸高练习、半程助跑跳高架练习、两步助跑快速起跳练习、负重做上一步起跳等练习。

（3）灵敏与协调性训练

灵敏和协调能力是掌握和完善跳高技术动作的保证。它们不是孤立存在的，而是一种综合能力，是在各种突然变换的条件下，迅速、准确、协调改变身体运动的能力，对跳高运动员掌握技术起着很重要的作用。

少年儿童正处于成长时期，各器官还没有发育成熟，比较喜欢新颖的东西，在这个时期发展他们的灵敏与协调素质时，一定要选择适合少年儿童的训练内容。训练内容要有针对性，选用一些内容新异、具有一定的挑战性和吸引力强的训练方法。

发展灵敏与协调能力，必须采用与专项有关的多种练习，并且与全面身体训练密切结合起来，才能达到有效地发展灵敏与协调能力的目的。可采用球类、舞蹈、跨栏跑和跳、技巧练习、体操、游戏、武术等形式。还可将各种各样的练习组合成综合性练习，变换方式的各种练习，如变换方向、节奏、速度、听信号、看信号等练习。另外，灵敏与协调能力练习应从培养运动员的各种能力入手，如模仿能力、控制能力、平衡能力、动作节奏感和稳定性、反应能力、观察能力等。灵敏与协调能力训练一般安排在课的前半部分，练习方法经常变换，熟练后要逐步增加练习的难度。

2. 技术训练

跳高技术训练是影响运动成绩的最重要的因素。只有掌握合理的动作技术，才能充分发挥一般与专项运动素质。而合理的技术需要长期刻苦、细致地采用一系列的训练方法、手段才能掌握。技术训练要贯穿在多年训练中，在掌握技术的初期应包括教学因素和训练因素，教学重点是学习掌握跳高基本技术，特别是主要环节的技术，训练重点是进一步改进技术动作的细节，不断完善整个技术的节奏，提高技术水平，创造优异成绩。

少年儿童技术训练应重视基本技术的训练，为形成和掌握合理技术打下良好的基础。背越式跳高的基本技术包括弧线助跑技术、起跳技术、腾空技术和落地技术。由于此阶段运动员的身体发育和各种能力尚未完善，完整技术训练的比重较小，但在基本技术练习过程中，必须重视各技术环节间的衔接，努力提高单个技术动作的质量。基本技术要坚持经常训练，每次练习都要求动作准确、到位、快速，保证质量，但练习的次数不宜过多，横杆的高度不宜过高，基本技术训练要与完整技术训练结合起来，要注意培养运动员的良好习惯和良好的动作意识。

技术训练不仅要严格规范，还要考虑运动员的个人特点，要注意培养和形成具有个人特点的技术风格。技术训练要与身体训练紧密结合，特别是改进技术细节更是与专项能力的发展水平有紧密关系。在改进技术细节时，应采用简化的练习和专门辅助手段，各技术环节分别练习，逐一改进，在改进完整技术时，需要进行大量的完整技术练习，要在不同的速度和用力程度的练习中，体会技术动作，使整个技术动作达到完美水平。

（1）助跑技术训练

弧线助跑是跳高助跑技术的显著特征，也是助跑技术训练的重要内容。一般采用直线进入弧线助跑练习、不同半径的弧线助跑训练、逐渐缩小半径弧线跑等练习，在进行弧线助跑训练时，要注意体会身体向内倾斜感觉。

（2）助跑节奏训练

助跑节奏是背越式跳高技术的核心。可采用缩短助跑步幅的助跑练习，采用同步音响信号伴奏的方法加快助跑节奏练习、计时全程助跑等练习，这些都是提高助跑节奏的有效方法。

（3）助跑起跳结合训练

助跑与起跳的结合技术，是跳高技术的关键，其技术好坏直接影响运动成绩。可采用助跑最后两步动作模仿练习、全程或半程助跑摸高练习、全程或半程助跑跳高垫练习、在跑道上做助跑起跳等练习。

（4）起跳时上下肢协调配合训练

起跳时摆动腿和摆臂的作用十分重要，起跳时充分发挥摆动肢体的作用，可提高起跳的效果。一般可采用徒手摆动练习、负重摆动练习、大量的起跳练习，来提高蹬摆配合的一致性和协调性。

（5）过杆技术训练

能否充分利用起跳后身体重心腾起的高度越过横杆，很大程度上取决于运动员在无支撑的条件下适时控制身体各部位动作的能力。一般可采用原地单、双脚起跳背翻练习、利用弹簧板做起跳过杆练习、上一步起跳过杆练习、过低高度练习，还可以做一些辅助性练习（下桥练习、后手翻练习、后空翻练习）、全程助跑或半程助跑跳高架练习、全程助跑或半程助跑过杆等练习。

（6）完整技术训练

跳高完整技术练习是任何练习都代替不了的，只有完整技术练习才能真正地体现专项训练水平，提高竞技状态，为取得成绩创造有利的条件。可采用全程助跑摸高练习、全程助跑起跳坐高垫练习、全程助跑过杆等练习。

3. 心理训练

运动员的心理状态直接影响比赛的成绩，在激烈的赛场上情况千变万化，面对众多强手和观众以及意想不到的干扰和影响，运动员心理上的变化是很复杂的。只有具备良好的心理素质和高度的自我控制能力，才能在比赛中镇定自如，处变不惊，始终保持稳定的情绪和旺盛的斗志。

心理训练是一个复杂的过程，它应在训练中占有重要位置，它不是在短时间内就可以看到效果的，需要长期进行训练。心理训练要因人而异，因为运动员具有不同的个性特征和心理品质，所以，应有所区别选择训练方法和手段。心理训练包括感知觉训练、表象训练、集中注意力训练、意志品质的培养和训练、培养自信心等。

4. 恢复训练

恢复训练是高级运动员训练过程的一个重要内容，通过恢复训练可以加快运动员的恢复，消除运动员体力和精神上的疲劳，使肌体活动能力得到恢复和提高。恢复方式有两种：消极性休息和积极性休息。消极性休息是在训练和比赛之间停止练习，完全休息，从而使肌体得到恢复。积极性休息是在训练和比赛后不停止训练，而是改变训练内容。恢复训练可采用大运动量与小运动量交替进行；大运动量过后进行一些球类活动，或做一些轻松愉快的小负荷训练，帮助转移运动员的注意力，使神经系统得到放松。

（二）撑竿跳高训练内容与方法的选择

撑竿跳高要求运动员既要有高度的速度力量，又要有完善的技术、技巧以及跳跃的灵活和勇气。由于撑竿跳高技术复杂、难度大，因此在整个训练过程中要控制好专项技术、身体素质、体操技能与心理素质训练比重。

1. 身体训练

撑竿跳高运动员需要身体的全面发展。没有很好的身体训练，就不能充分地发挥运动潜力。在撑竿跳高身体训练中，专项身体训练的比重要大一些，要选择那些更为接近专项的专门练习手段来进行训练。为了避免在训练中运动员身体某部分负担过重，应当注意采用组合训练方法，使运动员身体各部位都能得到合理的发展。特别对青少年运动员，更应强调把跑、跳、力量、灵敏等内容编成不同的组，进行反复练习。

少年儿童处于生长发育阶段，此阶段是打基础阶段，身体训练是非常重要的，因此，要结合少年儿童的生理特征，提高身体素质，并以提高速度素质为重点，提高动作速率及灵敏、协调、柔韧等素质为辅。撑竿跳高技术很复杂，对运动员身体素质标准的要求很高，优秀撑竿跳高运动员是要经过多年系统、科学的训练，才能取得优异成绩。

（1）速度训练

速度对撑竿跳高起很重要的作用，助跑起跳速度及竿上人体动作的速度是撑竿跳高运动成绩的基本条件，而助跑速度则是撑竿跳高必不可少的素质。撑竿跳高运动员不仅要努力提高平跑速度，而且还要将此速度应用到持竿跑和撑竿跳高中去，所以采用的训练方法除了一般的速度训练，还应多进行持竿跑训练、持竿跑接起跳以及撑竿跳高的完整技术，如：30米快速小步跑练习、徒手或负重原地高抬腿跑练习、上下坡跑练习、拖重物跑练习、各种直道跑练习、行进间计时跑练习、变速跑练习、反复跑练习、各种反应跑练习、各种距离的持竿跑练习、持竿插穴练习、持竿助跑接起跳等练习。

发展动作速度应采用徒手的或负轻重量的快速跑、跳跃、投掷等各种动作练习。发展反应速度应采用各种活动性游戏、球类活动、多种练习手段组成的组合练习。

（2）力量训练

撑竿跳高运动员除了具备一般跳跃运动员所需要的腿部、腰部和其他肌肉力量外，还要有较强的臂、肩带和腰腹肌的力量，这些肌肉群的力量，对提高运动员控制撑竿的能力和正确完成竿上动作具有十分重要的作用。特别是起跳后所进行的引体、转体和推竿，要求运动员有较强的臂力、肩带肌群的力量。因此，撑竿跳高力量素质的发展水平直接影响技术的掌握和运动成绩的提高。

在发展绝对力量时，要循序渐进地逐步加大运动负荷重量，采用负重快速蹲起（全蹲和半蹲），重量可根据运动员的具体情况来定，其具体方法请参考发展跳高绝对力量方法。还可采用哑铃摆臂、哑铃模仿举竿练习，壶铃蹲跳，负沙袋各种屈体、转体练习，实心球练习，负重弓步走练习，负重直腿跳练习，各种上肢力量练习（抓举、挺举、高翻腕、卧推），仰卧头后直臂拉起重物练习，吊环练习（垂直十字支撑），爬绳练习，单杠（引体向上）和双杠（直屈臂）练习，腹背肌等练习。

发展快速力量时，应尽量采用快速蹬伸三关节的伸展速度的练习，采用与跳高相同的练习方法。另外，撑竿跳高运动员在撑竿上所完成的全部动作是在撑竿弯曲和反弹的过程中进行的，所以在发展这一力量时，应采用一般弹簧装置（弹性竿、胶带）。在发展臂部和肩带肌群时，应多做引体接推竿的整体动作。

（3）灵敏与协调性训练

运动员具备良好的灵敏和协调性素质能精确地掌握动作和控制动作。练习内容可参考跳高项目，还可以做一些体操项目练习，如：吊环（前、后摆翻上）练习，单杠悬垂倒体举腿成杠上手倒立练习，单杠摆体转体180°下练习，单杠翻身上练习，单杠大回环练习，双杠上挂臂和支撑摆动下练习，各种前、后滚翻练习，后滚翻展体成倒立过横杆练习，侧手翻、鱼跃前滚翻、前空翻、后空翻、前手翻、后手翻、前手翻转体等练习，还可以在蹦床上做上述练习，在吊绳上做前摆翻上成手倒立等练习。

2.技术训练

撑竿跳高技术的复杂性决定了技术训练的重要性，故运动员需要在全面发展各项身体素质的基础上，用较多的时间和精力进行撑竿跳高的技术训练。撑竿跳高完整技术中，有三个着重用力点，它们是插穴起跳中的用力，开始后翻举腿的用力，引体、转体和推竿的用力。这三个着重用力点决定着撑竿跳高完整技术的关键。所以，运动员在改进技术的过程中，应围绕这三个技术着重用力点，完成大量的分解练习，并使每个练习都做得正确熟练。

撑竿跳高完整技术的强度很大，要求运动员体力充沛，注意力集中，完整技术练习所消耗的能量较多。在一次技术课中，运动员较难完成很多数量的完整跳跃练习，因此，运动员往往在技术训练时，采用较轻的撑竿和中距离助跑，以增加过杆跳跃次数，保证一定的技术训练量。撑竿跳高运动员的完整技术训练多采用分解和完整训练相结合的方法，运动员既要进行分解练习，也要从事完整技术练习。运动员在进行完整技术练习时，要特别重视各技术环节间的衔接和各环节开始用力的时间，从而取得一种良好的整体跳跃节奏。

撑竿跳高运动员能否取得优异成绩，很大程度上取决于运动员能否熟练控制竿子。

（1）助跑技术训练

由于运动员拿着竿子跑，竿子的重心在运动员体前。为了助跑时保持人和竿子的平衡，在持竿助跑的过程中，大腿前摆抬起要比平跑高。所以在训练时要经常采用高抬大腿持竿跑练习，为了增强两臂负担能力，也要经常采用持重竿助跑练习。可采用持竿跑练习（50～60米），短距离持竿加速跑练习，持竿行进间跑练习，持竿反复跑（30～40米）练习，持竿一举竿一送竿跑练习，持重竿各种距离跑练习，持竿上、下坡跑等练习。

（2）插穴起跳技术训练

插穴起跳是撑竿跳高技术的关键，插穴要及时、准确。插穴时，为了减少竿头对穴斗的撞击，左手要托住竿子，举竿动作要做的尽量高些、早些。一般采用插竿模仿练习，4～6步短程助跑插竿练习，6～8步助跑（握竿点稍高）起跳后转入悬垂，然后回落在起跳点上练习，力求使弯曲的竿子尽量向前移动，全程助跑插穴起跳等练习。

（3）竿上摆体举腿技术训练

为了掌握这部分动作，可以在各种器械上做悬垂摆体举腿练习（单杠、吊环、吊绳、带弹性的吊竿），利用撑竿做后仰举腿练习，后仰举腿接引体转体练习，弯竿后仰举腿练习，6～8步撑竿跳远练习，持软竿撑竿跳高练习，高台过杆练习，水中撑竿悬垂摆体和后仰举腿练习，水中后仰举腿、引体、转体、推竿练习，中距离助跑完整技术练习，全程助跑完整技术等练习。

3. 心理训练

心理训练对撑竿跳高运动员来说是非常重要的，因为运动员需要在竿上完成一系列的动作，最后要越过很高的横杆，有时可能会出现没有按照正确的轨迹前进而使运动员落入海绵垫外，也可能在完成动作的过程中，由于竿子的承受力过大而折断，环境对运动员也能产生影响，如：风向、气候、阳光的照射等。这些对运动员的心理都会产生很大影响，如果处理不好会使运动员产生恐惧心理，造成紧张，失去控制能力，从而出现伤害事故。

心理训练包括一般心理训练和比赛心理训练。一般心理训练是运动员在长期的训练中形成的。它取决于运动员的运动和社会志向，包括精神抵抗力、意志、斗志、勇气、自制能力、决心和耐性。心理训练应贯彻到每次训练课中去，一般可采用跳水、弹簧板等练习，来培养和提高运动员的胆量和勇气；采用变换各种场地、风向、各种气候的跳跃练习，可增强运动员战胜困难的信心和心理适应能力；使用重量和软、硬弹性不同的撑竿进行练习，以及不同助跑距离的撑竿跳高技术练习，跳跃高度的选择、跳跃次数的选择等战术心理训练手段来培养运动员自我控制能力；采用高强度的技术训练，对自己的体力和技术确立信心，克服训练中的心理障碍，加强空间感觉和节奏感，克服对高度的紧张恐惧心理；在烈日、雨天、训练环境较差的场地进行训练，可以锻炼运动员的意志品质。

大赛前是运动员心理上最紧张的时刻，处理好这个阶段的心理素质，对比赛的成败起着很关键的作用。搞好赛前最后一次技术训练，不管花多少时间，消耗多大体力，都要以成功结束，这能使运动员在赛前有充足的精神准备；各种小比赛尽量不做临场指导，要求运动员独立解决比赛中遇到的问题，可加强自我控制能力；赛前训练可安排模拟比赛，运动员独立完成整个比赛过程，可培养运动员独立作战的能力；用听音乐来集中注意力，可以培养运动员比赛集中注意力；赛前和运动员仔细分析比赛情况，提出运动员的比赛优势，可使运动员对自己实力充满信心。

4. 恢复训练

恢复训练是运动员训练过程的一部分，运动员比赛结束后，身体会非常疲乏，通过恢复训练可以使运动员的身体、精神得到放松，使肌体活动能力得到恢复和提高。具体恢复方式可参考跳高项目。但由于撑竿跳高技术比较复杂，比赛时间比较长，运动员消耗体力比较大，所以恢复训练时间应比跳高时间稍长一些。

（三）跳远训练内容与方法的选择

跳远要求运动员在高速助跑中，准确、快速、有力地完成起跳技术，因此，对速度和速度力量素质，以及反应能力要求很高，要求运动员具有良好的神经肌肉协调性和快速起跳过程中高度集中用力的能力。因此，跳远训练要围绕着如何发挥和利用速度来改进和完善跳远技术。

1. 身体训练

跳远训练应在身体素质全面发展的基础上，着重提高速度和快速起跳能力，通过技术训练解决跑得快与跑得准、跑得快与跳得起的问题。少年儿童的训练应该以增加负荷量为主，控制负荷强度。采用的内容应全面、多样，主要提高运动员训练的积极性和兴趣。

（1）速度训练

跳远的速度训练是跳远的基础训练，应该以提高绝对速度为主，在提高绝对速度的同时，注意提高速度耐力，提高快速起跳能力。跳远所需要的速度应包括跑的速度、起跳时肌肉收缩的动作速度及完成助跑转化成起跳瞬间的肌肉离心收缩的速度。在训练中必须结合跳远技术特点，发展和提高速度素质，获得快速完成各种动作的能力。

跑的速度是跳远专项身体素质中最重要的素质，特别是助跑中最大限度地发挥利用其速度潜力是至关重要的。少年儿童时期是提高速度的最好时机，应当抓住这个有利时期发展动作速度和反应速度，打下良好的速度基础。跳远运动员的速度训练除了可以采用一般速度训练方法以外，还可以根据跳远项目对速度的要求，安排一些特殊的训练手段或对常用的速度训练手段来提高跳远项目的特殊要求进行训练，从而使速度训练更符合跳远专项特点，取得更好的效果。

发展一般速度可采用短距离计时跑练习，行进间计时跑练习，各种距离的加速跑练习，反复跑练习，上下坡跑练习，变速跑练习，拖重物跑练习，跨栏跑练习，各种形式的接力跑和多种形式跑的游戏等练习。

发展动作速度应采用快速重复进行的各种练习，提高肌肉收缩的速度，改善神经系统对肌肉工作的支配能力。如：快速原地高抬腿练习，快速摆臂和短程快速起跳练习，各种跳跃练习和变换条件的各种跳远等练习。还可采用徒手或轻器械的各种练习。如：各种跳跃练习，发展腿部蹬伸肌肉练习，尤其是踝关节肌肉力量、仰卧收腹举腿或仰卧背收练习，发展腹部和腰部肌肉力量，用以提高完成动作的速度。

提高反应速度时，可采用活动性游戏、球类、体操和武术练习，各种变换速度、变换方向与变换节奏的练习。听信号或看信号完成各种练习。另外，发展跑的速度训练中，应以提高步频为主，并与掌握正确的跑的技术紧密结合。

（2）力量训练

肌肉力量是一切动作的动力来源，对任何项目的运动员来说，力量都是一项不可缺少的重要素质。力量是起跳腿的支撑能力和快速爆发力的基础，一般说助跑速度越快，对支撑能力的要求越高。所以，力量训练是跳远运动员训练中一项重要内容。发展绝对力量与快速力量的方法有区别，绝对力量训练主要是以杠铃练习为主。快速力量是各运动项目的关键素质，由于跳远项目对运动员的快速和在高速助跑中快速有力起跳能力方面有很高的要求，因此，发展快速力量对跳远运动员来说更为重要。另外，力量训练要注意发展上肢力量，并要注意平衡协调地发展各对抗肌群的力量。

发展绝对力量的主要方法是进行中等或大重量的负荷练习，负荷练习的重量和强度要逐渐增加。一般采用抓举练习、挺举练习、高翻腕练习、前后提拉练习、卧推练习、全蹲练习、半蹲练习、坐蹲练习、负重提踵练习、负重弓步跳练习、负重克制性半蹲跳练习、负重退让性半蹲跳练习、负重半蹲跳练习、负重弓步走等练习。

发展快速力量要突出快速发力和由退让转为克制的转换速度。一般采用各种徒手或持轻器械的跳跃练习，各跳跃练习内容可参考跳高运动训练内容还要结合跳远专项技术来发展快速力量，如：各种方式的助跑起跳练习，各种方式的跳高练习，三级跳远练习，助跑跨步跳练习，助跑单足跳练习，负重跳远起跳练习，负重跳远摆臂等练习。

（3）灵敏与协调性训练

灵敏与协调性能力是在各种变换条件的情况下迅速、准确地控制和改变自己身体运动的能力。一般采用跑、跳、投和各种辅助性练习；球类、体操、技巧、武术等其他项目的各种基本练习，活动性游戏，听信号或看信号完成各种练习，变换方向、速度、节奏和距离的各种练习。另外，还要与培养各种能力相结合，如：模仿能力、控制能力、平衡能力、动作节奏感、定向能力、反应等能力。

2. 技术训练

技术训练应以完整技术训练为主，分解训练为辅，不同的训练时期和不同的训练对象，各种练习所占的比例有所不同。在准备期训练和少年儿童运动员的训练中，分解练习占较大比例，在比赛时期则采用完整练习，在改进关键技术环节时，可采用较多的分解练习，但要与完整技术结合进行。在掌握改进技术阶段，应主要采用短、中程助跑进行练习，在接近比赛期，应采用全程助跑练习。另外，技术训练应安排在运动员体力状态相对较好的情况下进行，技术训练目的要明确，每次课要改进技术不宜过多，要集中解决。

（1）助跑技术训练

助跑技术训练主要是培养运动员的速度感和控制速度的能力，培养和提高调整步长和步频的能力；提高助跑的速度，稳定助跑节奏；加强起跳时的攻板意识以及形成正确的助跑心理定向。可采用不同质量的跑道进行全程或超全程距离的助跑练习，固定助跑起动方式的助跑练习，变换节奏的加速跑练习，加大步长或缩小步长跑练习，预定时间跑练习，按标志进行助跑等练习。

（2）起跳技术训练

起跳训练主要是培养运动员在高速助跑中的快速起跳能力；创造尽可能大的腾起初速度和适宜的腾起角度。可采用连续 3～5 步助跑起跳练习，短、中距离助跑"腾空步"练习，全程助跑起跳练习，采用俯角跳板短助跑起跳练习，下坡跑道短助跑起跳练习，短助跑起跳手触高物等练习。

（3）腾空落地技术训练

腾空落地技术训练主要是维持运动员在空中的平衡状态和尽可能获得最大的跳跃远度。可采用模仿空中技术练习，利用各种器械的空中与落地动作练习，短、中距离助跑空中技术练习，完整技术等练习。

3. 心理训练

跳远运动员在比赛中最大的心理障碍是助跑不准确。跳远踏板的准确性关系到比赛的成败，容易导致运动员复杂的比赛心理活动，是常常会约束和影响运动员在比赛中发挥应有水平的一个主要原因，也是运动员进一步提高成绩的无形障碍。

跳远运动员的心理训练应在日常训练中进行。大强度、大负荷的艰苦训练本身是对运动意志品质的最好训练。高度的自信心则来源于对专项技术的熟练正确掌握和雄厚的实力。可安排运动员在顶风、人多等情况下进行训练，培养克服困难和战胜不利条件的勇气和排除外界干扰、集中注意力的能力，在训练中要提高目标，创造一定的竞争气氛，培养顽强拼搏的精神。在可能的情况下，安排运动员多参加比赛，可对运动员的心理素质起到全面的训练作用。

在大赛前运动员可能会产生很大的心理压力，会出现过分紧张和焦急的心理障碍。排除的办法是认真分析参赛运动员的情况，找出运动员的优势和对手的不足，增强战胜对手的信心。还可做一些轻松的活动，转移注意力，减轻紧张与焦虑的程度。

4.恢复训练

由于训练负荷不断加大，运动员肌体的疲劳程度加深，如要承受新的更大的负荷，仅靠运动员肌体自然恢复已远不能适应效率的需要，而通过恢复训练可以消除运动员体力和精神上的疲劳。可采用多种手段和措施（营养、药物、物理手段等）加快肌体的恢复过程，使肌体活动能力得到恢复和提高。

（四）三级跳远训练内容与方法的选择

三级跳远是典型的跑跳结合的项目，运动员必须具备较高的助跑速度、力量、弹跳力、协调性、灵敏性和柔韧性等素质。

1.身体训练

三级跳远成绩的好坏取决于专项技术和专项素质的发展水平，运动员在技术方面每迈出一步都与身体素质水平的提高直接相关。因此，在三级跳远训练过程中，如何安排起主导作用的速度、力量、协调性和灵敏性等身体素质的负荷量，将直接影响到先进技术的掌握和运动成绩的提高。

（1）速度训练

速度是三级跳远运动员应具备的最重要的身体素质之一。通过速度素质训练可提高绝对速度和动作速度以及使二者有机结合。三级跳远技术由于有起跳板的限制，不但要求运动员跑得快，而且要求跑得准，并在较短的时间内反复发挥最高跑速的能力，在高速助跑中完成爆发式的起跳动作。因此，三级跳远的速度训练不完全和单纯发展短跑速度的训练相同，必须结合专项特点的训练方法。

跑的技术合理与否，对速度的提高起影响作用，而助跑又要求跑的技术符合专项的要求，即有利于顺利地进行起跳。因而，跑时人体重心要高，步幅开阔、有弹性、放松协调，并有较好的节奏。提高动作速度一般采用跑的专门练习（小步跑、高抬腿跑）、各种距离的计时跑练习、行进间跑练习、加速跑练习、反复跑练习、变速跑练习、追逐跑练习、上下坡跑练习、牵引跑练习、不同距离的组合跑练习、顶风和顺风跑练习、负重跑练习、全程助跑等练习。

发展反应速度一般采用各种活动性游戏练习，球类活动练习，听信号或看手势快速完成动作练习、体操练习、各种变换速度、变换方向与变换节奏的练习。

（2）力量训练

力量素质是一种基本运动素质，与其他素质均有密切的关系。力量素质的提高将有助于提高速度素质、柔韧素质、灵敏素质及某些复合素质的水平。力量素质对三级跳远运动员取得优异成绩非常重要。

力量训练是发展完成三级跳远技术动作的神经肌肉器官的承受能力。优秀三级跳远运动员起跳及落地再起跳时所承受的重力达 500 ~ 1000 千克之多，如果没有足够的力量作为基础，很难掌握先进的技术，运动成绩也不可能达到高水平。由于三级跳远项目对运动员爆发用力的能力要求很高，而且运动员在跳跃中要克服自身体重的负荷，所以，一般采用强度法。

发展绝对力量一般采用各种重量的负重全蹲练习，各种重量的负重半蹲练习，各种重量的负重快蹲练习，各种重量的负重半蹲跳练习，壶铃蹲跳练习，负重体前屈练习，负重前、后提拉练习，哑铃摆臂练习，负重弓步走练习，负重直腿跳练习，各种上肢力量练习（抓举、挺举、高翻腕、卧推），双杠（直屈臂）练习，腹背肌等练习。

发展快速力量所采用的方法与跳高练习方法相同。另外，根据三级跳远的项目特点，除了重视发展腿部力量之外，还要注重发展腰背部的肌肉力量，方法手段应尽可能与专项的动作结构、用力顺序、关节角度相一致。

（3）灵敏与协调性训练

在三级跳远中，平衡能力与空间感觉能力十分重要。失掉平衡则破坏了跳跃节奏，空中感觉不好会影响跳跃节奏和技术动作的顺利完成。灵敏与协调是人体在运动中能快速、准确、及时地完成动作的能力。对于三级跳远运动员掌握高难动作和先进技术起着很重要的作用。发展灵敏与协调素质时必须结合三级跳远专项，有针对性、有步骤地进行。

灵敏与协调能力的训练，重点应从培养运动员的各种能力入手，如：模仿能力、控制与平衡能力、动作的节奏和稳定性、反应能力和观察能力。一般采用各种球类活动，各种技巧活动，各种徒手操活动，各种游戏性活动。

2. 技术训练

三级跳远技术训练是为了进一步提高助跑的速度、助跑的准确性和助跑的节奏感以及在高速助跑中快速起跳的能力，寻找并完善适合个人特点的起跳和三跳比例。三级跳远技术复杂，训练中要解决的问题很多，如助跑速度、节奏、准确性、助跑与起跳的结合；三跳腾空抛物高度和跳跃速度；三跳的平衡和合理的比例关系；正确的着地再起跳的技术等。

（1）助跑技术训练

运动员应建立准确的速度感。要有固定的起动方式，平稳的提高步长、步频和跑的速度，记住助跑过程的肌肉感觉、用力程度和节奏。一般采用各种距离的助跑练习，使运动员体会助跑的节奏、步频、速度，通过反复练习后，再到助跑道上进行全程助跑练习，并对助跑速度和助跑准确性提出高的要求。

（2）助跑结合第一跳的训练

助跑与第一跳的衔接技术是一个由快速水平位移通过起跳转为向前上方运动的过程。这个过程是在快速情况下完成。一般采用短程和中程助跑进行单足跳进沙坑的练习，连续单足跳练习。

（3）第一跳与第二跳结合训练

训练主要以提高快速起跳能力为主，掌握好换腿节奏，并以准确的节奏完成着地再起跳技术，完善第一二跳的衔接技术。采用短程助跑做第一二跳的技术练习，原地或助跑的左—左—右—右节奏跳练习。

（4）第二跳与第三跳结合训练

第二、三跳连接分解技术练习，不仅能强化第二跳过渡到第三跳的连接技术，而且能提高第三跳起跳腿的跳跃能力。采用短程或中程助跑做第二、三跳技术练习。

（5）完整技术训练

完整技术练习是提高技术水平最直接的手段。当各个技术环节掌握后，可采用短程助跑单足跳上50厘米的高台跳下三级跳远练习，按预定的比例短、中程助跑的三级跳远练习，短、中程助跑三级跳远技术练习，全程助跑三级跳远技术等练习。

3. 心理训练

三级跳远属于个人间接对抗性的项目，在激烈的比赛中，要求运动员具备较好的心理控制能力、心理调节能力，较好的意志品质和比赛必胜的信心。三级跳远与跳远项目一样，也存在着踏板准确性的问题，这会给运动员带来一些心理障碍，同时，运动员的成绩好坏受场地、气候、风向、对手、观众、裁判、饮食等因素的约束，运动员的心理活动是复杂的。因此，加强运动员的心理训练，可增强运动员心理稳定性和必胜的信心，消除运动员赛前可能出现的心理障碍，使运动员理顺思想，调节情绪，建立积极的心理定势，形成良好的心理状态。可采用情绪调节训练法，自我暗示与放松训练法，念动训练法，注意调节训练法，模拟训练法。另外，有的运动员在比赛中常因心理错觉而造成起跳犯规，常出现在实际已经踏上起跳板的情况下却有没有上板的感觉，这样就影响了运动员运动成绩的正常发挥。

4. 恢复训练

大强度、大负荷训练是目前人们所采用的主要训练手段。但不断提高负荷量和强度可能对运动员的健康和机能状态及运动成绩的提高产生不良的作用，导致运动员训练过度疲劳，因此，恢复是训练的保证，加速恢复过程是进行大负荷训练的重要前提。一般可采用合理的营养，物理疗法，药物制剂、按摩、电疗、自我心理调整、利用音乐调节心理状态等方法，使身心、肌肉得到合理的恢复。

三、跳跃项目训练中应注意的问题

（一）跳高训练中应注意的问题

1.身体训练应注意的问题

身体训练是跳高运动员训练的重要内容之一。跳高专项身体训练主要是发展与跳高有密切关系、能直接促进掌握跳高技术和提高跳高成绩的身体素质。在训练中，不仅要注意训练方法与手段的选择，还要注意到运动员的个人特点，要有目的、有计划地合理安排，要按照跳高运动的特点使身体训练和跳高技术紧密结合起来，必须从运动员的实际出发，因人、因时安排身体训练。

（1）要明确训练的目的、任务，有针对性地选择练习手段和方法，练习的量和强度以及练习的间歇时间，要根据各阶段的训练任务、要求和运动员的实际情况提出明确具体的要求，以达到最佳练习效果。要注意练习的正确姿势和练习动作的方向、路线，每个练习的动作顺序都要规范化，注意练习动作的幅度和速度。

（2）速度素质是跳高运动员最基本的运动素质，占有极其重要的地位，是运动员多年训练的一项最重要的任务。因此，训练中要充分利用发展速度的"敏感期"，不失时机地合理安排速度训练，并在放松、自然状态下发展速度。速度训练应安排在训练课的前半部分，要在运动员兴奋性高、情绪饱满、训练欲望强烈的情况下进行。另外，发展速度注意结合跳高技术特点进行，采用的方法和手段要围绕在快速助跑中不减速地转入快速起跳来发展速度素质。

（3）力量素质是掌握跳高技术和提高运动成绩的基础。因此，训练中注意练习的负荷与动作速度，全面、协调发展各肌肉群力量，不仅注意发展大肌肉群力量，还应注意发展小肌肉群的力量。另外，要考虑年龄的特点，要结合跳高专项特点有针对性地安排。

（4）弹跳力是跳高运动员最重要的运动素质，它与跳高成绩关系最密切。弹跳力训练必须重视练习质量，加大训练强度。在不同年龄时期应选择不同的手段，适当控制练习强度。弹跳力训练应多年系统进行，一定要结合跳高的专项。

（5）灵敏和协调性是人体各种身体素质综合能力的体现，它对跳高运动员掌握高难度动作和先进技术起着很重要的作用。灵敏和协调能力的训练一般安排在课的前半部，要注意采用各种手段，练习方法也要经常变换，要逐渐增加练习难度。

2. 技术训练应注意的问题

掌握正确合理的跳高技术是取得优异运动成绩的有力保证。因此，应注意技术训练，使基本技术训练与完整技术训练紧密结合起来。

（1）根据训练对象的实际情况，抓好技术训练。对于青少年应抓好基本技术训练，训练中多采用教学形式，使他们从小开始就有计划、有步骤地学习和掌握正确的技术动作。对有一定训练水平的运动员，应确定某个训练年度或某个训练阶段需要解决的技术问题，使技术训练有一个明确重点。

（2）根据训练对象的个人特点，训练中除了使运动员按技术规格的要求掌握跳高技术外，还必须注意形成运动员自己的技术风格。

（3）在各个年龄段中，技术训练应占有较大的比重。准备初期应以改进各技术环节为主；准备后期应着重提高和巩固完整技术的节奏；竞赛期应有计划地安排技术练习，使运动员形成良好的竞技状态。

（二）撑竿跳高训练中应注意的问题

1. 身体训练应注意的问题

（1）撑竿跳高技术对运动员身体机能的要求很高。要想取得优异成绩，必须具有较高的身体全面发展水平。因此，在训练中，不仅要注意训练方法与手段的选择，还要注意运动员的优点和存在的问题，注意扬长避短，务必从个人的具体情况出发，因人制宜，有目的、有计划地合理安排，要按照撑竿跳高运动的特点使身体训练和撑竿跳高技术紧密结合起来。要注意安全措施和保护工作，教会运动员自我保护的方法，经常分析技术失常和产生错误动作的原因，及时提出纠正方法，培养运动员在训练和比赛时有独立思考的能力和勇于胜利的信心。

（2）速度是人体进行快速运动的一种能力。发展撑竿跳高运动员的绝对速度，对提高运动成绩有着重要的作用。因此，训练中，要注意运动员的助跑速度，特别是持竿助跑速度。

（3）由于撑竿跳高项目的特点，要求运动员用最大强度来完成技术动作。所以，积极发展肌肉力量对撑竿跳高运动员取得优异成绩具有很大作用，特别是发展运动员的快速力量。在训练中，要注意采用一般与专项配合成套的训练来发展力量，注意动作形式的快速转变，无论多大力量，都要加快肌肉从被动拉长到主动收缩的转换速度，使力量训练更符合专项特点。

（4）撑竿跳高运动员应具备能意识到自己在竿上的连续变化的技术动作，并能凭借肌肉感觉来判断整个过杆过程的动作节奏。训练中，要结合专项的特点，注意选择与技术相似的练习方法，来提高运动员的灵活性与协调性，可通过各种体操器械进行练习。要注意最大限度地发挥体能素质，用科学的训练方法，更快地提高运动成绩。

2. 技术训练应注意的问题

（1）撑竿跳高是一项融跑、跳和体操于一体的运动项目，发展助跑速度、提高握竿高度、完善跳跃技术与增强运动员的体操能力是提高撑竿跳高运动成绩的主要方向。

（2）从小抓起。注意青少年运动员技术动作的规范化训练，对他们普遍存在的技术问题要有针对性地加以解决。特别是在初学阶段或准备阶段中，注意练习方法的合理性，分解练习所占的比重要大，但要适当地与相对完整的练习形式相交替。

（3）由于撑竿跳高运动具有一定的危险性。因此，在学习与掌握专项技术的同时应当同步加强心理素质训练，片面强调技术训练而忽视心理训练，滞后的心理素质将给技术训练造成很大的困难，严重时会导致运动员半途而废。所以，在运动员具有一定的训练程度和技术状况较稳定时，可采用改变技术训练环境和气候条件等手段来提高运动员的心理素质能力。

（4）撑竿跳高技术复杂，动作惊险，在训练时应加强安全措施，训练前应当认真检查场地和器材设备，避免伤害事故发生。

（三）跳远训练中应注意的问题

1. 身体训练应注意的问题

（1）速度是跳远专项素质中最重要的。因为在助跑中最大限度地发挥和利用速度，尽可能地提高助跑起跳中水平速度的利用率，是获得优异跳远成绩的关键。训练中要充分利用发展速度的"敏感期"，不失时机地合理安排速度训练；要放松、自然、具有趣味地发展速度，要注意技术的正确、合理；速度训练应安排在训练课的前半部分，要在运动员情绪饱满、有强烈的训练欲望状态下安排，保证获得最大的效果。

（2）跳远的起跳是在高速助跑中瞬间完成的，运动员需要绝对力量与快速力量。因此，训练中，要注意练习的负荷与动作速度。力量在超负荷的情况下才能逐渐增大，但负重训练必须与完成动作的速度相结合，才能获得理想的效果；还要利用青少年力量发展的敏感期进行训练，不同年龄选择不同的练习手段与方法，同时要结合专项的特点有针对性地安排。另外，力量训练后要注意做些伸展性训练和放松动作来保持肌肉的弹性。

（3）弹跳力与跳远技术有着密切的关系，它直接影响跳远成绩的好坏。因此，训练中注意在快速动作中爆发性地完成由跑到跳运动形式的转换和整个身体协调用力的能力。要紧密结合专项特点和技术结构，要长期、系统地进行练习。

（4）灵敏和协调是人体在运动中能快速、准确、及时地完成动作的能力，对于跳远运动员掌握高难动作和先进技术起着十分重要的作用。因此，训练中要结合专项的特点，选择与技术相似的练习手段，要与其他的身体素质密切结合起来，同步发展，要着重发展模仿能力、控制与平衡能力、动作节奏和稳定性、反应能力与观察能力等。

2.技术训练应注意的问题

（1）根据训练对象的实际情况，抓好技术训练。对于青少年应抓好基本技术训练，训练中多采用教学形式，使他们从小开始就有计划、有步骤地学习和掌握正确的技术动作。对有一定训练水平的运动员，应确定某个训练年度或某个训练阶段需要解决的技术问题，使技术训练有一个明确重点。

（2）在专项的跳远助跑训练中要着眼于发展助跑速度和助跑节奏；助跑技术训练应在精力充沛的情况下进行，要保持正确的助跑技术和快速稳定的助跑节奏；要根据技术训练任务，正确采用不同距离的助跑。

（3）在起跳技术训练中要注意起跳技术与快速助跑紧密结合，摆动腿的积极前摆与起跳腿的快速有力的蹬伸协调配合，注意加强运动员攻板意识的培养。

（4）少年儿童的技术训练要在跳远技术教学之后进行，应以基本技术为主，中等强度为宜，在技术尚未成熟之前尽量不进行大强度技术训练，少参加比赛。

（四）三级跳远训练中应注意的问题

1. 身体训练应注意的问题

（1）发展速度时，要结合专项特点，适当侧重某一方面的能力。要根据不同时期运动员的具体情况选择适当的量和强度，以免受伤和过度疲劳。

（2）力量素质对三级跳远运动员取得优异成绩的作用是非常突出的。力量训练由于负荷较大，要考虑训练年龄、性别、训练水平，在进行力量训练之前不宜做量大和强度大的其他练习，以保证运动员有充沛的精力进行力量训练。

（3）用克服自身重量的跳跃练习发展弹跳力是最经济有效的手段。各种各样跳跃练习应当在多年、全年训练中系统进行，不要过分集中，尤其是下肢跳跃练习不能太集中，要在运动员能有效地控制动作时安排跳跃练习。

（4）发展灵敏与协调素质能使运动员精确掌握动作和控制动作。训练中应采用多样化手段。少年儿童发展灵敏与协调素质尤为重要，可促进正确技术动作的掌握。

2. 技术训练应注意的问题

（1）三级跳远技术训练要在体力充沛、精神集中的情况下进行。技术练习要和运动员的身体素质实际情况相均衡，素质差、技术要求高则容易受伤，要求过低又达不到改进和提高的目的，因此要根据运动员的特点和能力而定。

（2）对青少年的三级跳远训练要防止片面追求成绩，要对青少年的身心成长有一个全面的认识，长期进行大强度的训练会引起青少年运动员生理和心理上的损害，所以，采用三级跳远技术练习手段时要慎重。

（3）三级跳远运动员达到较高水平时，全面身体训练不可放松。要重视背肌力量的发展，专项训练要和技术训练密切结合，避免技术环节的脱节。加强培养运动员的心理素质，把心理素质训练贯彻在技术训练之中，增强运动员在比赛中的心理调节能力。

（4）三级跳远技术较注重水平速度的发挥和利用，因此，从技术上强调向前的效果，更积极"扒地"，尽可能少地损失水平速度。技术训练要和运动员的身体素质同步增长，同步要求，要做到循序渐进，抓住技术重点，确定个人特长。另外，要切实安排好三级跳远技术训练的安全措施。

（5）在一次训练课中，不要随着兴趣而突然增多跳跃的次数，加大练习强度，尤其是运动员技术动作掌握还不熟练的时候更要注意。另外，一次大强度完整技术练习不应太多，否则容易使运动员受伤。

第八章 投掷类项目的教学与训练

第一节 投掷类项目的技术教学

一、投掷项目的技术教学重点与难点

（一）推铅球技术教学的重点与难点

技术重点：推铅球技术教学重点是最后用力技术。

无论是背向滑步推铅球还是旋转推铅球，都是通过不同形式的助跑和技术动作最终将人体产生的合力作用于铅球上，创造最远的投掷距离。但是只有在器械处于合理的位置、作用力准确通过铅球重心的前提下，球离手时才能获得最快的初速度，才能达到理想的投掷成绩，因此，推铅球的教学重点应该放在最后用力技术环节上。特别是教学初期，为使学生用力更加合理，要以教会学生正确的用力顺序、建立稳固的左侧支撑为最后用力技术教学的重点内容，即使进入教学最后阶段，也应安排一定时间来复习和改进最后用力技术。

技术难点：推铅球技术教学难点是滑步与最后用力的衔接技术。

滑步与旋转是运动员采用不同形式的助跑，为最后用力所做的必要的准备。助跑与最后用力衔接得紧密与否，直接关系到运动员推球的效果。优秀运动员完成技术动作十分连贯，特别是在滑步或旋转结束后能不停顿地转入最后用力，把能量损失降低到最低限度。而初学者往往处理不好滑步与最后用力的关系。滑步不但不能起到帮助作用，反而会破坏合理用力技术的形成，给推球用力带来一定的困难。因此随着教学的不断深入，教师要重视滑步与最后用力的衔接，使学生更好地解决这一技术难点。

（二）掷铁饼技术教学的重点与难点

技术重点：掷铁饼技术教学重点是最后用力技术。

最后用力是决定掷铁饼远度的主要技术环节，其对远度的贡献率占60% ~ 70%。通过教学使学生能够掌握掷铁饼最后用力的基本技术是非常重要的。原地投掷铁饼技术与完整技术中的最后用力技术结构基本相似，但是最后用力是在旋转的过程中，有一定速度情况下，快速完成持续再加速的动作过程，因此，教学中不仅要让学生反复练习原地投掷技术，还要让他们在旋转运动过程中反复体会最后用力的技术，把最后用力作为教学一个重点。

另外，背向旋转与人们日常生活的习惯用力方式有着较大的差异，技术本身又比较复杂，特别是双腿支撑旋转进入单腿支撑旋转阶段，旋转中既要控制手中的铁饼，又要考虑方向、位置、动作的平衡等。因此，初学者必须花费较多的时间反复学习和体会转动中的平衡感、节奏感和超越器械的肌肉本体感。教学时间的安排一般是原地投占30%，正面旋转投占10%，背向旋转占60%。

技术难点：掷铁饼技术教学难点是旋转与最后用力的衔接技术。

旋转腾空后，右脚着地到左脚着地，迅速形成双支撑用力，优秀运动员一般用0.1秒左右。这是旋转结束和进入最后用力动作的开始，完成这一衔接阶段的动作具有承上启下的重要作用。

从动作结构上形成了最有利的用力姿势。这一动作衔接紧密，能够有效地提高旋转速度的利用率。初学者往往在旋转后很难控制上体继续旋转的速度，很难及时完成右腿单腿支撑转动动作。无法形成大幅度的最后用力姿势，或者常常使旋转和最后用力中间出现明显的停顿。有的初学者旋转投的成绩不如原地投的成绩好，原因就在于此。

另外，在最后用力中右腿右髋不失时机地进行积极蹬转用力，是关系到由下而上用力的技术基础，它可以较好地形成和促使以腰部和胸部带臂鞭打的基本用力技术。但是，初学者往往右腿只蹬不转，或是只用手臂去投掷铁饼，很难做到全身协调一致地鞭打用力。

背向旋转开始由双支撑旋转进入单支撑旋转技术，对下肢积极转动，上下肢的配合，左右侧轴的要求，前后动作的方向、路线，以及重心移动和平衡都有一定的技术要求，初学者进行练习时常常是顾此失彼，难以照顾到方方面面，学习难度较大。

（三）掷标枪技术教学的重点与难点

技术重点：掷标枪技术教学重点是最后用力技术。

最后用力是标枪出手时获得速度的关键，在最后用力教学中，应始终紧紧抓住标枪纵轴的用力，髋和下肢的正确动作，上体和投掷臂的快速鞭打等重点，这对于掌握正确的最后用力动作顺序和快速投掷动作至关重要，为运动员技术进一步完善和成绩的提高打下坚实的基础。

另外，投掷步是助跑的主要技术环节，对于加长最后用力的工作距离，获得用力前最佳的身体姿势有重要意义。教学中在掌握引枪和下肢动作的协调配合，重视引枪位置的基础上，应加强投掷步的速度节奏，尤其是第三、第四步的技术动作节奏。

标枪器械比较长，它的特殊结构决定了投掷标枪时的用力必须沿其纵轴施力才能获得良好的用力效果，也就是常说的"纵轴用力"概念。要使学生能够体会到并学会纵轴用力，必须让他们在投掷的全过程始终保持标枪的正确合理位置，控制好标枪是非常重要的。

技术难点：掷标枪技术教学难点是助跑、投掷步与最后用力的衔接技术。

通过持枪助跑平稳加速的节奏，进入引枪交叉投掷步，直至投掷步结束时，右脚落地后身体适当扭转，右膝、髋合理弯曲，左腿积极向投掷方向摆出并迅速落地，开始做有力的左侧支撑技术动作进行配合，使最后用力技术动作更加积极、连贯。这一系列衔接动作是保证助跑速度能够合理运用于投掷标枪的关键。

另外，控制好标枪在投掷过程中的正确位置。初学者在投掷标枪时常常只注意肌肉用力的大小，而对标枪与身体保持的位置、枪尖和枪尾的高低、助跑中手对枪身的上下晃动和左右摇摆的控制等都不够重视。这样将使肌肉用力难以作用在枪上，还容易造成肩和肘部的伤害，影响标枪技术的掌握。

（四）掷链球技术教学的重点和难点

技术重点：掷链球技术教学重点是最后用力技术。

技术难点：掷链球技术教学难点是旋转与最后用力结合技术。

掷链球技术教学的重点，在教学中主要靠技术模仿练习和持球旋转练习来完成。教学的难点，主要靠掌握和提高多圈旋转技术、旋转练习向完整技术练习转换的时机和转换的是否合理，以及转换技术结合合理性来完成。

1. 模仿练习与掷链球相结合

掷链球是田径运动项目中技术最复杂的项目之一。它要求运动员具有良好的、全面的身体素质，顽强的意志品质和吃苦耐劳的精神，通过反复练习，才能收到较好的效果。然而作为教学课来讲，它受着人数、器械及场地等条件的限制，因此，模仿练习在教学中的地位就更为重要。

第一，它不受器械的限制，根据需要可以徒手完成。

第二，可以不使器械出手，免去来回捡器械从而节省大量时间，在有限的教学时数内，增加练习次数，达到由量的积累产生质的变化，对于掌握和提高投掷链球技术起着重要作用。

第三，模仿练习使运动员看不到自己的实际投掷远度而更加集中精力于掌握和改进技术上。

第四，模仿练习可以避免伤害事故。

但是，教学的最终目的是使学生掌握和巩固正确的掷链球技术，有效发挥人的体能，将链球掷得更远。模仿练习虽然对掌握和改进技术起着重要作用，但它不能代替投掷链球，因此，模仿练习必须及时、有效地与投掷链球结合起来，才能省时、省力、高效。

2. 掌握与提高多圈旋转的节奏和能力

器械出手的初速度是掷远的决定性因素，实践证明，掷链球器械最后出手时的初速度，80% ~ 85% 来自旋转，因此，运动员掌握与提高多圈旋转的技术、能力及节奏，就更为重要，要把它作为重点、难点来抓。教练员要善于利用各种器械（主要是链球），采用不同形式，让学生进行多圈旋转。在旋转中不仅抓旋转技术，更重要的要抓旋转节奏，即在身体保持平衡的前提下，旋转 6 ~ 7 圈或更多，而且保证一圈比一圈快，想快就能快，想慢就能慢下来。在投掷链球的教学中，可以打破与其他投掷项目教学的常规，也就是先教旋转，再教最后用力，重点放在旋转上。

旋转是掷链球技术的重要组成部分，它的目的在于使器械产生一个预先速度，为最后用力创造良好的身体姿势和最佳的最后用力工作距离，因此，旋转必须与最后用力紧密结合起来才有实际意义，才是一个完整的掷链球技术。在教学中，要将二者及时紧密地结合起来进行教学。但是，为了使学生更好地掌握掷链球技术，在完整掷链球技术教学中，根据学生的具体情况，及时而有目的地对旋转或最后用力技术环节进行强化教学，是达到掌握与提高完整掷链球技术的重要手段。

3. 改进技术与提高身体素质相结合

正确而合理的掷链球技术，可使投掷过程更加省力，并充分发挥自身体能，提高运动成绩。全面而高水平的身体素质有利于更快地掌握合理的技术。因此，在教学中，科学地安排一定时间发展运动员的身体素质，尤其是专项身体素质，对于更精确更细致地掌握掷链球技术有着积极作用。

二、投掷运动的技术要点

（一）推铅球技术的要点

1. 滑步技术要点

（1）摆动腿带动髋部沿水平方向向投掷方向摆动。铅球的滑步是由摆动、蹬伸、拉收、下压等动作环节所组成的连续性动作，在这一过程中，摆动腿的摆动起着先导作用，既要强调加大摆动的力量和幅度，为支撑腿蹬伸创造条件，又要注意避免由于后摆过高使身体重心过多向上抬起，造成支撑腿蹬地角度增大而影响滑步时的水平速度。

（2）支撑腿蹬收积极，有利于完成"超越器械"动作。在摆动腿开始减速给支撑腿的压力减少瞬间，在适宜蹬地角度（约35°）下，及时有力地蹬离地面，并快速收右小腿，内扣膝、踝关节于身体重心下方支撑，使下肢以更快的速度赶超到上体和器械的前面，从而有效地完成"超越器械"的动作。

为使拉收动作做到速度快、幅度大，右脚掌应贴近地面滑行，防止离地过高或在地面拖行，并在摆动腿积极下压动作的配合下完成，才能达到较好的效果。

（3）注意非投掷臂和躯干与下肢动作的配合。在滑步过程中，上体尽可能地保持与投掷相反方向的伸展姿势，左臂前伸，左肩保持内扣，这样不仅可以控制身体在滑步中的起伏，而且也可防止上体过早抬起和转向投掷方向，有利于滑步后形成"超越器械"的动作。

（4）适宜的滑步速度和加速直线性。滑步速度应与运动员的专项素质水平及所掌握的投掷技术相适应，片面追求过高滑步速度会使最后用力阶段技术难度加大、动作结构遭到破坏。在滑步过程中人体与器械应成为一个整体，同时要求人体重心的移动路线和器械运行的方向一致。

2. 过渡阶段技术要点

过渡阶段是从右脚滑动结束到左脚落地。在从滑步转换到最后用力的过程中，过渡阶段起着承前启后的作用，它要求保持滑步时所获得的速度，形成最有利的身体姿势进入最后用力，因此，该阶段的动作在完整的推铅球技术中也是关键。在过渡阶段中，应注意以下几方面。

（1）在支撑腿完成拉收动作，即右脚着地瞬间，踝关节要保持适度紧张，尽量避免脚踝下沉，减小缓冲动作，并做到及时发力。

（2）滑步后髋轴和肩轴要形成扭紧状态。

（3）右膝弯曲 130° 左右角，承担大部分的体重，从铅球到支撑的左脚约成一条斜线。

（4）最后用力前要适当保持低姿势，便于投掷时产生垂直速度，同时也要注意使铅球的握点到推球出手点之间形成一个接近直线的轨迹。

（5）为保证最后用力的工作距离和动作的充分，两脚在滑步后着地支撑的距离要适当，防止太宽或过窄。

3. 最后用力技术要点

最后用力动作是指滑步结束摆动腿积极下压着地后进行的用力过程。该阶段的技术正确与否，将直接影响到铅球的出手初速度，出手角度和出手高度，因而，它对铅球飞行远度起着决定性的作用。

（1）左腿右髋的先导作用

进入最后用力阶段瞬间，右腿已开始蹬伸，首先发力，并在整个用力过程中起着先导作用。随着左腿的支撑与制动，右髋以积极的前移，推动上体向投掷方向抬起和转动，从而使身体左侧有关肌群充分拉紧，由于左腿制动与蹬伸动作，加快了躯干的鞭打和伸臂推铅球动作。

右腿、右髋的动作，不仅有利于进一步加大"超越器械"的程度，而且同时使人体大肌肉群首先参与最后用力工作，这样就保证了在整个用力过程中人体各环节自下而上不断地加速中，起到了十分积极的作用。

（2）合理的动作顺序和节奏

合理的动作节奏一方面体现人体各环节严格按一定顺序完成动作时的速度变化，另一方面表现在各动作环节之间的间隔时间。合理的动作节奏保证了最后用力动作的连续性，从而提高了用力效果。

（3）髋轴、肩轴的相互超越

在滑步结束后，髋轴与肩轴已形成交叉扭紧状态，用力时右髋积极向投掷方向的前移，进一步加大了对肩轴的超越。当人体转向投掷方向时，左臂积极向体侧的快速摆动动作加快了肩轴转向投掷方向的速度，并迅速使右肩赶超右髋的前面，两轴的相互超越有利于加大工作距离，完成爆发性的推铅球动作。

（4）身体左侧的积极配合

在最后用力过程中，躯干的动作是以转动和鞭打的混合运动方式进行的，身体左侧的一系列动作为完成右侧的动作创造了条件，两侧动作的协调配合也是衡量正确技术的标准之一。

（二）掷铁饼技术的要点

完整的投掷铁饼技术是由握饼、预备姿势、预摆、旋转、最后用力和出手后的平衡几个环节组成。为了便于分析，可以把旋转和最后用力两个重要技术环节分为六个时相：双腿支撑起转、单腿支撑旋转、腾空旋转、衔接阶段、最后用力初始加速阶段、最后用力的最后加速阶段。这里仅就技术共性的问题进行描述和分析，在运动实践中，运动员还应探索适合自己特点的技术风格和技术细节，以利于发挥个人优势。

1.双腿支撑起转阶段技术要点

双腿支撑起动进入旋转是重要技术环节之一，因为它直接影响到以后一系列动作结构和节奏。有经验的教师十分重视对这一环节动作质量要求。

（1）预摆结束后，投掷臂放松留在身后，随着双腿屈膝支撑转动髋部带动上体起动旋转，身体重心由右逐渐向边屈边转的左腿移动，左腿左膝积极外转，左臂自然伸展，两肩平行，保持收腹，左肩经左脚上方沿大弧线向投掷方向转动，左腿和左肩协调配合，形成一体动作。

（2）左腿转动领先于左肩 10° 左右，双腿支撑起动要平稳，不宜突然加速，特别要防止突然用左臂拉左肩，要控制好肩轴转动的角速度。

（3）在转动中，身体要逐渐向投掷圈圆心倾斜，左脚尖转至与投掷方向成45°左右，此时，右大腿内侧肌群处于适度拉长状态，为右腿的摆动和落地积极转动创造条件。

2. 单腿支撑旋转阶段

（1）右脚离地后，右腿微屈，并按弧线的路线大幅度地向投掷圈中心摆动，左腿屈膝支撑继续向投掷方向转蹬。身体重心投影远离支撑点向投掷圈中心移动，左臂协同控制方向和维持身体平衡，使身体平稳地在转动过程中向前转动右髋，右腿摆向投掷圈中心时要低平内扣，右腿摆扣和左腿转蹬相结合，这是形成超越器械和获得水平速度的关键。

（2）在双腿支撑起转和左腿单腿支撑旋转阶段，要适当加大转动半径以增加转动惯量，因此在这个阶段，要做好身体重心移动，左臂伸展转动，右腿弧形摆动。右腿摆动时大腿高度不超过水平线，左腿保持约130°的弯曲，蹬地角36°～42°。

3. 腾空阶段技术要点

（1）由于左腿支撑转动阶段动作合理，决定了腾空时间短、重心起伏小的正确技术，这是当代掷铁饼技术特点之一。这阶段的动作主要是左踝的蹬伸，因为左脚要穿越整个投掷圈，完成这个穿越所费的时间越短，躯干就扭得越紧，在投掷前右肩的肌肉就拉得越紧。优秀运动员腾空时间一般是0.1秒左右，占完整动作的4.2%左右。在极短的时间内完成腾空动作，因此，要求左腿积极向右腿靠拢，减小下肢转动半径，增加下肢转动的角速度，为完成超越肩轴和右脚着地不停顿转动以及左腿积极后摆落地创造条件。

（2）在整个动作过程中，要尽量缩短腾空时间，尽早进入支撑，才能获得动量的来源。

（3）重心起伏不宜太大，这样会影响人体水平方位的转动速度。

4. 衔接阶段技术要点

（1）右脚着地至左脚着地是旋转和最后用力的衔接阶段，也可以称为转换阶段，这是承上启下的重要技术环节。很好地完成这一技术有利于减少转动速度的损耗，有利于提高旋转速度的利用率，有利于进入大幅度双腿支撑最后用力动作。右脚以前脚掌落于投掷圈中心的附近，右脚着地脚尖应指向投掷反方向偏左45°左右，投掷臂指向投掷方向略偏右。身体重量大部分落在弯曲（100°～110°）的右腿上，微收腹，上体前倾45°左右。髋轴超越肩轴45°左右，左臂伸展扣紧，左肩大约于右膝上方，躯干形成扭转状态，持饼臂伸展放松与肩轴形成拉引角。右脚着地后，在保持上述身体位置不变的情况下，右腿不停顿、积极地屈膝转动，同时左脚靠近地面快速摆向落地点。右脚转动90°左右、脚尖指向投掷反方向偏右约45°时，左脚落地。由于上下肢的积极转动，使髋轴进一步超越肩轴，形成腰肩臂铁饼再度扭转拉紧，使下肢以转动的作用力开始作用于器械上。

（2）衔接技术好坏的关键取决于运动员在旋转中右腿是否积极工作，左脚主动快落，做好进入最后用力后的衔接动作。左脚落地的一刹那，整个身体要形成半蹲、微收腹和大幅度扭转拉紧状态。如这时从运动员投掷方向的右侧观察，应能看到位于运动员身后的铁饼。

5. 最后用力初始加速阶段技术要点

（1）从左脚着地至铁饼运行到最低点是最后用力的前半部分，为最后用力的初始加速阶段。此阶段要充分发挥腿腰转动用力的能力，在左脚牢固支撑情况下，右腿右髋积极转动用力，投掷臂不急于主动加速，跟随腿腰的转动加速。同时，左臂适时地向投掷方向摆动，使胸部肌肉形成预先适宜的伸展拉长，为随后以胸带动投掷进而臂加速用力做好充分准备。

（2）在这一阶段，铁饼由高点运动到最低点，投掷臂由指向投掷方向偏左45°左右到指向投掷反方向。因此，要特别控制好上体的转动，不应前引或上拉，从而获得较大的转动半径，使铁饼沿着较大弧线加速运行，这有利于加大最后用力的工作距离。

6. 最后用力的最后加速阶段技术要点

（1）从投掷臂指向投掷反方向，铁饼运行到低点约与髋同高到铁饼出手，是最后用力的最后加速阶段。在下肢和躯干持续向前转动用力的基础上，通过左腿支撑用力和左臂、左腿及时制动配合，胸带臂骤加速用力"鞭打"出手，出手点的高度约与肩相同，出手角度35°左右。

（2）最后用两脚站住的距离应适当，以有利于水平方向用力加速的距离。两脚开立过窄，容易造成动作向上而不向前，两脚开立过宽，两腿支撑用力和身体重心移动比较困难。因此，两脚的距离应取决于运动员的身高腿长、腿部力量、技术水平和技术类型。一般优秀的男运动员开立距离在0.8

米左右，女运动员在 0.7 米左右。

（3）最后用力开始时，身体重心位于两腿之间，靠近弯曲的右腿，处于较低的位置。用力过程中，身体重心由靠近右腿处逐渐推向左腿，充分发挥下肢及腰部力量的加大转动向前用力的距离。

（4）从左脚落地到器械出手，左侧支撑必须稳固。右侧支撑用力，是指从左脚、左腿到左肩、左臂，整个身体左侧的工作过程。在最后用力过程中，起到积极的支撑制动、用力和转动轴的作用，使人体重心与铁饼质心的连线达到最长。

（5）在最后出手时还应合理利用空气动力学的原理，根据不同的风向、风速和自己的特点，控制适合的出手角和倾角，以减少空气阻力，利用空气的上升力，增加铁饼飞行的远度。

（6）最后用力是投掷铁饼的最后加速阶段，它对出手速度贡献最大，其任务是在旋转的基础上给铁饼再加速，以最快的出手初速度和适宜的投掷角度把铁饼掷出，这是决定投掷远度的技术关键。优秀铁饼运动员最后用力是在 0.2 秒左右的时间内，完成大幅度的转动和向前用力动作。各用力环节既要有先后顺序，又要有相互衔接用力过程，还要有及时制动身体某部位，使动量传递以加速其他部位和器械的运动。各环节紧密衔接，才能连续地增强作用于器械的力量，使器械获得大幅度持续加速的程度，达到最大的出手初速度。

（三）掷标枪技术的要点

1. 预跑阶段技术要点

（1）预跑阶段的特点是均匀加速，运动员持枪于肩上，逐渐加速，自然放松，富有弹性。其速度应与运动员的身体训练水平和技术的熟练程度相适应，这样才能达到良好的效果。

（2）投掷步阶段应当在不减速的情况下，完成引枪超越器械，为投掷做好准备。至于采用几步投掷步为宜，要根据每个人特点而确定。目前大多采用直接向后引枪和五步投掷步技术。

（3）投掷步的节奏是加速的，比预跑阶段的速度要快，特别是第三四步的速度明显快于前两步。投掷步的移动速度一般相当于本人绝对速度的80%，这样有利于控制动作，使动作做得准确而自然。

2.最后用力阶段技术要点

最后用力是整个投掷标枪技术最重要的部分。正确的最后用力必须做到尽可能多地动员人体肌肉参加工作。在交叉步右脚落地后，由于惯性使髋部继续向前运动，当右腿转入后蹬阶段左脚尚未落地之前，身体重心通过右腿支撑点瞬间开始了最后用力。

当左脚快速落地支撑，右腿继续蹬转加速右髋转向投掷方向，使髋轴超越肩轴，在髋部牵引肩部向投掷方向转动的同时，左臂屈肘向身体左侧下方移动，加快右肩向投掷方向转动速度，从而带动投掷臂向上翻转。形成满弓动作，随着身体重心移至左腿上，左腿做迅速强有力的蹬伸，髋肩轴用力后依次先后制动，逐级向上传递叠加到最大速度，这符合生物力学和运动解剖学的基本要求，即做到先从大关节到小关节，先从大肌群到小肌群的参与用力。

3.标枪出手后身体平衡技术要点

标枪出手后，为了防止犯规，应及时向前跨一大步，右脚落地后身体重心下降并稍左转体进行缓冲向前，维持身体平衡。

4.标枪出手后沿纵轴自转向前飞行阶段

标枪出手后沿纵轴自转向前飞行，标枪的自转有助于在空中飞行的稳定性，在有些情况下还可起延缓落地时间的作用。标枪出手角度在29°～36°之间，攻击角接近0°时，标枪所受的阻力最小。研究成果告诉我们：攻击角在0°～10°时飞行效果最佳。

（四）掷链球技术的要点

1.旋转技术要点

（1）头部要与肩保持相对稳定，随肩轴自然转动，不能有任何扭转和倾斜，否则会导致右臂的弯曲，缩短有效的旋转半径。

（2）控制好身体与链球合成一体的旋转轴，保持最大的旋转半径，逐渐升高链球运动的最高点，逐渐加大运行斜面的角度。

（3）两臂伸直，两肩放松，自然前拉链球形成三角形，躯干直立，使链球的拉力通过两臂着力于腰部，维持平稳的旋转和对抗球的拉力，有利于旋转的加速。

（4）旋转时两膝弯曲，在双支撑转向单支撑时，右腿积极快速靠近左膝，左膝及时准确地弯曲前压，使右脚用前脚掌尽快着地，有效缩短单脚支撑时间，有利于旋转的不断加速和形成充分超越器械姿势，为最后用力创造条件。

（5）掌握好进入第一圈的旋转和每一圈旋转由双脚支撑向单脚支撑的过渡。

（6）掌握好多圈旋转中，身体重心保持水平向前移动、左脚移动轨迹的直线和连贯。

（7）掌握好右脚晚抬早落技术，不断缩短每圈旋转的时间。

2.最后用力技术要点

（1）旋转的最后一圈，右脚一着地即开始发力，使最后用力与旋转形成自然衔接，避免旋转的停顿并能加快出手速度。

（2）最后用力的顺序应由下肢、躯干到上肢，以身体带动链球加大最后用力的幅度，做到最大限度的全身用力，使链球沿旋转轨迹运行的切线方向掷出。

（3）左腿和身体左侧强有力的支撑，保证链球以理想的出手角度掷出。

三、投掷项目主要技术教学手段

（一）推铅球技术教学手段

1.原地正面推实心球

两脚左右开立，约与肩宽，双手呈八字形持实心球于胸前，肘关节外展，上体略后倾，用力时两腿充分蹬直，带动上体向前，双臂用力前伸，在球离手瞬间屈腕，通过手指拨球动作将球向前上方推出。

练习的目的是让学生体会最后用力的动作顺序以及推铅球正确伸臂动作。

2.原地向上推实心球或铅球

两脚左右开立约与肩宽，左手上举，右手持球于肩上，上体保持正直。然后两腿弯曲下蹲至膝关节成130°时，用力蹬伸两腿，将球向上推出，出手角度为70°～80°。

练习的目的是让学生体会腿部的蹬伸与手臂推铅球的配合。两腿蹬伸时髋、膝、踝关节充分伸直，使身体完全伸展。

3.原地向前推实心球或铅球

两脚前后开立，持球的姿势同上，肘关节外展与肩齐平，左臂上举，然后上体后倾，右膝弯曲，通过右腿发力带动上体将球向前上方推出，出手角度为 35°～40°。

练习的目的是让学生体会最后用力时自下而上的用力顺序以及适宜的出手角度。在整个动作过程中，身体重心从右腿上方前移至左腿上方，在球出手时左腿充分蹬直，同时完成屈腕拨球动作。

4. 原地向下推铅球

两脚左右开立，右手持球靠近颈部，右肘关节位于球上方，左手在下托住铅球，目视下方，做向下伸臂推球动作。

练习的目的是让学生体会伸臂拨球的正确动作。

5. 徒手做最后用力双人练习

预备姿势，原地背向推铅球，同伴用手拉住练习者的左手，做蹬地、挺腰练习。

练习的目的是让学生体会最后用力时正确的用力顺序和髋轴与肩轴扭紧的感觉。

6. 坐姿推实心球

坐在长凳或垫上，距墙 3～5 米，右手持球，上体后倾，通过腰部发力推动胸部向前将球推出。

练习的目的是让学生体会腰部发力，带动躯干将球推出，注意控制好出手角度。

7. 跪姿推实心球

左脚在前，右膝跪地，右手持球，上体后倾，通过腰部发力推动胸部向前将球推出。

练习的目的是让学生体会躯干和投掷臂动作的配合。

8. 前后抛实心球

练习的目的是让学生体会自上而下的用力顺序。

9. 负重做推铅球最后用力练习

练习者肩负沙袋，准备姿势同原地背向推铅球，做蹬腿、转髋、抬体练习。

练习的目的是让学生体会最后用力时的动作顺序和躯干的扭紧程度以及髋轴与肩轴的相互关系。

（二）掷铁饼技术教学手段

1.“反弓”手触脚跟

两脚左右开立，提踵、挺髋，用右手触摸左脚跟，右腿部发力，完成挺髋、抬体动作，再反方向做。

练习的目是让学生体会由下肢首先发力带动上体的正确用力顺序。

2.抛实心球

两脚前后开立，侧对投掷方向，双手持球摆至体侧，用蹬地、转体力量将球向投掷方向抛出。

练习的目的是让学生体会由下至上的用力顺序。

3.原地正面掷实心球

两脚左右开立，两膝弯曲，右手持球预摆至体后，然后蹬腿、顶髋、转体、挥臂将球向前上方掷出。

练习的目的是让学生体会由下至上的用力顺序。

4.原地正面掷铁饼

两脚左右开立，右手持铁饼做 1～2 次预摆后，两腿蹬地，顶髋、转体、挺胸、挥臂将铁饼向前上方掷出。

练习的目的是让学生体会用蹬地转体带动挥臂的动作顺序。

5.坐姿单手掷实心球

对墙坐，右手持球摆至体侧后方，转体、挥臂对墙掷球。

练习的目的是让学生体会以躯干带动手臂的用力动作。

6.跪姿单手掷实心球

右膝跪地，左脚在前，右手持球于体侧，通过髋部发力推动髋部向前，并带动躯干完成挥臂掷球动作。

练习的目的是让学生体会由下至上的用力顺序，以及正确的挥臂路线。

7.原地投练习

手握小杠铃片或树枝，成原地掷铁饼的预备姿势，做蹬伸右腿、送髋、转体、挺胸、挥臂动作。

练习的目的是让学生体会正确的用力顺序和方向以及身体重心移动。

（三）掷标枪技术教学手段

1."反弓"双手触摸脚跟

两脚左右开立，提踵，上体向后倾，用双手触摸脚跟，髋不挺出，成反弓状，然后两腿蹬伸将上体向前上方弹起，双臂随上体向前上方摆动。

练习的目的是让学生体会蹬地送髋的动作和背弓时的肌肉感觉。

2.拉臂推肩成"满弓"

两人一组，练习者做好投掷的预备姿势，同伴一手握住练习者的手，一手放在练习者肩胛处，当练习者做送髋翻肩动作时，同伴协助做拉臂推肩动作。

练习的目的是让学生体会形成"满弓"时的用力顺序及肌肉本体感觉。

3.持枪翻肩成"满弓"

右手持枪成原地侧向投枪的预备姿势，左手握住枪头，左脚前带迈一步，左腿蹬地送髋，做翻肩动作。

练习的目的同 2。

4.原地双手掷实心球

两脚前后开立，上体后倾，双手持球于头后，然后蹬腿、挺胸、振臂将球向前上方掷出。

练习的目的是让学生体会正确的用力顺序及方向。

5.跪姿掷实心球

双膝跪地，双手头后持球，上体后倾，然后挺胸、收腹、振臂，将球向前上方掷出。

练习的目的是让学生体会以胸带臂的动作顺序。

6.单手持重物做枪摆动作

单手持轻杠铃片，侧对投掷方向站立。连续做蹬腿、送髋、挺胸、翻肩、挥臂动作。

练习的目的是让学生体会最后用力的肌肉感觉。

7.原地掷小垒球

左手持小垒球，侧对投掷方向站立，向前上方掷出小垒球。

练习的目的是让学生体会快速用力时的肌肉感觉，掌握鞭打动作。

8. 坐姿单手投小球

坐在长凳上，距墙 3 ~ 5 米，右手持小球，用转体、挺胸、收腹、挥臂的力量将小球掷出。

练习的目的是让学生体会以胸带臂的用力顺序。

9. 插枪

侧对投掷方向站立，左手持枪，枪尖低于枪尾，将标枪向前下方掷出。

练习的目的是让学生体会正确的用力顺序和鞭打动作，沿标枪纵轴用力。

（四）掷链球技术教学手段

（1）双手持实心球、带球或垒球棒等辅助器械做预摆练习。

练习的目的是体会正确的预摆技术及骨盆向链球运行反方向移动。

（2）双手持较轻链球或标准链球做预摆蹲起练习。

练习的目的是体会预摆技术，以及预摆中要协调地逐渐站起，动作自然、放松。

（3）持实心球或带球做预摆接第一圈旋转练习。

练习的目的是让学生体会"人—链球体系"，体会预摆后由双支撑进入单支撑的技术动作和技术要求。

（4）持较轻链球或标准链球做预摆接第一圈旋转练习。

练习的目的同练习（3）。

（5）双手持较轻链球或标准链球做预摆两次旋转 2 圈、预摆一次旋转 2 圈的练习。

练习的目的是体会两圈旋转的动作要领和旋转节奏及链球高低点的位置、第 1 圈和第 2 圈的衔接技术。

（6）双手持较轻链球或标准链球做预摆 2 次旋转 3 ~ 5 圈的练习。

练习的目的是体会旋转中各圈之间的衔接技术和整体动作的圆滑性，逐步提高学生对旋转的控制能力及速度感。

（7）持链球或哑铃等辅助器械预摆 1 ~ 2 次后接最后用力的练习。

练习的目的是体会最后用力的技术、用力顺序以及最后用力时学生肌肉用力的感觉和全身协调用力的感觉。

（8）双手持实心球、带球等辅助器械旋转 1 ~ 4 圈接最后用力练习。

练习的目的是体会完整技术的动作要领和节奏感、速度感及正确的用力顺序。

（9）持轻链球或标准链球，在装有安全护笼的投掷圈内，做3圈旋转接最后用力的完整技术练习。

练习的目的同练习（8）。

第二节 投掷项目运动训练

一、投掷项目运动训练特点与要求

（一）推铅球运动训练特点与要求

铅球是投掷器械中最重的器械之一，因为投掷圈小，所以完整技术的助跑形式和距离受到了一定的限制。要将铅球推得远，除了要有高度发展的全面身体素质外，还对力量素质和快速力量提出了更高的要求。少年儿童时期肌肉力量较弱，所以发展全面身体素质是提高力量和快速力量的前提。弹跳力、速度、灵敏、协调等素质的不断提高，为一般力量和快速力量的训练打下了良好的身体基础，是早期训练的主要方面。力量素质的提高又是提高快速力量和专项成绩的基础，是决定训练成败的重要因素之一。在发展全身各部肌肉力量的同时，对腰背肌和小肌肉群的训练要给予充分重视，尤其应注意培养运动员突然地快速用力意识，这一点很重要。后期可适当做较大重量的力量练习，同时提高力量练习的动作速度。可隔日进行一次力量练习。较大重量的练习多采用单个动作的重复，快速力量练习可采用组合循环训练的方法。练习中可配合速度、协调、弹跳力、投掷重物等练习。一切力量练习都应以提高参加推铅球技术各部肌肉的力量和专项成绩为目的。

专项身体素质的训练要密切结合推铅球的技术特点，以发展快速力量为重点。一个人爆发力的好坏，天赋固然起着一定作用（选材时必须充分重视），但还要靠后天的训练。为不断改善爆发力，训练中要给予其极大的重视。要不断提高结合技术的快速推起重物的能力，负重跳跃及快速动作后维持平衡的能力。练习时器械重量要适当，要在不减低动作速度的前提下，加强参与推铅球技术的肌群力量的训练。快速投掷重物的练习也是训练中的重要内容。专项身体素质训练的目的就是提高运动员结合专项技术瞬间发挥最大力量的能力。

技术训练，是少年儿童从不会到会和不断完善、不断提高专项成绩的全过程。因此，教学和训练密切相关。技术训练的目的是创造合理的用力条件，并能以最快的速度发挥最大的力量。训练中不断加深对技术实质的理解，关键技术，即对球用力和滑步，按最后用力规格的训练要贯彻始终。分解技术和完整技术的训练，应根据各时期的任务不同，比例也相应有所不同。少年儿童时期模仿能力强，但是理解能力和肌肉力量都受到年龄的限制。分解练习过多，会影响完整技术各动作的衔接，同时由分解练习所获得的能力对提高专项成绩起不到应起的作用。相反，完整练习过多，可能影响技术规格的准确性，因此，选择训练方法时可以有所侧重，绝不可偏废一方。技术训练时铅球的重量，必须以保证动作的连贯和发挥所具备的能力及速度为标准，随着训练水平的提高，逐渐增加铅球的重量，直至投掷标准铅球。比赛是检查技术，提高训练强度和专项成绩的良好手段，可有计划地安排。在不断完善技术规格的基础上，加快完整技术的速度，为不断提高成绩打好基础。

（二）掷铁饼运动训练特点与要求

掷铁饼的完整技术是大幅度、快速旋转向前的圆运动，是一环扣一环、前环带后环、后环力争超越前环而前环又要绝对领先的紧密衔接的、有机的连锁反应。为了掌握好技术，铁饼运动员必须是刚健有力，动作又要极为协调、柔韧、快速。因此，要进行多年训练，并在少年儿童时期就要打好基础。

全面身体训练是少年儿童时期训练的主要内容，除力量素质外，其他素质均应具有较高的水平。应将协调、柔韧、灵敏、弹跳、速度等素质的训练贯彻始终，其中发展协调、弹跳尤其重要（特别是女子），一般力量和快速力量是提高成绩的重要因素之一，在上述素质得到充分发展的同时，随着年龄的增长和训练水平的不断提高，训练比例应逐渐增加。首先要均衡地发展全身各部肌肉力量，同时加强对腰背肌和小肌肉群力量的训练。注意培养运动员能用大幅度动作克服阻力的快速用力意识和节奏感。后期的训练可在提高动作速度的同时增加器械的重量，重点发展肩、臂、胸及下肢肌群的力量。实践证明，隔日进行力量训练效果较好（根据任务和运动员特点，也可做其他安排），训练时，可采用单个练习的简单重复，也可采用组合循环训练的方法。每个练习的组数和每组练习的次数都不宜过多。力量练习的同时，要穿插 10 米左右的快频率跑，放松和用力节奏鲜明的跳跃练习，协调性、柔韧性练习和技术模仿练习等。总之，教练员要明确力量练习绝不是为了举重比赛，而是为了将铁饼掷得更远。

为了提高内脏器官的工作能力，以适应大运动量的需要，同时减少多余脂肪给动作速度所造成的内在阻力，耐久力的训练不容忽视，要有计划地安排较长距离跑和越野跑等耐久力的练习（女子尤为重要）。

专项身体素质的训练为提高技术水平提供必要的条件，是培养专项意识、提高成绩的重要手段，因此，它在少年儿童时期的训练过程中，占有与技术训练同等重要的位置。训练中，首先要培养以各种姿势快速投掷器械的能力，不断提高旋转平衡的能力，完成动作的节奏感、髋关节的灵活性；加强完成技术所需要的髋部及其他各部位的肌群力量。后期，随着专项力量训练比例的增长，进一步提高完成本项技术动作的肌群快速、协调用力的能力，不断增强投掷重物及高速旋转平衡的能力。

对于少年儿童的技术训练，教练员应明确打好基础与积极提高的辩证关系，切不可急于求成。不断加深对技术实质的理解，狠抓技术规格和关键技术的训练，是技术训练成败的关键。

技术训练是解决少年儿童从不会到会，不断完善、不断提高的全过程，因此，教学与训练密切相关。首先要了解器械的结构、性能和运行的要求，学会控制器械，这个"基本功"要过硬。采用完整练习，应注意发现运动员自然用力的特点，在充分发挥运动员个人特点的基础上，狠抓技术规格的训练。最后用力、旋转与最后用力的衔接是掷铁饼技术的关键，是训练的重点，要狠抓规格、突出重点，为不断加快旋转速度及快而猛的最后用力铺平道路。

在少年儿童的技术训练中，要重视诱导运动员完成技术动作的"意念"活动，还应特别注重强调和诱导运动员，获得完成动作的肌肉"自我感觉"。因为任何动作都是人体的某部或全部肌肉按照特定要求（力度、幅度、结构、节奏）活动的表象，而肌肉活动又必然产生相应的"自我感觉"，凡正确的（客观标准）肌肉"自我感觉"，在表象上也必然是正确的动作。所以，在技术训练中，要采用适宜的手段，把握肌肉"自我感觉"的产生、强化、引导和转移，以及对复杂动作的结构、节奏的"自我感觉"，使之形成正确的技术，提高技术动作的实效性。每学一个技术动作，还要从理论上明确动作的实质，在完整技术中的作用及对提高成绩的关系。一般采用诱导性练习，体会关键技术的实质，强化各技术阶段的肌肉感觉，加强主要用力部位的训练。采用完整技术练习，以解决技术各环节的快速衔接，增强加速旋转的节奏感。总之，要使运动员获得对身体某部肌肉或参加工作的全部肌肉的部位、结构与动作时间配合的体会。一般多采用以完整技术训练为主的方法，这种方法的优点在于动作连贯、节奏性强，利于发挥运动员自然用力的特点，但初期动作粗糙，易出现错误动作。采用分解技术训练为主的方法，虽然单个动作细腻，规格较易准确，但完整技术较易脱节，不利于充分发挥运动员自然用力的特点。完整技术训练和分解技术训练有着密切的内在的联系，因此，要根据运动员的特点与训练任务的不同，在训练安排上可有所侧重。

有计划地参加比赛是检查技术、巩固技术、提高训练强度和专项成绩的良好训练手段，可边训练、边比赛、边打基础、边提高。

（三）掷标枪运动训练特点与要求

掷标枪项目，要求具有高度的速度力量即爆发力、柔韧性，以及快速反应和大幅度的协调用力能力。因此，运动员必须具备强有力的躯干、腰、髋及上、下肢肌肉收缩力量和收缩速度。因为掷标枪动作是在幅度大、协调性和灵活性高的情况下完成的，所以对手腕、肘关节、胸、腰、髋的柔韧性和灵活性提出较高的要求。为此，运动员必须在全面提高身体素质的基础上，不断提高专项素质和专项能力，掌握完善合理的掷标枪技术，才能达到优异成绩。

少年标枪运动员，要从小打好身体训练和基本技术训练的基础，并坚持多年系统有计划的训练，为以后取得优异成绩创造良好条件。

二、投掷项目运动训练内容与方法的选择

（一）推铅球运动训练内容与方法的选择

1.基础训练阶段 8 ~ 12 岁

（1）训练任务

① 增进健康，促进身心发育，进行全面身体训练。

② 培养专项兴趣和意识，初步学习推铅球技术。

（2）训练内容

① 发展速度、弹跳、协调、柔韧、爆发力等素质。

② 建立主要练习手段的正确技术概念。

③ 学习原地及垫步推铅球的技术。

（3）全面身体素质训练手段

① 上肢各种绕环、扩胸、振臂的练习。

② 两脚并拢，两手头上互握，两臂伸直，做体侧屈的练习。

③ 两脚左右开立，两手抱头肘外展，做体侧屈练习和体前屈向左右转体的练习。

④ 两脚左右开立，体前、后屈，各种腰绕环的练习。

⑤ 各种滚翻、翻腾、垫上联合练习，立卧撑等练习。

⑥ 单杠悬垂摆动，双杠支撑摆动，单、双杠各种简单练习和上、下法的练习。

⑦ 球类游戏（小球）。

⑧ 各种花样的跳绳练习。

⑨ 半蹲开始，双脚跳起双手摸高物的练习。

⑩ 手扶扶手，一脚蹬高物，两脚交换跳的练习。

⑪ 两脚交换跳，抬起腿同侧的手摸高物及变换各种姿势的跳跃练习。

⑫ 急行跳高、跳远。

⑬ 在山羊或跳箱上，做蹲跳上、蹲腾越、分腿腾越的练习。

⑭ 跑的各种专门练习。

⑮20 米、30 米、40 米等不同段落的快速跑，听信号跑，变换方向跑，折回跑。

⑯ 定时、定数的跳绳比赛。

⑰ 追人游戏。

⑱ 手持重物做肩绕环、扩胸、上振、旋内、旋外、向不同方向快速推举等练习。

⑲ 肩负重物（沙袋）做转体，体前屈转体，体前屈起体，体侧屈，体侧屈提拉重物成站立，体前屈提拉重物成站立的练习

⑳ 各种腹背肌的练习。

负重做徒手操和弹跳力的练习。

使用铁棍学习杠铃的提铃，简单的挺、抓举技术。

（4）专项身体素质训练手段

① 双臂或单臂交换快速前推、上推。

② 俯卧撑。开始可手扶高物做，逐渐过渡到标准姿势。

③ 面对墙，距离一步，两手手指相对掌心对墙，肘外展屈于胸前。身体前倒，双手触墙将身体推离成站立。要求身体前倒时成一条直线，推墙动作要快，最后手指离墙向外甩腕。

④ 投掷各种器械的练习和比赛。

⑤ 听信号的投掷。

⑥ 单手或双手胸前传实心球（1千克）、向前上方推实心球的练习。要求两腿蹬直，两肘外展，推球速度快。

⑦ 各种姿势传接小实心球、小铅球的练习。

⑧ 负重或不负重做单、双脚向前、向后跳。要求上体稍向前倾，小腿动作积极。

⑨ 单、双脚向前、后、左、右跳。

（5）专项技术训练手段

① 观摩、示范完整技术。

② 垂直向下推小铅球（1～2千克），向前4～5米处地面推小铅球，向前平推小铅球。要求肘外展，臂推球动作方向、投掷方向和球运行方向一致。

③ 正面推小实心球或小铅球过高物（单臂或双臂要求腿、躯干、投掷臂用力方向和高物角度一致。

④ 两脚左右开立同肩宽，上体稍向右转，向前转体推球。要求下肢支撑好。

⑤ 两脚左右开立同肩宽，两腿稍屈，上体和髋部向右转，蹬腿转体将铅球推出。

⑥ 两脚左右开立大于肩宽，侧对投掷方向，右手模仿持球动作，左臂上举，半蹲后向右转体，上体稍前倾，反复做原地投掷模仿练习。

⑦ 侧向，垫步推小石块、小铅球、小实心球的练习。

（6）注意事项

① 用综合课形式进行多项训练，手段要多样化

② 技术训练要多示范，讲解时语言要简明、形象化，可用诱导性练习做技术训练，充分发挥运动员的专项特长。

③ 课的组织要活跃，要进行纪律教育。场地安排要合理。

2. 初级专项训练阶段（13 ～ 14 岁）

（1）训练任务

① 提高全面身体训练水平和健康水平。

② 多发展专项身体素质。

③ 掌握背向滑步推铅球的技术。

（2）训练内容

① 全面身体素质训练，加强弹跳力和速度素质训练。

② 加强爆发力的训练。

③ 分解技术、完整技术的训练。

（3）全面身体素质训练手段

① 有目的地选择儿童组的手段。

② 俯撑直腿收起。

③ 侧手翻，手翻，快速成组的倒立。

④ 跪跳起，屈伸起成蹲，屈伸起成后屈体再成站立。

⑤ 两手侧平举，两腿交换弓箭步跳。

⑥ 单、双腿连续越过障碍，向左右跨跳越过障碍的练习。

⑦ 单腿跳起，收大腿至胸的练习。

⑧ 负重或不负重的立定跳远，立定三级跳，蛙跳，跨步跳，单、双脚向前或向后二级跳。

⑨ 蹲踞式起跑，绕过障碍跑。

⑩ 球类游戏（可用小实心球或沙袋）。

⑪ 俯卧撑，深屈单臂的俯卧撑，俯卧撑推起击掌。

⑫ 负重做体前屈、体后屈、体侧屈、腰绕环等躯干力量的练习。

⑬ 手持哑铃单、双臂快速前推、上推的练习。

⑭ 坐推壶铃、卧推壶铃的练习（单、双臂）。

⑮ 体前提拉杠铃的练习。

⑯ 头后推、半蹲向前平推杠铃。推的动作要快。

⑰ 两脚前后开立，向前上方快速推举杠铃。

⑱ 仰卧向头上快速推举、半仰卧向前上方快速推举、卧推杠铃的练习。

⑲ 半蹲快速推举杠铃。腿要蹬直，提踵将杠铃推起。

⑳ 半蹲推起杠铃至空中。接杠铃时要缓冲。

面对沙坑两脚前后开立，原地助跑向前平推杠铃至沙坑。要求挺胸推臂。

快速跳挺杠铃的练习。

体前屈提拉杠铃至胸。

高立翻起杠铃，顺势将杠铃向前上方推起。

提拉杠铃下蹲的练习。

杠铃挺举、抓举、深蹲、半蹲、半蹲跳、弓箭跳的练习。

肩负杠铃体前屈起体、体侧屈起体、转体（直腿、屈腿）的练习。

体后屈将杠铃拉起的练习。

壶铃蹲跳的练习。

单杠引体向上，双杠双臂屈伸。

（4）专项身体素质训练手段

① 有目的地选择全面身体训练的力量练习。

② 各种姿势投掷重物和推掷重物的练习。

③ 持铅球（重量自定）做前抛、后抛、体前推、向下推、半蹲跳起向上推、向前 4～5 米处地面推掷的练习。

④ 两脚左右开立，右腿向前跨一步，左腿跟上，做向前抛铅球的练习。

⑤ 两脚左右开立，两腿稍屈，髋部前挺，上体稍后倒，双手胸前持球，肘外展，蹬地、挺胸，将球推出。

⑥ 用实心球、壶铃做分解技术练习。

⑦ 双手持杠铃片做体侧屈起体的练习，要求屈体成原地推动作，手触地面，起体时按照腿、髋、躯干、臂的顺序将杠铃片摆至头上，反方向做时动作相同。

⑧ 两脚左右开立抢摆链球（或沙枕）。

（5）专项技术训练手段

① 两脚左右开立同肩宽，两腿稍屈，右手持球于锁骨窝处，利用两腿蹬地和右肩迅速超越左肩的力量将球推出。在这个练习体会深刻的基础上，

连接投掷臂迅速推球的动作。

②两脚前后开立（左脚在前、右脚在后），正面推铅球。左侧支撑用力和球出手动作要配合好。

③侧向原地推铅球的练习。要求球从预备姿势到出手的运行轨迹在同一平面上。

④半背向原地推铅球的练习。要求推球时两腿和背部肌肉做有力的支撑，用力方向与球的运行方向一致。

⑤背对投掷方向，向后摆起左腿，左腿落地做背向推铅球的练习。要求，同练习④。

⑥手扶扶手，半蹲开始，重心向后移动，左腿后摆，右腿做向后蹬直的蹬摆配合练习。

⑦手扶扶手，上体稍前倾，两脚前后开立，右腿在前，左腿在后，做向后收右小腿的练习。

⑧半背向、背向滑步接右腿用力的模仿练习。在这个练习的基础上接正面原地推的模仿练习。

⑨持器械不出手做练习⑧。

⑩背向滑步推小铅球和标准铅球的练习。要求用右腿蹬地将球推出。

⑪画好步点标志，做滑步推铅球的练习。

⑫强调技术标准的测验和比赛。

（6）注意事项

①建立各个练习手段的正确技术概念。

②阶段任务要明确，有目的地选择练习手段，技术训练时要多示范，要精讲多练。

③力量练习和投掷重物的练习注意选择器械的重量，不得影响动作的速度。

④进行比赛常识的教育，参加比赛。

⑤培养勇敢、顽强、胜不骄、败不馁的优良作风。

3.专项提高训练阶段（15～17岁）

（1）训练任务。

①全面身体素质达到较高水平。

② 提高专项身体素质训练水平。

③ 完善专项技术，提高专项成绩。

（2）训练内容

① 检查全面身体素质训练指标完成的情况，有重点地提高弹跳力、速度素质，克服薄弱环节。

② 较大重量的一般力量训练和增强爆发力的训练。

③ 提高专门投掷能力的训练。

④ 有计划地提高技术训练的强度，参加比赛

（3）全面身体素质训练手段

① 测验全面身体素质，检查各项指标完成情况。

② 有目的地选择基础训练阶段、初级训练阶段的练习手段，提高对量和强度的要求。

③ 较大重量的一般力量练习，同时提高动作的速度。

（4）专项身体素质训练手段

① 发展爆发力的练习可参阅初级训练阶段的快速力量练习手段，同时要增加重量和提高动作速度。

② 有目的地选择初级训练阶段提高专门能力的手段。

③ 右手模仿持球拉橡皮带，做原地蹬右腿推球动作的练习。

④ 分解、完整技术推掷重物的练习（器械重量要限制在不降低动作速度的范围内）。

⑤ 负重连续滑步的练习。

⑥ 负重单腿深蹲跳转体 180° 的练习。

⑦ 手指俯卧撑。

⑧ 坐推杠铃的练习。

（5）专项技术训练手段

① 初级训练阶段、基础训练阶段手段的多次重复。

② 背向原地推实心球、铅球、壶铃的练习。

③ 连续滑步及连续滑步推铅球的练习。

④ 加快完整技术的速度和节奏，大强度推铅球的练习。

⑤ 参加比赛，完成技术指标。

（6）注意事项

① 技术训练要围绕关键技术或改进错误动作进行。

② 大力量练习要注意保护。

③ 学会处理比赛的方法。

④ 教育运动员树雄心，为勇攀高峰打好基础。

（二）掷铁饼运动训练内容与方法的选择

1. 基础训练阶段（8 ～ 12岁）

（1）训练任务

① 进行全面身体训练，促进身心发育，增进健康。

② 培养专项兴趣和意识，为进行专项训练创造必要条件。

（2）训练内容

① 进行全面身体素质训练，发展协调、柔韧、弹跳、灵敏等素质。采用徒手体操和简单器械体操练习等。

② 快速投掷各种器械。

③ 建立主要练习手段的正确技术概念。

（3）全面身体素质训练手段

① 各种扩胸、振臂、绕环的练习。要求回振至体前时胸带动上臂，两臂经过头上时，肘关节靠近耳朵，臂伸直。

② 各种压、摆、踢腿的练习。要求支撑腿伸直。

③ 体前、后、侧屈和腰绕环的练习。要求两腿绷直，以髋带动躯干，两臂充分拉长、放松，并用两呼完成一个练习。

④ 两脚左右开立，两臂稍屈于胸前，向左、右后方转动上体的练习。

⑤ 两脚左右开立，两臂放松侧举，向左、右转髋带动躯干转体的练习。

⑥ 两脚左右开立，两腿稍屈，两臂放松前举后放松扩胸，两臂侧振接近体侧时，蹬腿挺胸带动两臂放松前振击掌的练习。也可两脚前后开立或单臂做这个练习。

⑦ 体前屈向左、右后方摆臂的练习。要求后摆时，向异侧肩的方向摆动。

⑧ 对墙做手倒立成桥，再从原路还原；桥推起成站立；桥转体成全蹲再成桥的练习。

⑨ 立卧撑。要求开始姿势和还原必须成全蹲，俯撑时腰部尽量放松。

⑩ 各种滚翻、翻腾、垫上联合练习。

⑪ 双杠支撑摆动，单杠悬垂摆体，单、双杠简单动作及上、下法的练习。

⑫ 球类游戏（小球），要求快速奔跑、躲闪和抢球有力。

⑬ 单人或双人做一腿全蹲，一腿伸直，向左、右、前方交换伸腿的蹲跳练习。要求充分伸直腿。

⑭ 双脚跳起，双膝触胸。

⑮ 原地双脚跳起，双手摸高物。要求起跳时腿弯曲的角度小，起跳尽量快。

⑯ 原地单脚交换跳，抬起腿的同侧手摸高物。

⑰ 单脚、双脚、花样等跳绳和跳橡皮筋的练习。

⑱ 双脚跳起分腿，双脚触双手。要求脚主动触手。

⑲ 双脚跳起，前后一次或多次分腿的练习。要求两腿分开角度尽量大。

⑳ 单、双脚前、后、左、右交换跳。

一腿支撑，一腿高抬，跳起换腿，同时支撑腿以大腿带动小腿（向前或向侧）高踢，触同侧手的练习。要求大腿带小腿高踢时，膝关节要充分放松，踢小腿时要突然用力。

按"一、二、三"节奏跳起踢一侧腿，触同侧手。要求同练习。

双脚跳起，然后一脚点地高踢腿，还原后再双脚跳起，异侧脚点地高踢腿的练习。要求同练习。

连续做一步起跳、三步起跳的练习。要求用左脚起跳，跑时放松，跳时用力，节奏明显。

听信号的跳跃练习。

手扶扶手，一脚蹬高物，两脚交换跳。要求跳起后空中换脚，手不得用力拉扶手。

急行跳高、跳远。要求用左脚起跳。

用跳箱（横箱）或山羊做蹲跳上、蹲腾越、分腿腾越等。

跑的专门练习，高抬腿大步跑等。

20 米、30 米、40 米等不同段落快速跑，短距离弯道跑频率要快。

定时、定数的跳绳比赛。

追人游戏。

手持重物（小沙袋等）肩绕环、臂上振、扩胸等上肢练习。要求同练习①。

肩负重物（沙袋等）转体、体前屈转体、体前屈起体、体侧屈的练习。要求同练习②。

体前屈提拉重物至胸（小重量），提拉重物成站立。要求前屈时腿绷直，腰背肌紧张。

多次重复动作幅度大的徒手操、哑铃操。

跑跳步、跨步跳、立定跳远等跳跃练习。

用轻铁棍学习提铃下蹲，简单的挺、抓举技术。

手扶高物做俯卧撑，逐渐过渡到标准姿势。屈臂时要求头、躯干、上臂在一个平面上。

放松有弹性的慢跑。要求按年龄规定距离。

（4）专项身体素质训练手段

① 蹲撑于地面，做鞍马全旋的练习。

② 转髋跑。髋关节转动幅度和速度要大而快，向前、后交叉腿时，必须由髋带动腿。

③ 行进间向左、右转髋的练习。要求支撑腿蹬直，摆动腿远离支撑腿摆动。

④ 双脚跳起，空中向左、右转髋的练习。

⑤ 跳起转髋90°等不同度数的转体练习。要求直接向上跳起，空中快速转髋带动躯干转体。

⑥ 仰卧于垫上，两臂上举，身体连续向一个方向滚动。

⑦ 仰卧于垫上，两臂侧举固定，向左、右抬腿转髋，另一腿充分伸直。要求抬腿转髋幅度尽量大。

⑧ 两臂外展，向一个方向转体前进。

⑨ 用各种姿势投掷轻重量器械的练习和比赛。要求动作顺序自下而上。

⑩ 听信号的投掷

（5）专项技术训练手段

① 示范、观摩完整技术。简要地讲解投掷铁饼的技术与训练特点，尤其是铁饼在空中飞行的形式以及技术的有机联系，要引起运动员浓厚兴趣。

② 旋转投沙袋、小带球的练习。要求旋转时两肩在一个平面上，投掷

方向基本准确。

③ 了解器械性能，初步学会控制器械（轻饼），滚饼及垂直向上抛饼的练习。要求饼沿与地面垂直转动，自转速度越快越好。

（6）注意事项

① 采用综合课进行多项训练时，手段要多样化，可用活动性游戏达到训练目的。

② 多示范、观摩，讲解要简明、形象化，采用诱导性练习做培养专项意识的训练，注意发现和充分发挥运动员的专项特长及自然用力的特点。

③ 课的组织要活跃，要进行纪律教育，场地安排要合理，要注意安全。

2. 初级专项训练阶段（13 ～ 14 岁）

（1）训练任务

① 提高全面身体素质训练水平和健康水平。

② 发展专项身体素质。

③ 初步学习专项训练的基本知识，初步掌握专项技术。

（2）训练内容

① 加强协调、柔韧、灵敏素质的训练

② 加强弹跳力和速度素质的训练。

③ 加强专项身体素质、爆发力、髋关节灵活性和力量的训练。

④ 学习掌握掷铁饼的完整技术及分解技术的训练。

（3）全面身体素质训练手段

① 有目的地选择基础训练阶段的训练手段，但要提高动作难度和强度。

② 两脚左右开立，体前屈至体后屈。体后屈至体前屈时，两腿要绷直，按髋、胸、臂（臂经头上）的顺序进行，动作速度要快。

③ 体后屈左、右转体，手触异侧足跟。转体时，要以身体的左侧或右侧为轴，两腿绷直，由髋关节充分前挺，大幅度地摆动带动躯干，两臂充分放松并随之摆动。

④ 俯撑直腿收起的练习。要求俯撑时腰部尽量放松，收腿时身体折叠角尽量小，连续做。

⑤ 从全蹲开始成单腿站立，另一腿高踢，双手头上击掌的练习（可分别向前、后、左、右不同方向踢腿），要求摆动腿、支撑腿伸直，还原后成

全蹲。

⑥ 左、右各一次的连续侧手翻，快速成组的手倒立练习。手倒立时必须抬头，两臂充分伸直。

⑦ 鱼跃前滚翻，各种滚翻联合成组的练习。

⑧ 屈伸起经体后屈成站立的练习。

⑨ 单脚跳起高抬大腿至胸，双脚跳起空中成弓箭步，双脚跳起向后展体，各种跳联合成组的练习。

⑩ 两臂侧平举，两腿交换弓箭步跳。要求弓箭步下振时跳起换腿。

⑪ 侧摆跳起练习。左脚自右脚前向右跨步，右腿向右侧高摆，左脚跳起触高摆的右脚。反方向动作相同。要求摆动的幅度尽量大。

⑫ 双摇跳、三摇跳等跳绳的练习。要求起跳快而高，手放松，摇绳节奏明显。

⑬ 单、双脚连续跳过障碍。要求每跳要从半蹲开始，着地立即起跳，最后一跳落地后要向前放松跑。

⑭ 立定跳远，单、双脚二级跳，立定三级跳，蛙跳，跨步跳，单脚连续跨跳，纵跳等跳跃练习。

⑮ 用跳箱或山羊做直腿跳上、屈体腾越、侧腾越、纵箱分腿腾越、原地双脚跳上。

⑯ 各种距离快速跑，跑的专门练习。

⑰ 定时、定数的原地高抬腿、支撑高抬腿。

⑱ 蹲踞式起跑。

⑲ 各种跨栏跑的专门练习，跨栏跑。

⑳ 球类游戏。可用沙袋或小实心球做手球进行手球比赛。

放松有弹性的慢跑，越野跑。

手持重物上举、侧举，内旋、外旋，前臂向内、向外绕环。

两脚左右开立，屈前臂提拉杠铃。要求上体正直，上臂和前臂用力将杠铃拉起。

头后推杠铃，快速跳挺杠铃，提铃下蹲。

持杠铃做挺举、抓举、卧推、深蹲、半蹲、直腿跳半蹲跳、弓箭步跳。

直腿抓举、半蹲抓举杠铃的练习。

双脚并拢，体前屈双手握杠铃中部，腿绷直，髋、躯干和臂顺序用力提拉杠铃至头上，还原至体前屈连续做。要求躯干动作类似鱼游水。

肩负杠铃，体前屈、体侧屈、转体。直腿、屈腿还原时必须从髋部开始动作。

两脚左右开立于杠铃前方，体后屈将杠铃拉起。要求髋前挺、大腿用力、臂放松将杠铃拉牢即可。

负重做大幅度腰背练习、弹跳力练习。

壶铃蹲跳。要求每跳从半蹲开始。

负重物脚蹬高物的交换跳。

单臂深屈的俯卧撑，双脚蹬高物做俯卧撑，后举单腿做俯卧撑，俯卧撑推起击掌。

双杠双臂屈伸，单杠引体向上。

（4）专项身体素质训练手段。

① 两臂侧平举，原地左右转髋交换跳。

② 一脚蹬高物（20厘米），两脚跳起，向蹬高物腿方向转体180°。

③ 手扶扶手，右腿向右侧摆起，下落时从体后着地，以髋关节带动右大腿绕环，经体前向左侧摆起。两侧轮流练习。

④ 手扶扶手，向左右转髋。向左转髋时，要用左脚跟着地，右脚掌蹬地，两腿分开距离要大，腿要充分蹬直，髋关节向左充分挺出。反方向动作相同。

⑤ 手扶扶手，跳起转髋成原地投预备姿势，反方向动作相同要求上体不转动。

⑥ 坐姿，两臂放松前举，上体向右后方转体成俯撑，两臂头上举，左腿伸直不动，右腿尽量后举，带动上体不停地向右转动成坐姿，两臂放松随之摆向右后方。反方向动作相同。要求肩髋轴的最大扭紧。

⑦ 坐高物固定双脚，手抱头（负重或不负重）仰卧起体、俯卧起体、体绕环和侧卧体侧屈起体。要求挺胸，双肘外展。

⑧ 半仰卧固定双脚，两臂侧举（负重或不负重），左、右转体。

⑨ 仰卧两头起、俯卧两头起、仰卧两头起肩触异侧腿，同侧腿伸直不起。

⑩ 固定上体（负重或不负重），仰卧举腿，俯卧后举腿，双腿绕环。

⑪ 单杠腹回环，悬垂向左右摆双腿，悬垂向左右交换抬腿转髋，悬垂

以髋部带动双腿大幅度绕环（或用吊环开始时髋部必须晃动，从小到大带动双腿绕环。

⑫ 左腿抬起，右腿支撑，跳起后空中换腿向左转体180°，要求以髋部带动上体转动，两臂侧举放松。

⑬ 小幅度连续旋转。要求右腿快速内转下压落地。

⑭ 右脚蹬高物（20厘米），左脚全脚掌着地，上体向右转体稍前屈，右手提重物放松下垂，双脚跳起，同时右腿内转，还原后连续做。

⑮ 仰卧两臂侧展，左脚蹬高物（30厘米左右），右腿弯曲，全脚掌着地，右脚用力蹬地挺髋至左腿蹬直。

⑯ 全蹲，双手背后撑高物（30厘米左右），向前上方挺髋伸腿成仰撑。要求仰撑时髋关节支撑有力。还原时必须成全蹲。

⑰ 两脚前后开立，左脚在前，右脚在后（或仰卧跳箱），手持杠铃片做扩胸练习。要求两腿支撑有力，胸带动上臂前举。

⑱ 手持重物，做体前屈向左右转体摆臂、体后屈向左右转体摆臂的练习。要求两臂充分放松。

⑲ 两脚并拢，大幅度抡摆链球（或沙枕头），要求髋部移动幅度尽量大，臂要充分伸直。

⑳ 抡摆沙枕头或链球走。

旋转投沙袋、带球、木棒、铁棒等练习。要求下肢动作稳定，借旋转速度将器械投出。

各种姿势投掷实心球的练习。要求自下而上的用力顺序，出手要"狠"。

持铅球（2～4千克）做正面原地侧抛、经体侧向头后抛、前抛、后抛、助跑前抛的练习。

两脚左右开立，面对墙相距2～3米做正面投实心球（1～1.5千克）动作。要求两腿支撑用力，髋关节转动快速有力，投掷臂放松出手要"狠"。

左脚在前，右脚在后，左腿向前屈膝，以肩带动投掷臂，将饼向前方4～5米处地面投出。要求饼的运行重心稳定，自转速度快。

正面原地、正面旋转投掷小石块的练习。要求动作顺序明显，器械出手时有动作的配合和时间感觉。

有目的地选择发展全面身体素质的负重练习。

（5）专项技术训练手段

① 徒手或持器械不出手的分解、完整技术的模仿练习。采用单个动作练习时，要集中体会某部肌肉的感觉并在联合动作中运用；在相同的练习中集中体会几个部位肌肉的感觉（部位、结构、动作时间的配合）；在不同练习中集中体会相同部位的肌肉感觉。总之，注意把已掌握的肌肉感觉，在各种条件下巩固、熟练，发挥其相应的作用。

② 双脚跳起、向上抛饼的练习。要求饼沿与地面垂直，自转速度快。

③ 比赛铁饼沿地面直线向前滚动的距离。

④ 体前、体后放松摆饼，以身体带动投掷臂将铁饼"甩"出。要求饼在空中飞进时重心稳定，自转速度快。

⑤ 旋转投掷各种器械或铁饼。要求旋转时身体重心稳定，两肩在同一平面上。

⑥ 两脚左右开立同肩宽，两腿稍屈，正面原地投掷铁饼。要求髋关节动作快速、积极，投掷臂充分放松将铁饼"甩"出，器械飞进要合理。

⑦ 两脚前后开立左脚在前，右脚在后，做正面原地掷铁饼的练习。要求左侧的制动和支撑用力与铁饼出手在同一时间（右脚不离地做或者右脚尽量脱离地）。

⑧ 徒手做正面旋转技术的练习。要求左脚的蹬转离地和右腿的内转下压在同一时间完成。左腿积极向右腿靠拢下压，落地动作越迅速越好，右脚落地后不停地蹬转。

⑨ 正面旋转投掷沙袋、小石块等器械的练习。要求右脚落地不停地蹬转，将器械投出，投掷臂要充分放松。

⑩ 沿身体左侧轴原地转体的练习。要求体重充分压在左腿上，左脚前掌及左膝积极外转。

⑪ 手扶扶手，左腿支撑抢摆右腿的练习。要求左腿支撑有力，右腿尽量远离左腿抢摆。

⑫ 橡皮带系于腰部，做开始旋转的练习。要求身体重心投影点尽量远离支撑点。

⑬ 徒手做左脚离地及右腿内转下压动作的配合。要求这两个动作在同一时间完成。

⑭背对投掷方向，左腿支撑，右腿抬起，右手持铁饼于左肩部位，左手托饼，原地跳起成背向原地投掷姿势，蹬转右腿、转髋将铁饼掷出（或徒手做这个练习），要求右腿落地蹬转积极有力，投掷臂充分放松。

⑮背向旋转掷铁饼的练习。要求旋转动作圆滑、连贯、腾空时间短，右脚落地不停地继续蹬转。

⑯利用一切条件形象化地讲解、分析技术，加深运动员对技术实质的理解，明确关键技术的作用。

⑰检查技术的测验。要求强调技术规格，不定成绩指标。

⑱参加比赛。要求提高训练强度，提高成绩。

（6）注意事项

①加强主要手段和专项技术规格的训练，建立正确的技术概念和动力定型。

②阶段性训练任务要明确，突出重点精讲多练。

③力量训练时，要提高动作速度，同时穿插协调、柔韧、弹跳及速度练习。注意保护，防止发生伤害事故。

④进行比赛常识的教育，参加比赛。

⑤培养运动员勇敢、顽强、胜不骄、败不馁的优良作风。

3.专项提高训练阶段（15～17岁）

（1）训练任务

①全面身体训练达到一定水平。

②提高专项身体素质及专门投掷能力。

③继续加深对技术实质的理解，关键技术基本规格化，创造加速旋转及快而猛的最后用力的有利条件。

④参加比赛，提高专项成绩。

（2）训练内容

①检查全面身体训练水平，有计划地重点提高协调性及弹跳力。

②加强一般力量及爆发力、髋关节的灵活性和力量的练习。

③提高专门投掷能力的训练。

④初步掌握分析错误动作原因的方法。

⑤不断完善各技术环节，加快完整技术的速度和节奏，提高训练强度。

⑥有计划地参加比赛。

（3）全面身体素质训练手段

①进行全面身体素质测验，检查各项指标完成的情况。

②有目的地选择基础和初级专项训练阶段的练习手段，提高强度、量和要求，增加一般力量，爆发力，以及协调性、弹跳力的练习比例。

③补充全面身体素质薄弱环节的练习。

④根据训练目的，把练习编成组，进行组合循环训练。

（4）专项身体素质训练手段

①初级训练阶段手段可继续使用。

②重点发展肩、胸、腰背及下肢各部肌群力量，可用乙组快速力量练习手段。要求加快动作速度，增加器械重量。

③分解、完整技术投掷重物或加重铁饼。要求用力顺序正确，用力集中，出手"狠"。

④原地投掷铁饼，结合初级专项训练阶段的专项技术训练手段。要求动作连贯，符合规格要求，出手动作快而有力。

⑤单手抡摆带球或小链球。要求自下而上的用力顺序及两腿有力的支撑用力。

⑥测验各专项投掷练习的成绩，完成指标。

（5）专项技术训练

①初级训练阶段手段的多次重复。要求动作规格基本准确，动作效果好（器械远行远度等）。

②连续旋转投掷铁饼。要求右腿动作速度快。

③大量的正面旋转投铁饼的练习。要求旋转与最后用力衔接得越快越好，同时要保证最后用力的技术规格准确。全力做，以完成正面旋转投成绩指标。

④大量背向旋转投掷铁饼的练习。要求旋转节奏明显，速度快，铁饼运行的轨迹要完整。

⑤分解、完整技术的"回转法"（动作的反过程）的练习。要求头脑清醒、动作连贯。

⑥左手掷铁饼的练习。

⑦运动员互相分析技术（包括找出错误动作的原因），技术理论考核（基本知识）。

⑧安排各种训练的测验或比赛，以发现运动员的特点，找出规律，从而确定赛前训练安排的方法。

⑨按照规则规定，定出强度、次数，进行分组的技术训练。每组投掷，必须出现12次高强度或较高强度。

⑩检查技术的测验及比赛。

（6）注意事项

①徒手模仿练习，分解或完整技术练习及专门能力的练习，都要以解决关键技术或改进错误动作为目的，并逐渐规范化。

②一般力量、快速力量及专门投掷能力的训练比例要显著增加，同时提高动作的速度和练习强度。大力量练习时要注意保护，防止发生伤害事故。

③继续加强全面身体素质及专项素质薄弱环节的训练。

④教育运动员树雄心、立壮志，打好基础，争取多做贡献。

第九章 田径运动使用器材及比赛规则

第一节 田径运动的器材与规格

一、田径运动竞赛的器材与规格

（一）起跑器

径赛项目 400 米及 400 米以下（包括 4×200 米和 4×400 米接力的第一棒）的各项比赛必须使用起跑器，起跑器包括两块抵脚板，供运动员起跑时蹬踏。板子可以是平的，也可稍弯曲呈凹形，板面要能适应运动员的鞋钉，板面上可带槽穴或覆盖适于使用鞋钉的物质。

抵脚板要安装在结实的框架上，并可前后调整。抵脚板的角度也应根据运动员的需要进行调整，调整时操作方便、迅速。一旦调整好，要通过坚固的夹子或锁扣装置加以固定，保证运动员蹬离起跑器时不会有任何移动。

起跑器要用铁钉固定在跑道上，但要尽量减小对跑道的破坏，并能很容易撤掉，铁钉或长钉的数量、直径和长度要根据跑道的性质（塑胶、炉渣）决定，使运动员起跑时起跑器不致移动。

（二）接力棒

接力棒是用于运动员接力比赛传接的标志。

接力棒为光滑的空心圆管，由整段木料、金属或其他适宜的坚固材料制成，长度为 28 ~ 30 厘米，周长为 12 ~ 13 厘米，重量至少 50 克。接力棒应涂颜色，以便在比赛中明显可见。

（三）接力带

接力带是用于公路接力比赛传接的标志。

接力带用丝、棉或合成纤维布类制成，宽 10 厘米，长 180 ~ 200 厘米。

（四）跨栏架

跨栏架用于各种距离的跨栏跑比赛，是跨栏跑比赛跨越的障碍物。

各种跨栏跑比赛跨越的栏架其高度不同，栏间距离不同，但栏架的结构都是一样的。栏架应用金属或其他适宜材料制成，栏顶横梁系木料或其他适宜材料。栏架应包括两个底座支架和用一条或数条横木加固的、用以支撑长方形框架的两根立柱。立柱固定于底座的末端。在横梁顶端中央至少要施加 3.6 千克的力才能使栏架翻倒，方为合格。栏架高度可按不同项目进行调整。应按栏架的不同高度调整栏架配重，使各种高度的栏架均需 3.6 ～ 4.0 千克的力方可被推倒。

栏顶横木宽 7 厘米，厚 1.0 ～ 2.5 厘米，横木顶部应圆滑，两端应固定。栏架宽度应为 118 ～ 120 厘米。栏架底座最长为 70 厘米。栏架高度允许误差为 ±0.3 厘米，栏架的重量不得少于 10 千克。

（五）障碍栏架

障碍栏架用于 2000 米和 3000 米障碍赛跑，是障碍赛跑跨越的障碍物。

障碍栏架用木质或其他适宜的材料制作，栏架高度男子为 0.911 ～ 0.917 米，女子为 0.759 ～ 0.765 米，男、女栏架宽度至少应为 3.96 米。栏架每边底座为 1.20 ～ 1.40 米。栏架和沙池栏架顶端横木的截面为 12.7 厘米 × 12.7 厘米。栏架重量应为 80 ～ 100 千克。比赛需要用 5 个障碍栏架。

在跨越沙池时，为了落地安全，池底远端应铺设适当的材料，宽至少为 3.66 米，长至少为 2.50 米，厚度不超过 2.5 厘米。若跑道无塑胶面，则混凝土池底表面应铺盖垫子或塑胶面，并加以固定，其厚度应能有效地被跑鞋的鞋钉抓住。

（六）发令枪

发令枪是各项径赛朝天鸣放发出枪声、放出烟或闪光，令运动员起跑的器材。运动员起跑犯规也用发令枪召回。发令枪是金属制成的，形似手枪，扣动扳机可发出枪声、放出烟或闪光，使电子计时器启动计时，终点计时员见到枪烟或闪光开动秒表计时。

（七）发令台

发令台供发令员发令使用，是一个一层或两层的木质台子，台的高度应使发令员站在上面能使终点计时员和裁判员看得清楚为宜。

烟屏是一个圆盘通过立柱立于发令台后面，其高度应与发令员手举发令枪后的高度相宜。高度可调。烟屏涂成黑色，外周有 5 厘米的白边。

（八）分道标志牌

径赛中进行分道比赛的项目，在各道起跑线后面要安放各道次的分道标志牌，运动员在自己的道次内起跑比赛。分道标志牌一般为木质，可制成三角形，或上小下大的梯形。

（九）终点柱

终点柱是径赛终点的标志，垂直立于终点延长线两侧，距跑道边缘至少 30 厘米。终点柱高约 1.40 米、宽 0.08 米、厚 0.02 米，是白色的，其材料是金属、木质或其他适宜材料。

（十）跑表

跑表为裁判员记录运动员比赛时间用。最少判别为 1/100 秒，然后换算成 1/10 秒记录运动员比赛成绩。跑表使用前要校准。每位运动员应用三块跑表正式计时。

（十一）全自动电子计时系统

全自动电子计时系统是径赛项目的计时设备。本套设备由发令信号接收头、信号电缆、三脚架、主机、快速显定影盒、底片判读仪六部分组成。它由发令枪作为电子计时系统的自动启动信号，而当运动员经过终点线时，经设在终点线后上方的终点摄影机内垂直于终点的窄缝感光胶片，机内胶片与运动员做相对运动，将电子计时的时标记录在底片上。经附在该机的高速显定影冲洗，30 秒内提供一张完整的运动员通过终点线时间的底片。在判读仪上供裁判员判别比赛正式成绩和名次。从鸣枪倒计时系统启动之间的总延误间隔时间是稳定的，并且要少于 1/1000 秒。

（十二）径赛成绩公告牌

径赛成绩公告牌能直观地给运动员和观众在径赛中提供比赛时间进程。

由于在终点使用光束拦切，故有一定误差，不能作为终点的正式成绩。它与终点摄影计时同步，用光束拦切控制，可以记录每一圈和第一名成绩，也可以暂停计时（3 ~ 5 秒），然后再恢复连续计时，还可置入国家、世界、奥林匹克的纪录，以便比较，也有利于运动员控制自己的比赛速度。它是由电子计时控制盒、公告牌、光束接发头、传输电缆盘四部分组成的。一般在比赛场地四角各设一个成绩公告牌。

（十三）风速仪

风速仪是测定运动员比赛时风速的仪器。它是能显示 0.1 米 / 秒的读数的数字式风速仪。风速仪必须经过有关计量部门审核。

径赛项目测定风速时，风速仪应置于直道一侧，靠近第一分道，距终点线 50 米。测定跳远及三级跳远风速时，风速仪距离起跳板 20 米，距跑道或助跑道边沿距离不超过 2 米，风速仪的高度为 1 ~ 22 米。

（十四）计圈器

计圈器是供中长跑比赛记录运动员所跑圈数的仪器。计圈器三面显示，运动员和全场观众均可看到。改变圈数用手动拨码置入，递增递减任选，最大数字为 60。

若不用电动计圈器，可手举数字牌显示运动员所跑的圈数。

（十五）铃

铃是在中长跑比赛中，最后一圈时，应以信号（铃）通知每名运动员时发出音响的器材。铃是由金属制成的，可悬挂在终点或裁判员用手拿着摇动，以示运动员还有最后一圈。

（十六）白带

白带是分道跑起跑线和抢道跑的标志带，也用于跳远和三级跳远助跑线和落地区。

白带为布制品，宽为 5 厘米。比赛时可临时安放，比赛后立即收起，以避免跑道上的画线过多，分散运动员精力。

（十七）发奖台

发奖台用于给运动员颁奖。最少要有颁发金、银、铜牌的 3 种高度的发奖台，也可有颁发前 6（8）名的发奖台，即要有 6 种（8 种）不同高度。发奖台一般是木制的，漆成白色，并有数字（红色的）标明名次。

（十八）裁判桌

裁判桌是裁判员工作用的田赛和径赛成绩公告牌的配套用的专用桌。裁判桌根据比赛安排情况配置。

（十九）扩音器

径赛的起点和检录均需扩音器，保证运动员清楚听到各种口令，以免影响比赛。

（二十）手提喇叭

手提喇叭是用于扩大裁判员各种命令的声音，在检录处点名和宣布注意事项时使用的。

二、田赛场地所用器材与规格

（一）跳高架和横杆托

跳高架是跳高比赛支撑横杆用的架子。跳高架要坚固，各种类型的架子均可使用。跳高架要有足够的高度，可保证至少超过横杆的最大提升高度10厘米。跳高架应为两个，比赛时跳高架两立柱间的距离应为4.00 ~ 4.04米。横杆托必须在横杆高度一定时固定在跳高架立柱上，横杆托是长6厘米、宽4厘米的长方形平面。比赛时当运动员碰触横杆时横杆要容易向前或向后掉下。横杆托不得包裹橡胶或类似的物质以增大与横杆的摩擦力，也不得使用任何种类的弹簧。

（二）撑竿跳高架和横杆托

撑竿跳高架是撑竿跳高比赛支撑横杆用的架子。撑竿跳高架只要坚固，各种类型的架子均可使用。架子或延伸臂之间的距离为4.30 ~ 4.37米。横杆托（栓子）是托住撑竿跳高横杆的器材。横杆托不得有任何刻痕或缺口，粗细要均匀，直径不超过1.3厘米。伸出的立柱不超过7.5厘米。横杆放在托上，运动员在撑竿碰触时，易向落地区方向掉落。横杆托（栓子）不得包裹橡胶或其他能增大与横杆表面摩擦力的材料，也不得有任何弹簧。

（三）插斗

插斗是撑竿跳高起跳时，撑竿必须插在其内的器材。插斗在场地建设时已建好。如插斗为木质制成，底部应放以2.5毫米厚的金属板，其长度自后端量起为80厘米。

（四）横杆

横杆应用玻璃纤维、金属或其他适宜材料制成。跳高横杆直径为3厘米，长为4米（±2厘米）。两端应为宽3.0 ~ 3.5厘米、长15 ~ 20厘米的平面，横杆的最大重量为2千克。撑竿跳高横杆长为4.5米（±2厘米），最大重量不得超过2.25千克，其余的形状和尺寸与跳高横杆一样。

（五）跳高和撑竿跳高落地区

过去各种跳高比赛的落地区都使用沙子缓冲运动员落地的力量，现在大部分都使用海绵垫作为缓冲运动员落地用。

跳高落地区不得小于 5 米 × 3 米。

撑竿跳高落地区为 7 米 × 6 米。落地区边沿距离插斗应为 10 ~ 15 厘米，从插斗方向向外倾斜约为 30°。在落地区内放好海绵垫，其厚度保证运动员安全落下，不致受伤，海绵垫下也可有支架托起海绵，用后可用各种材料制成的罩子罩在海绵垫上，保护好海绵垫。

（六）铅球

铅球应用固体的铁、铜或其他硬度不低于铜的金属制成或由此类制成外壳，中心灌以铅或其他金属。铅球的外形必须是球形，表面不得粗糙，结点处应光滑。

（七）铁饼

铁饼的饼体可为实心或空心结构，应用木料或其他适宜的材料制成，周围镶以金属圈，金属圈边缘应呈圆形，外缘横断面应为标准架形，半径约为 6 毫米。铁饼两面中央可镶有与饼体齐平的圆片，也可不装金属圆片，但相应部位应呈平面。铁饼的大小和总重量应符合规定。

铁饼的两面必须相同，制造时不得带有凹陷、凸起或尖缘。从金属圈边缘弯曲处至饼心边沿，铁饼表面应呈直线倾斜，饼心半径 25 ~ 28.5 毫米。

（八）链球

链球由三部分组成：球体、链子和把手。

1. 链球球体

球体应用铁或硬度不低于铜的其他金属制成，或用此类金属制成外壳，中心灌铅或其他固体材料。男子链球的球体直径最小为 110 毫米，女子链球的球体直径最小为 95 毫米。链球球体外形应为完整的球形。如果使用填充物，应使其不能移动。

2. 链子

它应以直而有弹性、不易折断的单根钢丝制成。钢丝直径不小于 3 毫米，即 11 号标准钢丝。投掷时链子应无明显延伸，钢丝的一端或两端可弯成环状以便于连接。

3. 把手

把手可为单环或双环结构，但必须质地坚硬，没有任何种类的铰链连接，投掷时不得有显著延伸。把手与链子的连接必须做到把手在链环中转动时，链子的总长度不得增加。

4. 链子与球体的连接

链子应借助于转动轴承与球体连接。转动轴承可为滑动或滚动轴承。把手与链子的连接应为环状连接，不得使用转动轴承。

5. 链球球体的重心

球体重心至球体的中心距离不得大于 6 毫米，将去掉把手和链子的球体放在一个水平的、直径为 12 毫米的圆形刃沿上，球体必须保持平衡。

（九）标枪

标枪由三部分组成：枪头、枪身、缠绳把手。

1. 枪身

枪身应完全由金属或其他的类似物质制成，并装有尖形金属枪头。枪身表面不得有小窝、凸起、沟槽、突脊、空洞，不得粗糙，枪尾必须自始至终平滑和均匀一致。

2. 枪尖

枪尖张角不得大于 40°，距枪尖 15 厘米处枪头直径不得大于枪身最大直径的 80%。在重心至枪尖的中点处，枪身直径不得大于枪身最大直径的 90%。在标枪重心至枪尾末端的中点处，枪身直径不得小于枪身最大直径的 90%，在距枪尾末端 150 毫米处，枪身直径不得小于枪身最大直径的 40%，枪尾末端直径不小于 3.5 毫米。

3. 把手

把手应包绕标枪重心，其直径不得超过枪身直径 8 毫米。把手表面应为规则的不光滑型，但不得有任何种类的绳头、结节或呈锯齿形，把手的厚度应均匀。标枪不得有可移动部分或投掷时可以改变其重心或投掷性能的装置。标枪所有部位横断面应为规则的圆形。枪身最大直径应在紧靠把手前端的地方。枪身中央部位，包括把手下面的部分，应为圆柱形或向枪尾方向稍微变细。但把手前后两端枪身直径减小不得超过 0.25 毫米。从把手处起标枪应有规则地向两端逐渐变细。从把手至标枪前后两端点的纵剖面应为直线或略有凸起，除了在枪头枪身的结合部位和把手前后两端以外，枪身任何部位的直径均不得有突然改变。在枪头后端与枪身结合部位，枪身直径的减小不得超过 2.5 毫米，在枪尖后面 300 毫米以内，枪身纵剖面的变化也不得大于这个数字。

（十）护笼

掷铁饼和掷链球必须从挡网或护笼内将铁饼或链球掷出，以确保观众、工作人员和运动员的安全。护笼适用于周围看台有观众，而且场内正在进行其他项目比赛的主运动场。在训练场地可以不使用这种护笼，其他结构更为简单的装置即可满足需要。向国家田径协会或国际田联总部咨询将会得到合理的建议。

1. 掷铁饼护笼

在设计、制造和维护铁饼护笼时，必须使其足以阻挡 25 米 / 秒的速度运行重 2 千克的铁饼，使之没有弹出护笼的危险，也不能使铁饼向运动员反弹，也不会从网顶飞出。凡符合所有要求的护笼，不论设计和结构如何均可采用。

护笼的俯视图应为"U"字形，至少应由 6 块宽 3.17 米的挡网组成，护笼开口的宽度为 6 米，位于投掷圈圆心前方 5 米处，挡网高度至少应为 4 米。护笼的设计与结构应能防止铁饼从护笼连接处、挡网或网下方冲出。

制作挡网可采用合适的天然材料或合成纤维，也可使用低碳钢丝或高抗张力钢丝。钢丝网眼的最小尺寸可根据护笼的结构而定，但最小抗拉强度为 40 千克。对钢丝应至少 12 个月检查一次并进行测试，以确保安全。

2. 掷链球护笼

在设计、制造和维护链球护笼时，应使其足以阻挡球体直径为 11 厘米、重量为 7.26 千克以 29 米 / 秒速度运行的链球，这种挡网在挡住链球时，也不应有向运动员反弹或从网顶飞出的危险。凡符合所有要求的护笼，不论设计和结构如何均可采用。

护笼的俯视图为 U 形。护笼应由 7 块挡网组成。每块挡网宽 2.74 米。护笼开口宽度应为 6 米，位于投掷圈圆心前方 4.2 米处。挡网高度至少应为 7 米。护笼前端应放置两块活动挡网，宽 2 米，高至少应为 9 米。每次只能使用其中一块。左侧活动挡网用于右手投掷者，右侧活动挡网用于左手投掷者。比赛时挡网的更换（指活动挡网）时间要短，人力要少，以利比赛。活动挡网可采用滑动形式，可与水平轴或垂直轴铰接，或可以拆卸，但操作要简便。

制作挡网可采用合适的天然材料或合成纤维，或低碳钢丝、高抗张力钢丝。钢丝网眼边长最大尺寸为 50 毫米，绳索网眼最大尺寸为 44 毫米。两种网眼的最小尺寸根据护笼结构而定，但最小抗拉强度应为 165 千克。对钢丝挡网至少应每 12 个月检查一次并进行测试，仅从外观检查纤维制作的绳索挡网是不够的。制造厂家应将几段具有同样长度的标准绳索织入网内，每 12 个月换下一段进行测试，以确保挡网拉力符合要求。

如果使用掷链球护笼投掷铁饼，设备的安放有两种方法可供选择。最简单的方法是安装直径分别为 2.135 米和 2.5 米的同心圆圈，但这涉及挪链球和掷铁饼要使用同一个圈内地面问题。在同一个护笼内链球圈和铁饼圈若分开设置，两个投掷圈必须纵向排列在投掷区中线上。铁饼投掷圈圆心在链球投掷圈圆心后面 2.37 米处。护笼后部必须扩大，至少使用 8 块 2.83 米宽的固定挡网和两块 2 米宽的活动挡网。

（十一）海绵包

海绵包是跳高和撑竿跳高运动员落地用器材，使运动员越过横杆后缓冲落地，防止身体受到伤害。

海绵包由塑料泡沫等性质相同的材料制成，用布质材料缝制而成各种方块，堆放在金属或木制架子上，与落地区大小相同。

（十二）田赛成绩公告牌

田赛成绩公告牌是供田赛显示运动员号、试跳（投）次数、成绩以及成功和失败的标志。它双面相同显示，能向左旋转 90°，并自动回位，全场清晰可见，装有四个方向脚轮，移动操作简便。

（十三）分钟计时器

分钟计时器是记录运动员一切准备就绪至试跳（投）开始的时限的设备。

一般采用石英钟源，以习惯的钟面显示。预制时间结束时自动声响告停。它是 24 点灯光显示，每点灯光为 5 秒时间。

（十四）风向袋

风向袋是显示各个跳跃项目的起区附近大致的风向和风力的标志。风向袋是由布质材料制成，用竿子立于起跳区附近。

（十五）标志旗

标志旗有三种：一种是用来标明投掷项目器械落地点位置，以备丈量投掷的距离。这种标志旗为金属制三角形。另一种是用于 2000 米障碍跑和 3000 米障碍跑。障碍跑的跑道有一部分不同于原跑道，不同的部分用布制三角小旗标明，小旗向外倾斜一定角度，避免运动员比赛时碰到，影响比赛。再一种标志旗供裁判员联络用，或用标志旗表示运动员跳（掷）成功与失败。这种旗是布制方形的，用颜色区分各种用途，如标明运动员试跳（掷）成功用白色，失败用红色等。

第二节 田径运动的规则与裁判

一、田径比赛通则

（1）参加比赛的运动员必须佩带号码，否则不得参加比赛。

（2）径赛项目运动员须沿跑道逆时针方向跑进。

（3）径赛运动员挤撞或阻挡别人而妨碍别人走或跑进时，应取消其该项比赛资格。

（4）如果一名运动员参加一个径赛项目，又参加一个田赛项目，或者参加一个以上的田赛项目，而这些项目又同时举行比赛时，有关主裁判可以允许运动员只在某一轮次（高度项目以一个高度为一个轮次，一个高度有 3 次试跳机会；远度项目以所有运动员按顺序试跳或试掷完一次为一个轮次）的比赛中以不同于赛前抽签确定的顺序先进行试跳（试掷）一次。回来后已错过的试跳（试掷）顺序一律不补。

（5）判定名次和成绩相等判定名次的方法。径赛项目中，判定运动员到达终点的名次顺序，是以运动员躯干的任何部分到达终点线内沿的垂直面的先后为准。以决赛的成绩作为个人的最高成绩，而不以预、次、复赛的成绩判定最后名次。

田赛项目中，远度项目以比赛的六次试跳或试掷中最好的一次成绩作为个人的最好成绩，包括第一名成绩相等决定名次赛时的成绩，然后以各运动员的最高成绩排列名次。高度项目以每名运动员最好的一次试跳成绩，包括第一名成绩相等决定名次赛时的成绩，作为最后决定成绩。全能运动项目，以各运动员全部项目得分的总和排定名次。如遇两人或两人以上成绩相等，应按下列规定处理：在径赛的预、次、复赛中，按成绩录取最后名次时，有两人或两人以上成绩相等，如对下一赛次或决赛人数没有影响，则成绩相等的运动员都应录取；如有影响，则应抽签决定进入下一赛次的人选。此种抽签应在有关裁判长领导和组织下，成绩相等的运动员自己抽签决定。决赛中出现第一名成绩相等，裁判长有权决定这些成绩相等的运动员重新比赛，否则名次并列。其他名次相等时，则并列。

田赛高度项目比赛成绩相等的录取办法：在出现成绩相等的高度中，试跳次数较少者名次列前。如成绩仍相等，在包括最后跳过的高度在内的全赛中，试跳失败次数较少者名次列前。如成绩仍相等：如涉及第一名时，则令成绩相等的运动员在其造成成绩相等的失败高度中的最低的高度上，每人再试跳一次。如仍不能判定，则横竿应提升或降低，提升和降低的高度，跳高为 2 厘米，撑竿跳高为 5 厘米，他们应在每个高度上试跳一次，直到决出名次为止。决定名次的试跳，有关运动员必须参加。如涉及其他名次时，成绩相等的运动员名次并列。

田赛远度项目的比赛如有成绩相等时，应以其次优成绩判定名次。如次优成绩相等，则以第三优成绩判定，以此类推。如仍相等，并涉及第一名者，则令相等的运动员，按原比赛顺序，进行新一轮试跳，直到决出名次为止。

全能运动比赛如总分相等时，应以单项得分多的项目名次列前。如仍不能判定时，则以任何一个项目单项得分最多者名次列前。

团体总分相等时，应以破纪录项目、次数多者名次列前。再相等，则以第一名多者列前。如仍相等，则以第二名多者名次列前，以此类推。

二、径赛主要规则

（1）400 米及 400 米以下包括 4×100 米接力的项目，运动员应采用蹲踞式起跑。犯规 2 次以上者取消比赛资格，全能运动员 3 次。

（2）在分道跑项目中，运动员跑出自己的分道，如没有获得利益，也未阻挡他人，一般不应取消比赛资格，否则应取消比赛资格。

（3）在中长跑时，运动员擅自离开跑道后，不得继续比赛。

（4）跨栏跑时，运动员手脚低于栏顶面、跨越他人栏架、有意用或脚碰到栏架，均属犯规。

（5）接力跑时，在接力区外完成接棒、捡棒时阻挡他人或空手跑过终点，取消比赛资格。

（6）如用3只秒表计成绩，应以2只表所示成绩为准；如各不相同，则以中间成绩为准。2只表，应以成绩较差者为准。

三、田赛主要规则

跳高比赛时，应抽签排定运动员的试跳顺序。运动员必须用单脚起跳。比赛开始前，主裁判应向运动员宣布起跳高度和每轮结束后横杆的提升高度，此计划直至比赛中只剩下1名。除非比赛中只剩下1名运动员，并且他已获得该项目比赛的冠军,否则:（1）每轮之后，横杆升高不得少于2厘米。（2）横杆升高的幅度不得增大。一旦比赛开始，运动员不得使用助跑道或起跳区进行练习。如有下列情况之一者，则判为试跳失败：（3）试跳后，由于运动员的试跳动作，致使横杆未能留在横杆托上；（4）在越过横杆之前，运动员身体的任何部位触及立柱以外的地面或落地区。如果运动员在试跳中一只脚触及落地区，而裁判员认为其并未从中获得利益，则不应判为试跳失败。运动员可以在主裁判事先宣布的横杆升高计划中的任何一个高度开始试跳，也可在以后任何一个高度根据自己的愿望决定是否试跳。但在任何高度上，只要运动员连续3次试跳失败，即失去继续比赛的资格。因第一名成绩相等而进行的决名次赛的试跳除外。允许运动员在某一高度上第1次或第2次试跳失败后，在其第2次或第3次试跳时请求免跳，并在后继的高度上继续试跳。运动员在某一高度上请求试跳后，不准在该高度上恢复试跳，除非出现第一名成绩相等的情况。每次升高横杆后，在运动员试跳之前，均应测量横杆高度。当横杆放置在纪录高度时，有关裁判员必须进行审核测量。如果自上一次测量高度后，横杆又被触及，在后继的高度试跳之前，裁判员必须再次测量横杆高度。即使其他运动员均已失败，一名运动员仍有资格继续试跳，直至其放弃继续比赛的权利。当某运动员已在比赛中获胜时，有关裁判员或裁判长应征求该运动员的意见，由该运动员决定横杆的提升高度。每名运动员应以其最好的一次试跳成绩，包括因第一名成绩相等而进行的决名次赛的试跳成绩，作为其最后的决定成绩。在比赛过程中不得移动跳高架或立柱，除非有关裁判长认为该起跳区或落地区已变得不适于比赛。如需移动跳高架或立柱，应在试跳完一轮之后进行。

　　所有田赛远度项目比赛时，参加比赛的运动员如超过8人，成绩较好的前8名运动员进入决赛，如第8名成绩相等，成绩相等的运动员均可再试跳或掷3次，如不足8人，则均有6次。一旦比赛开始，运动员不得使用比赛助跑道进行练习。如有下列情况之一，则判为试跳失败：（1）在未做起跳的助跑中或在跳跃中，运动员以身体任何部位触及起跳线以外地面；（2）从起跳板两端之外的起跳线的延长线前面或后面起跳；（3）在落地过程中触及落地区以外地面，而落地区外触地点较区内最近触地点更靠近起跳线；（4）完成试跳后，向后走出落地区；（5）采用任何空翻姿势。测量成绩时，应从运动员身体任何部位触地的最近点量至起跳线或起跳线的延长线，测量线应与起跳线或其延长线垂直。应以每名运动员最好的一次试跳成绩，包括因第一名成绩相等而进行的决名次赛的试跳成绩，作为其最后的决定成绩。助跑道长度至少应为40米，条件许可时，至少应长45米。助跑道宽度最小1.22米，最大1.25米，应用5厘米宽的白线标出助跑道。助跑道的左右最大倾斜度不超过1：100，趴在跑进方向总的倾斜度不得超过1：1000。为有助于助跑和起跳，运动员可在助跑道旁放置1~2个标志物（由组委会批准或提供）。如果不提供此类标志物，运动员可以使用胶布，但禁用粉笔或其他任何擦不掉痕迹的类似物质。起跳板是起跳的标志，应埋入地下，上沿与助跑道及落地区表面齐平。起跳板靠近落地区的边沿称为起跳线。紧靠起跳线前应放置一块橡皮泥显示板，以便于裁判员进行判断。如不能设置上述装置，应采用下列方法，紧靠起跳线前沿铺设软土或沙子，与水平面成30°。起跳板至落地区远端的距离应为10米。起跳板至落地区近端的距离为1~3米。

　　三级跳远的三跳顺序是一次单足跳、一次跨步跳和一次跳跃。单足跳时应用起跳腿落地,跨步跳时用另一条腿(摆动腿)落地,然后完成跳跃动作。运动员在跳跃中摆动腿触地不应视为试跳失败。

　　推铅球比赛应抽签决定运动员试掷顺序。运动员超过8人，应允许每人试掷3次，有效成绩最好的前8名运动员可再试掷3次，试掷顺序与前3次试掷后的排名相反。当比赛人数只有8人或少于8人时，每人均可试掷6次。比赛开始前，运动员可在比赛场地练习试掷，练习组应按抽签排定的顺序进行，并始终处于裁判员的监督之下。一旦比赛开始，运动员不得持器械练习，无论持器械与否，均不得使用投掷或落地区以内地面练习投掷。应从投掷圈内将铅球推出。运动员必须从静止姿势开始试掷。允许运动员触及铁圈和抵趾板的内侧。应用单手从肩部将铅球推出。当运动员进入圈内开始试掷时，铅球应抵住或靠近颈部或下颌，在推球过程中持球手不得降到此部位以下。不得将铅球置于肩轴线后方。不允许使用任何装置对投掷时的运动员进行任何帮助，例如使用带子将两个或更多的手指捆在一起。除了开放性损伤需要包扎以外，不得在手上使用绷带或胶布。不允许使用手套。为了能更好地持握铅球，运动员可使用某种适宜物质，但仅限于双手。为了防止手腕受伤，运动员可在手腕处缠绕绷带。为防止脊柱受伤，运动员可系一条皮带或其他适宜材料制成的带子。不允许运动员向圈内或鞋底喷洒任何物质。运动员进入圈内开始投掷后，如果运动员身体的任何部位触及圈外地面，或触及铁圈和抵趾板上面，或以不符合规定的方式将铅球推出，均判为一次投掷失败。如果在投掷中未违反上述规定，运动员可中止已开始的投掷，可将器械放在圈内或圈外，在遵守本条的前提下，可以离开投掷圈，然后返回圈内从静止姿势重新开始投掷。铅球必须完全落在落地区角度线内沿以内，试掷方为有效。每次有效试掷后，应立即测量成绩。从铅球落地痕迹的最近点取直线量至投掷圈内沿，测量线应通过投掷圈圆心。运动员在器械落地后方可离开投掷圈。离开投掷圈时首先触及的铁圈上沿或圈外地面必须完全在圈外白线的后面，白线后沿的延长线应能通过投掷圈圆心。应以每名运动员最好的一次投掷成绩，包括因第一名成绩相等而进行的决名次赛的试掷成绩，作为其最后的决定成绩。

其他投掷项目比赛，除场地、器械和投掷方法与铅球有差异外，比赛规则与铅球基本相同。

四、田径裁判工作

田径运动会裁判员队伍的组织机构是一个庞大的群体结构，竞赛时采用"大兵团"作战，因此组织工作要严密，管理工作要严格。

（一）技术代表、技术官员及仲裁委员会职责

1. 技术代表

（1）技术代表应与大会组委会共同保证全部技术性安排，完全符合田

径竞赛规则的规定。

（2）赛前应对竞赛日程、报名标准和比赛器材进行审核。决定田赛项目的及格标准和径赛项目的赛次与录取原则。

（3）负责审核报名。凡不符合有关规定者，有权以技术性理由不批准其报名。

（4）赛前主持技术会议，讨论决定竞赛中的有关问题，以及对参赛运动员进行确认。

（5）应参与全部比赛项目的分组，主持各赛次分组，抽签排定道次以及全能分组等编排工作。

（6）组织领导技术官员，并负责为每项比赛指派一名技术官员在比赛现场工作。

2. 技术官员

（1）技术官员应对各项主裁判的工作给予一切必要的支持和协助。

（2）受技术代表的指派，到各项比赛现场监督整个比赛是否按规则要求进行。

（3）对该项比赛的进行不得进行任何干预，如发现不符合规则规定的问题，并认为需要提出改进意见时，首先应向该项主裁判提出建议，必要时可提出劝告，如仍不能解决，则向技术代表报告。

（4）比赛结束，审核成绩，在比赛项目成绩单上签名。

3. 仲裁委员会

（1）处理各项抗议，同时对发生于比赛中提交仲裁委员会的其他事宜做出裁决。仲裁委员会的裁决为最终裁决。

（2）凡对规则未曾涉及的问题做出裁决，事后应由仲裁委员会主任向有关田径协会报告。

（二）总裁判长、副总裁判长职责

1. 总裁判长职责

总裁判长是全体裁判员的最高领导者，在竞赛委员会领导下具体组织裁判员进行工作，总裁判长的职责是：

（1）赛前工作

①熟悉竞赛规程，全面了解场地器材设备情况，制订裁判工作计划。

②深入了解裁判员的思想品质、业务素质和身体健康状况，合理分工。

③了解编排工作情况，重点是审查比赛秩序和径赛、田赛、全能项目每个单元的安排情况，精确估算时间，做到准时开始，按时结束。

④组织全体裁判员学习竞赛规程和竞赛规则，研究裁判方法，督促裁判组制定工作细则。

⑤组织各裁判组严格检查场地、器材和设备，发现问题及时解决。

⑥组织裁判进行现场实习，使裁判员明确岗位任务、活动范围和路线，熟练地掌握裁判方法。

⑦在技术会议上宣布竞赛的有关规定，如检录时间、田赛和全能高度项目的起跳高度和升高计划、自备器材的检查和长距离比赛自备饮料的检查等。经过技术会议决定后，作为大会正式竞赛规定执行。

（2）赛中工作

①每单元比赛开始前，按规定时间检查各裁判组到场情况，督促各裁判组准时组织比赛。

②掌握各项竞赛进程。在竞赛中如遇特殊情况（如狂风暴雨），比赛不能继续进行时，应与技术代表和竞委会负责人共同研究停赛或继续比赛的时间。

③总裁判长的席位一般设在能够全面观察比赛情况的地方。对有可能发生问题的项目和地点，应亲临现场或多加注意，以便发现问题，及时处理。

④根据规则解决竞赛中各种疑难问题。遇裁判员的意见不一致时，应认真了解情况，并根据规则精神妥善解决。

⑤每天比赛结束后，应召集裁判长或根据需要召开有主裁判参加的会议，及时了解当天的比赛情况及存在问题，提出解决的办法和应采取的措施。如遇特殊情况，可随时召开有关人员参加的会议，研究和解决问题。

（3）赛后工作

①比赛结束后，宣布比赛成绩。

②领导全体裁判员做好总结工作。

③做好善后工作，如有关资料入档等。

2.副总裁判长职责

副总裁判长协助总裁判长组织、领导裁判工作，保证裁判工作的顺利进行。副总裁判长的职责是：

（1）在总裁判长缺席时，指定一名副总裁判长代理其职务或受其委托处理有关事宜。

（2）根据总裁判长建议，分工领导赛前和赛后控制中心、径赛、田赛、全能和公路竞赛及场地器材组的工作，但不能取代裁判长的工作。

（3）检查各种通信设备情况，及时了解所分管的各裁判组的情况，督促检查他们的工作。

（4）比赛中深入现场，发现问题及时与有关裁判长或主裁判研究解决，解决不了时要及时报告总裁判长研究解决。

（5）组织协调和维持内场比赛秩序，检查各比赛项目的安全措施。

（6）负责裁判组的生活安排。

参考文献

[1] 袁晗 . 高校田径运动训练方法与实践研究 [M]. 长春: 吉林人民出版社，2020.07.

[2] 杨守刚 . 田径运动教育教程 [M]. 延吉：延边大学出版社，2020.07.

[3] 张文涛 . 体适能之田径锻炼方法 [M]. 长春：吉林科学技术出版社，2020.09.

[4] 洪艳玲 . 高校高水平田径运动队建设与发展 [M]. 武汉：武汉大学出版社，2020.09.

[5] 谭政，杨战广，郑佳 . 田径训练中教与学的系统实践研究 [M]. 长春：吉林人民出版社，2020.10.

[6] 钟贞奇 . 大学生体育健康与体育运动 [M]. 长春：吉林人民出版社，2020.08.

[7] 岳慧灵 . 体育课程运动处方教学模式 [M]. 长春：吉林人民出版社，2020.06.

[8] 陆霞 . 田径运动教学与训练 [M]. 长春：吉林出版集团股份有限公司，2019.10.

[9] 杜和平，葛幸幸 . 田径运动专项理论与实践 [M]. 北京：中国科学技术出版社，2019.06.

[10] 鲁长春 . 高校田径教学与训练实践研究 [M]. 沈阳：沈阳出版社，2019.07.

[11] 贺慨 . 高校田径教学创新与课程改革研究 [M]. 青岛：中国海洋大学出版社，2019.06.

[12] 万海英 . 现代田径运动探究 [M]. 长春：吉林出版集团股份有限公司，2019.07.

[13] 谢向阳，张卫．田径运动实用教程 [M].广州：中山大学出版社，2019.12.

[14] 吕梅．田径运动与素质体育 [M].北京：中国纺织出版社，2019.08.

[15] 胡玖英．田径教学改革与科学化训练探究 [M].长春：吉林大学出版社，2019.01.

[16] 詹建国，张铁军．田径运动专项身体素质训练 [M].北京：北京体育大学出版社，2019.12.

[17] 孙南，熊西北，张英波．现代田径训练高级教程 [M].北京：北京体育大学出版社，2019.12.

[18] 丁福德．新编田径运动理论与实践教程 [M].延吉：延边大学出版社，2019.11.

[19] 雷艳云．体育文化与高校田径运动训练探究 [M].延吉：延边大学出版社，2019.09.

[20] 李俊斌．田径运动技巧与实践探索 [M].北京：九州出版社，2018.09.

[21] 王德涛．田径运动健身价值与实践研究 [M].北京：科学技术文献出版社，2018.11.

[22] 王维兴，张文星，胡俊．田径运动教学理论与竞训实践 [M].沈阳：沈阳出版社，2018.12.

[23] 范秦海．我国优秀田径教练员知识结构研究 [M].长春：东北师范大学出版社，2018.05.

[24] 雷雨，肖斌，卢澎涛．田径 [M].成都：电子科技大学出版社，2018.01.

[25] 闫俊涛．田径裁判晋级教程 [M].北京：北京体育大学出版社，2018.07.

[26] 黄程．田径运动与素质体育 [M].延吉：延边大学出版社，2018.07.

[27] 李建臣，王永安，文世林．田径运动教程 [M].北京：化学工业出版社，2018.11.

[28] 张树峰．现代田径运动技术与训练 [M].北京：化学工业出版社，2018.10.

[29] 高峰 . 田径运动技术研究及实践项目分析 [M]. 北京：中国纺织出版社，2018.04.

[30] 葛丽娜，丁筱筱，史明 . 现代田径运动竞训与健身新论 [M]. 北京：九州出版社，2018.12.

[31] 周次保 . 田径运动训练与教学的多方位研究 [M]. 北京：中国纺织出版社，2018.11.

[32] 鲁旺 . 田径运动技巧与实践探索 [M]. 北京：中国建材工业出版社，2018.08.

[33] 刘飞 . 田径运动教学与训练研究 [M]. 哈尔滨：哈尔滨地图出版社，2018.08.

[34] 张敏青 . 田径运动教学与训练研究 [M]. 江苏凤凰美术出版社，2018.08.